Dervla Murphy

Unterwegs
nach Katmandu

Aus dem Englischen von Angela Gaumér

WILHELM HEYNE VERLAG
MÜNCHEN

HEYNE SACHBUCH
Nr. 19/2021

*Für Brian, Daphne,
Robin und Peter*

Titel der englischen Originalausgabe
THE WAITING LAND
Erschienen bei Arrow Edition, London

Copyright © 1967 by Dervla Murphy
Copyright © 1993 der deutschen Ausgabe
by Wilhelm Heyne Verlag GmbH & Co. KG, München
Printed in Germany 1993
Umschlagfoto: Silvestris Fotoservice, Kastl/Obb.
Umschlaggestaltung: Atlier Adolf Bachmann, Reischach
Satz: Satz & Repro Grieb, München
Druck und Verarbeitung: Ebner Ulm

ISBN 3-453-06507-7

Inhalt

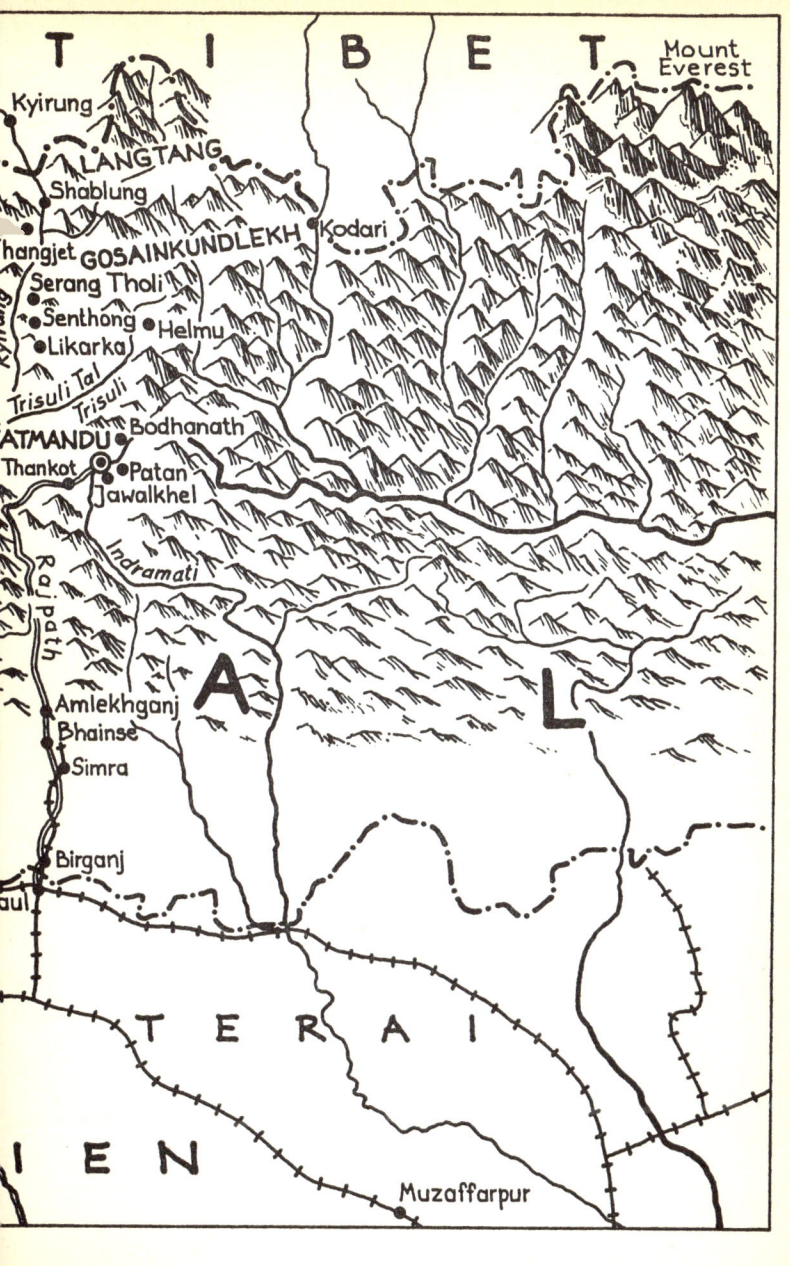

Vorwort

Mein sechsmonatiger Aufenthalt unter Tibetanern im Jahre 1963 hatte mir gezeigt, daß viele Flüchtlinge den Heiligenschein, der ihnen von zahlreichen sentimentalen Geldgebern aus Europa oder Amerika verliehen wurde, nicht verdienen. Bis man jedoch entsprechend desillusioniert ist, ist man meist ebenso gefesselt von diesem Volk. Obwohl unangenehme Zeitgenossen und Zwischenfälle manches Ideal zunichte machen, bleibt dennoch ein unzerstörbarer Respekt für den Mut, den Humor und die Lebensart der meisten Tibetaner.

Noch ehe ich im Frühling 1964 aus Indien abreiste, hatte ich beschlossen, so bald wie möglich zu den Tibetanern zurückzukehren. Die Lage von Flüchtlingen jedoch kann sich schnell ändern. Bereits im Frühjahr 1965 hatte sich die Situation in Indien soweit entspannt, daß ein unqualifizierter freiwilliger Helfer nicht viel tun konnte, und ich war der Auffassung, die Tibetaner könnten auf einen weiteren nutzlosen Verehrer gut verzichten. Dann aber hörte ich in den Nachrichten von einem neuen Flüchtlingslager in Nepal, im Pokhara-Tal; 500 Tibetaner lebten dort gemeinsam in 120 Zelten, und es gab nur einen einzigen freiwilligen Helfer aus dem Westen. Es war anzunehmen, daß ich dort zumindest nicht im Weg sein würde, obwohl ich mir aufgrund meiner begrenzten Möglichkeiten nicht allzuviel versprach. Also flog ich am 5. April 1965 von Dublin nach London, um die Reise nach Nepal vorzubereiten.

Im Vergleich zu meiner Abreise aus Irland im Januar 1963 fehlte diesem Flug jeglicher abenteuerliche Beigeschmack, aber meine Reiselust stellte sich gleich am nächsten Tag ein, als ich zur nepalesischen Botschaft ging, um ein Visum zu beantragen. Man überreichte mir ein Faltblatt mit der Titelzeile: »Reisetips für jene, die Katmandu, die Hauptstadt Nepals besuchen wollen«, dazu eine Broschüre – schlechter Druck, herausgegeben vom Fremdenverkehrsbüro Katmandu – mit dem Titel *Nepal in aller Kürze*. Das Faltblatt brillierte vor allem durch Ungenauigkeit. Zum Beispiel: »Die besten Reisemonate sind Februar – April und September – November. In den übrigen Monaten regnet es oder es ist zu kalt«. In der Broschüre hingegen stand: »Die kalte Jahreszeit ist in ganz

Nepal eher freundlich mit Sonnenschein und blauem Himmel.« Und schon begann ich mich für dieses eigenwillige Land zu begeistern, das sich so gar nicht entscheiden konnte, wie es sich am besten anspruchsvollen Touristen präsentieren sollte. Beim Weiterlesen stieß ich auf ein weiteres gewinnendes Statement: »Die Attraktivität Biratnagars liegt in seinen malerischen Flecken und Industrieanlagen. Biratnagar verfügt über die größten Industrieunternehmen Nepals.« Irgendwie fiel mir schwer anzunehmen, daß Touristen, die sich für Industrieanlagen begeistern ausgerechnet nach Nepal reisen würden, um dieser Leidenschaft zu frönen.

Auf der ersten Seite der Broschüre wurde Tibet als »tibetanische Region Chinas« vorgestellt – was einer politisch eindeutigen Parteinahme für den großen Boss gleichkam, die mich wütend gemacht hätte, wäre ich mir nicht darüber im klaren gewesen, welchen Widerstand Nepal gegen den »großen Bruder« leistete, um nicht die »nepalesische Region Chinas« zu werden. Ein einziger Blick auf die Landkarte Asiens verrät die unsichere Zukunft des Königreiches: es ist ein schmaler Landstreifen, eingequetscht zwischen dem von Chinesen kontrollierten Tibet und einem zunehmend weniger neutralen Indien, und entlang der nördlichen Grenze patrouilliert bereits die kommunistische Armee. Einige Experten sind der Meinung, daß der Himalaja im Norden genügend Schutz bietet, und eine chinesische Invasion klugerweise Nepal umgehen würde und eher aus dem Süden zu befürchten sei. Die nepalesische Regierung hat jedoch nicht vergessen, wie raffiniert Tibet innerhalb eines Jahrzehnts unterworfen wurde. Gegenwärtig haben nepalesische Diplomaten und Regierungsangehörige alle Hände voll zu tun, gleich gute Beziehungen zu Ost und West zu pflegen.

Am 13. April verbrachte ich zwei sehr interessante und lehrreiche Stunden auf einer Neujahrsparty in der nepalesischen Botschaft. In der Broschüre *Nepal in aller Kürze* war zu lesen, daß »der Staat unter König Prithvi Narayan Shah dem Großen im Jahre 1769 zusammengeschlossen wurde«. Erst jetzt begann mir zu dämmern, welch ein künstliches Gebilde dieser Staat Nepals ist. Trotz des verbindenden Einflusses Englands war offensichtlich, daß die verschiedenen Gruppen, mit denen ich sprach, eine Stammesgesellschaft repräsentierten, die erst seit kurzem das noch unpassende Kleid eines modernen Staates trägt. Das Mißtrauen, die Eifersucht und die Abneigung ethnischer und religiöser Gruppen gegeneinander kamen immer wieder durch, und es war interessant, die höflichen, scharfsinnigen Ranas und die ehrgeizigen, ein wenig arroganten Chetris mit den schwer verständlichen aber fröhlichen kleinen Gurungus und den ausgeglichenen, munteren Sherpas tibetanischer Abstammung zu vergleichen. Man fragt sich, ob es diesen unterschiedlichen Stämmen je gelingen wird, zu einem vereinten Volk zusammenzuwachsen, bevor entweder die Chinesen oder die Amerikaner sämtliche nepalesischen Traditionen vernichtet haben. Es scheint bedauerlich, daß ein Zusammenwachsen so wichtig ist, aber vielleicht kann sich nur so Nepals Hoffnung auf den Erhalt der Unabhängigkeit langfristig erfüllen.

Der Flug nach Delhi hielt allerlei Überraschungen für mich bereit. Am 21. April um 16.15 Uhr verließen wir den Londoner Flughafen; wie immer kämpfte ich mit Übelkeit und war zu nervös, um einzuschlafen. Als wir über Erzurum und Täbris hinwegflogen, erinnerte ich mich an »die alten Tage«, als ich mit Roz durch diese Gegend geradelt war und augenblicklich sank meine Stimmung.

Dem folgte ein unheimlicher Landeanflug auf Teheran. In einer Höhe von ungefähr 8 Kilometern wurden die Motoren plötzlich abgeschaltet, und wir glitten lautlos durch die Dunkelheit hinunter, hinunter, hinunter; ich sah zum Fenster hinaus, spürte die Stille, sah die gigantische Tragfläche im silbrigen Mondschein und kam mir vor wie in einem Märchen, als ob wir auf einem riesigen Nachtfalter durch die Luft schwebten.

Auf dem Flughafen Auld Lang Syne ging ich von Bord und war eindeutig wieder in Asien, wo Stewardessen ihre Passagierlisten durcheinanderbringen und dann mit ihrer Schar in erfreulich unprofessioneller Weise abfliegen. Stewardessen auf europäischen Flughäfen gleichen funktionstüchtigen Maschinen, denen kaum ein Fehler unterläuft, und die von Passagieren nur schwerlich als menschliche Wesen wahrgenommen werden; hier dagegen sind es junge Mädchen, die vor Angst rot werden oder ärgerlich aufeinander schimpfen, weil die Passagiere für New York beinahe in der Maschine nach Hong Kong gelandet wären.

Zwei Stunden später standen wir wieder auf dem Rollfeld. Der Himmel über den Bergen schimmerte blaß, und als wir starteten und immer höher stiegen, thronte der Demawend majestätisch und stolz über den zahllosen, ihn umgebenden Gipfeln – ein makelloser, blauer Kegel vor dem Hintergrund einer orangefarbenen Wolke; gleich dahinter erstreckte sich das Kaspische Meer und überraschte mit seiner metallenen Fläche am Fuße der steil aufragenden Berge.

Zugegeben, nur wenn man gelegentlich fliegt, behält man ein Auge für Schönheiten, die einem sonst nicht zuteil werden. Unter uns bewegte sich fast unmerklich ein Zug weißer Wölkchen, der einer Schar Tümmler glich, lautlos im Nichts; und auf der weiten Ebene, die Roz und ich auf dem Weg nach Meschhed überquert hatten, schimmerten kleine Seen wie Blutlachen, gefärbt vom Morgenrot. Wir hatten bereits unsere normale Flughöhe erreicht, als plötzlich ein karmesinroter Ball über dem Horizont auftauchte, als hätte ihn eine unsichtbare Hand über den Rand der Erde geworfen – im ersten Moment war ich so verblüfft, daß ich in dem fliegenden Objekt nicht sofort die Sonne erkannte. Dann kletterte sie hoch – so schnell, daß man die Bewegung *sehen* konnte – bis sich der blaßblaue Himmel über dem Horizont im Zenit in ein sattes Marineblau verwandelte.

Schließlich nahmen wir Kurs Richtung Süden. Der Blick auf die Große Wüste unter uns war durch Wolken verdeckt. Man sah nur eine endlose Fläche bizarr geformter weißer weicher Formen mit breiten Tälern, schmalen Schluchten und Gebirgszügen, die wie richtige Berge bei Sonnenaufgang Schatten warfen – die ganze »Landschaft« herrlich verzerrt und verfremdet, gespenstisch bewegungslos, als ob alles im Dunst festgefroren wäre.

Um viertel vor sechs morgens landeten wir auf dem Flughafen Palam. In einem verzweifelten Versuch, mir noch ein kleines Stück Bezug zu meiner Heimat zu bewahren, hatte ich meine Uhr auf Greenwich Time eingestellt und so gelassen. Ehe ich mich in das staubige Getümmel stürzte, stellte ich sie doch auf Ortszeit 10.15 Uhr um. Zum Glück war es für hiesige Verhältnisse ein »kühler« Tag (nur 29 °C im Schatten). Da ich aus London mit 6 °C Lufttemperatur kam, kann ich allerdings nicht behaupten, daß ich es besonders kühl fand.

Während der klapprige, alte Flughafenbus durch die engen Straßen nach Neu Delhi ratterte und stöhnte, kam mir alles außergewöhnlich friedlich vor. Als wir schließlich durch das übliche Wirrwarr von beladenen Radfahrern, dahintrottenden Büffeln, gepflegten Autos, abgemagerten Fußgängern und lärmenden, von Sikhs gesteuerten Benzinrikschas Connaught Circus erreichten, versuchte ich innerlich mein Gefühl mit Worten zu beschreiben und mir fiel der Begriff »Friede der Armut« ein. Auch wenn Leute diese Formulierung als romantischen Unsinn bezeichnen, ruft die plötzliche Ankunft in Indien, nach einer vierzehntägigen Versenkung in einer Überflußgesellschaft, ein starkes Gefühl von Freiheit von einer unbestimmten, dennoch bedrohlichen Macht hervor. Man wird sich der Freiheit der menschlichen Existenz auf dem niedrigsten Niveau bewußt, wie es sie in einer Gesellschaft nicht mehr gibt, in der ausgeklügelte Methoden täglich neue falsche »Bedürfnisse« wecken und man die Freude an kleinen Dingen längst verloren hat.

Es war eine Freude, zu sehen, wie sich seit meiner Abreise aus Dharamsala, wo ich im Hort für die tibetanischen Flüchtlingskinder gearbeitet hatte, alles verbessert hatte. Pema Janzum, die jüngste Schwester Seiner Heiligkeit des Dalai Lama, leitet das Flüchtlingslager mittlerweile. Gesunder Menschenverstand und Fingerspitzengefühl haben aus der schmutzigen Hölle voller Krankheitserreger einen vorbildlichen Hort mit fröhlichen, rotbackigen, kleinen Tibetanern gemacht.

Sei 1961 lebte der Dalai Lama in einem gut bewachten Bungalow unweit des Kinderhorts. Höflich nannte man sein Wohnhaus »Palast«, obwohl dieser Bungalow weit davon entfernt ist – was seinem einfachen Bewohner zweifelsohne gefällt, auch wenn es die Flüchtlinge schmerzt, »Yishy Norbu« so weit entfernt von der Pracht und Herrlichkeit des Potala zu wissen.

Am Morgen nach meiner Ankunft gewährte mir Seine Heiligkeit großzügigerweise eine Audienz, und ich fand ihn genauso bemerkenswert verändert vor wie das Lager. Während meiner ersten Audienz, vor sechzehn Monaten, kam er mir ein wenig gehemmt vor, jetzt dagegen schien er sehr viel selbstsicherer und ungezwungener, und dieser Empfang war weniger eine Audienz als eine Diskussion zwischen zwei aufgeschlossenen Leuten mit gemeinsamen Interessen. Unsere Unterhaltung drehte sich hauptsächlich um die Probleme der Flüchtlinge in Nepal, wo die politischen Schwierigkeiten innerhalb des Gastlandes zusätzliche Komplikationen mit sich brachten. Noch während wir sprachen wurde mir klar, daß ich eine detaillierte Beschreibung meiner Arbeit im Pokhara-Lager keinesfalls in meinem Tagebuch niederschreiben und mit der Post würde senden können. In einer solchen Situation kann das, was einem zunächst völlig bedeutungslos erscheint, plötzlich verwirrende Kreise ziehen.

Nach zwei sehr schönen Tagen in Dharamsala fuhr ich weiter nach Mussooree – eine sechzehn-Stunden-Reise mit Bus, Zug und einem Sammeltaxi von Dehra Dun aus. Als ich am Stadtrand aus dem Taxi stieg, traf ich als ersten Jigme Taring, einen tibetanisch-sikkimischen Prinzen, der die sechshundert Schüler fassende Gemeinschaftsschule leitet und Wert darauf legt, mit Mister angesprochen zu werden. Während meines letzten Aufenthalts war er in Sikkim gewesen, und obwohl wir uns nie begegnet waren, erkannten wir einander sofort und fuhren zusammen zum Happy Valley, dem Zentrum der hiesigen tibetanischen Gemeinschaft.

Trotz all seiner berühmten Vorfahren ist Jigme Sumchan Wang-po Namgyal Taring ein typischer Tibetaner – einfach und freundlich, mit scharfem Geist und feinem Sinn für Humor. Er und Mrs. Taring, die die Tibetan Homes Foundation leitet, verkörpern die beste Seite des Feudalismus: Sie fühlen sich verantwortlich für das Schicksal tausender von Bauern im Exil – eine konsequente Sichtweise, jedoch unter reichen Tibetanern im Exil eher rar.

Der Wohnsitz der Tarings in Lhasa befand sich in der Nähe des Potala und wurde, als der Palast 1963 bombardiert wurde, ebenfalls zum Teil zerstört. Ihr Bericht aus erster Hand über den Aufstand in Lhasa interessierte mich brennend. Ich hatte das Gelders-Buch *The Timely Rain* gelesen und in Erinnerung behalten, daß der Autor die Behauptung der Chinesen stützte, der Potala wäre *nicht* heftig bombardiert worden. Doch Mr. Taring, der damals Kommandeur der tibetanischen Armee war, besitzt einen Film, den er selbst gedreht hat, ehe er die Hauptstadt verließ, der das Ausmaß des Bombardements dokumentiert. Mrs. Taring bemerkte leise, daß er diesen Film unter Lebensgefahr gedreht hatte, bedenkt man den zukünftigen historischen Wert dieses Dokuments und wie wirkungsvoll er die chinesische Propaganda zunichte machen könnte.

Als Seine Heiligkeit den Sommer-Palast am 17. März verließ, blieb Mr. Taring noch zwei Tage, um die Chinesen glauben zu machen, der Dalai Lama sei immer noch dort. Dann machte er sich mit einem Begleiter – dem derzeitigen Koch der Tarings – zu Fuß zur indischen Grenze auf. Mrs. Taring war mittlerweile, ebenfalls mit einem Diener, auf dem Pferd geflohen, und Monate vergingen, ehe einer wußte, daß der andere in Sicherheit war.

Es ist bezeichnend, daß die beiden Tarings Seiner Heiligkeit bedingungslos ins Exil gefolgt waren und keinen Versuch unternommen haben, ihre Kinder und Enkel zu befreien. Als ich vor zwei Jahren die Geschichte ihrer Flucht zum ersten Mal hörte, war ich ein wenig schockiert von dieser »Fahnenflucht«, zumal in vergleichbaren Situationen Europäer zu ihren Angehörigen und Liebsten stehen würden. Doch nach ein paar Stunden Unterhaltung mit den Tarings versteht man, daß für sie Seine Heiligkeit ihr Angehöriger und Liebster ist – nicht als Individuum, sondern als lebendiges Werkzeug, in dem der Geist von Chenrezig haust. Der Verzicht auf die Familie für Seine Heiligkeit war daher eine Form religiösen Märtyrertums. Sie wußten beide, daß er im Exil Schutz durch die wenigen Tibetaner bräuchte, die westliche Erziehung genossen hatten, aber deren religiöser Glaube so stark geblieben war wie der eines einfachen Bauern.

Das bemerkenswerteste Charakteristikum tibetanischer Buddhisten ist das Fehlen jeglicher Bitterkeit gegenüber den Chinesen. Trotz der emotionalen Verletzungen, die immer wieder durch den couragierten Humor der Tarings durchscheinen, zeigt keiner der beiden nur eine Spur Haß oder Zorn, wenn über die Vergangenheit gesprochen wird. Im Gegenteil, sie erschrecken, wenn ein weniger disziplinierter Westler, wie ich zum Beispiel, heftig reagiert – ohne lange zu überlegen kamen mir wenig schmeichelhafte Worte. Die Art, wie Tibetaner zwischen zugefügtem Unrecht und den ausführenden Individuen unterscheiden – die sie ebenfalls als Opfer sehen und mit denen sie anscheinend Mitleid haben – machte mir wieder einmal bewußt, wie unkritisch wir im Westen oft auf üble Propogandatricks hereinfallen.

In Mussooree bewohnen die Tarings einen großen Raum, der

durch einen Vorhang in Schlaf- und Wohnzimmer aufgeteilt und wesentlich ungemütlicher ist, als einige der Unterkünfte, die Mrs. Taring für andere Flüchtlinge bereitstellt.In den anderen Räumen wohnen Lehrer und insgesamt zweiundsiebzig kleine Kinder. Nachdem wir zu Bett gegangen waren, begann eines der Kinder zu weinen, und Mr. Taring ging sofort nachsehen; er und seine Frau wechseln sich beim »Nachtdienst« ab. Darüberhinaus arbeiten sie täglich mindestens zwölf Stunden, und das sieben Tage in der Woche. Ich wurde in einem kleinen, gemütlichen Stübchen untergebracht mit nichts drin, als einem einfachen Schlafplatz. Es beruhigte mich, daß Mitarbeiter unter den Flüchtlingen so ungewöhnlich asketisch lebten.

1.

Die »Eiserne Straße« nach Rexaul

29. April, 1965, Bahnhof Muzaffarpur, 23.30 Uhr

Ich sitze im Bahnhofswartesaal für Damen und werde fast ohnmächtig vom Gestank alten Urins, umgeben von Frauen, die sich alle auszuruhen scheinen. Einige liegen auf Matten auf dem Boden, andere auf abgewetzten, viktorianischen Sofas und zwei haben sich auf dem Tisch zusammengerollt, die Saris über ihre Gesichter gezogen. Ich kann nur denken, daß ich mich in irgendeinem Wartesaal befinde und diese einzigartige Kombination aus ästhetisch Abstoßendem, körperlichem Unbehagen und geistiger Leere irgendwie durchstehen muß. Den Schildern zufolge bin ich in Muzaffarpur, aber ich könnte mir genausogut vorstellen, in Waterford oder Mailand zu sein.

Die neunundzwanzig-Stunden-Reise von Dehra Dun war für hiesige Verhältnisse eher kurz, für mich jedoch war sie die längste Zugreise meines Lebens, entschieden zu lang, sträflich lang. Im Fahrpreis (ein Pfund, acht Schillinge und vier Pence bis Nepal) war die Reservierung einer schmalen Holzliege inbegriffen, auf der ich vergangene Nacht verhältnismäßig gut geschlafen habe. Morgens kam ein gewaltiger Sandsturm auf, der über die endlose, ausgetrocknete, grau-gelbe Ebene dahinfegte und bis zum Einbruch der Dunkelheit anhielt. Man konnte höchstens hundert Meter sehen, der heiße Himmel war trüb von den feinen Sandkörnern. Der Staub vermischt mit Schweiß bildete eine Dreckmaske auf meinem Gesicht. Den ganzen Morgen saß ich da wie halb im Koma und dachte darüber nach, daß ich wenigstens die Härte der Natur hautnah erlebte; verglichen damit ist eine Radtour nach Indien fast nichts.

Das Schlimmste aber stand mir noch bevor. In Lucknow stieg ich um und fand mich plötzlich in einem Acht-Personen-Abteil mit sieben Gurkha-Soldaten auf Heimaturlaub wieder. Jeder hatte eine Menge Gepäck dabei und anfangs schien es rein physikalisch unmöglich, daß alle im Abteil Platz hätten. Doch es kommt nicht von ungefähr, daß so viele Gurkhas Viktoriakreuze (höchster britischer Militärorden) bekommen haben. Tapfer drängten sie sich ins

Abteil, ohne Rücksicht darauf, daß vielleicht alle erstickt sein könnten, noch ehe die Reise zu Ende war. Zuerst erschienen sie ein wenig ratlos angesichts einer etwas mitgenommen wirkenden Memsahib in einer Ecke, aber dann beschlossen sie sehr schnell, sie einfach zu ignorieren, und ich war in Sekundenschnelle zu neun Zehntel unter einem Haufen Liegematten, Brotbeutel, Weidenkörbe und Blechkoffer begraben. Zwei wendige, kleine Gurungs kletterten diese Pyramide hinauf, zwängten sich fachmännisch zwischen die Spalten der oberen Koffer und dem Dach und fingen an, zu würfeln und zu rauchen; in regelmäßigen Abständen fielen brennende Zigarettenstummel auf mich hinunter. Ich bezweifle nicht, daß die Gurkhas nette Menschen sind, aber irgendwie kann ich sie heute noch nicht so recht schätzen.

Bald nach Einbruch der Dunkelheit wandelte sich mein Glück. Als wir an einem Bahnhof anhielten, verursachte ich unter Aufwendung all meiner Kräfte ein Erdbeben im Abteil und brachte die Gurungs ein wenig in Schwierigkeiten, als ich mir einen Weg durch das Fenster hinaus bahnte. Niemand hatte mir gesagt, wo ich umsteigen mußte, und es wurde langsam Zeit, das herauszufinden. Besorgt humpelte ich den Bahnsteig entlang – jeder Muskel schien sich verkrampft zu haben – auf der Suche nach einer vertrauenswürdigen Person. Nachdem ich drei Beamte befragt hatte, die mir deutlich zu verstehen gaben, daß es ihnen egal ist, ob ich in Kalkutta oder Katmandu ankäme, war ich sehr erleichtert, auf eine Engländerin zu treffen, die sich neben den Erste-Klasse-Waggons ihre Beine vertrat. Sie versicherte mir sofort, daß ich nicht vor Muzaffarpur umsteigen müsse, und wir begannen, uns über unsere Reiseziele zu unterhalten. Als die Engländerin erwähnte, sie würde nach Dhahran zurückfahren, sagte ich: »Dann kennen Sie vielleicht Brigadegeneral Pulley?« (für den ich einen Brief hatte), und sie rief: »Aber ich bin seine Frau!« Einen Moment später erschien der Brigadegeneral selbst. Als alle entsprechende Bemerkungen über die Zufälle und die Größe des Planeten Erde gemacht hatten, luden mich die Pulleys freundlicherweise ein, meine Reise in ihrem klimatisierten Abteil fortzusetzen. Mittlerweile war mir meine Lust auf die »einfache Art zu reisen« ziemlich vergangen – wenn auch nur vorübergehend – und ich mußte mich zurückhalten, meinen Wohltätern nicht in die Arme zu fallen.

Es ist erst 1.45 Uhr morgens und der tägliche Zug nach Rexaul an der nepalesischen Grenze fährt nicht vor 6 Uhr, aber ich wage nicht zu schlafen, aus Angst, ich könnte nicht rechtzeitig aufwachen.

30. April, Bahnhof Rexaul, Ruheraum, 21 Uhr

Der Name für diesen Raum stammt gewiß noch aus jener Zeit, in der die Bahn in Indien eingeführt wurde; ausgestattet ist er mit zwei Hängematten, einer lauwarmen Dusche und einem defekten elektrischen Ventilator. Trotz der luxuriösen Ausstattung reagiere ich im Moment unweigerlich allergisch auf alles, was nur irgendwie mit Zügen zu tun hat.

Für die hundertsechzig Kilometer mit einer Schmalspurbahn brauchten wir elende acht Stunden. Die alte Lok fiel fast auseinander, und wir hielten in jedem Dorf, machten eine Pause, bis sich die Maschine wieder erholt hatte und es im Schrittempo zum nächsten Dorf weiterging. Darüber hinaus kam noch ein junger Mann ums Leben, aber niemand schien von diesem grausigen Unfall besonders Notiz zu nehmen, und wir hatten nur zehn oder fünfzehn Minuten Verspätung mehr als sonst. Weit und breit war keine Polizei zu sehen (vielleicht gibt es in diesen abgelegenen Dörfern keine Polizisten), und man beschloß, die Sache für unwichtig zu erklären. Mein nepalesischer Nachbar meinte, es handelte sich um Selbstmord und es käme immer wieder vor, daß sich jemand aufgrund familiärer oder finanzieller Probleme vor einen Zug wirft. Das schien eine plausible Erklärung, da bei unserem Schneckentempo kaum jemand zufällig unter die Räder geraten konnte.

Heute morgen, auf dem Bahnsteig in Muzaffarpur, lernte ich einen jungen Iren namens Niall kennen. Er war mit einem schweizer Jungen, Jean, und einer jungen Amerikanerin, Loo, die ziemlich aus dem Häuschen schien, auf dem Weg nach Katmandu. Loo war erst seit kurzer Zeit in Indien (sie besaß ein Rund-um-die-Welt-Ticket). Sie hatte sich von den beiden Jungs überreden lassen – gegen ihre Überzeugung – auf dem Landweg nach Nepal zu reisen, um so Land und Leute besser kennenzulernen. Fast den ganzen Tag sprach sie nur davon, was für einen Fehler sie gemacht hatte, sich überreden zu lassen. Obwohl das Klagen nicht viel Sinn hatte, konnte ich sie gut verstehen.

Rauher als in diesen Dörfern in Bihar kann das Leben kaum irgendwo sein. In ganz Punjab begegnet man kaum so einer extremen Armut wie hier. Und ich begann, während die heißen Stunden langsam verrannen, unsere Wohlstandsgesellschaft ein wenig wohlmeinender zu sehen. Die Menschen um uns herum schienen innerlich tot, rein mechanisch funktionierende Puppen, deren Gesichtsausdruck stumpf vom dauernden Leid war. Ich sah mir ihre Körper an – mißgebildet, ausgehungert und von Krankheiten gezeichnet – und die geistige Zurückgebliebenheit, und bekam ein schlechtes Gewissen, weil ich Tibetanern helfen wollte, obwohl so viele Inder in solcher Not sind. Dennoch bezweifle ich, daß Indern ebenso geholfen werden kann wie Tibetanern. Abgesehen von ihren gewaltigen materiellen Problemen, scheint es in der Natur der meisten Menschen hier zu liegen, sich stur jeder Hilfe von außen zu widersetzen.

Rexaul ist eine übelriechende, zersiedelte kleine Grenzstadt, die an Überbevölkerung von Menschen und Kühen leidet, mit einem Flair unverhältnismäßiger Wichtigkeit, da der gesamte Lastwagenverkehr Richtung Katmandu durch ihre Straßen fließt. Dennoch ist hier kein Mann von Welt Zuhause. Als ich zum Postamt ging – eine finstere Bretterbude – um den ersten Teil meines Tagebuchs per Luftpost nach Irland zu schicken, verursachte mein Anliegen ein beispielloses Chaos. Es fing damit an, daß Einschreiben nach 16.00 Uhr nicht mehr angenommen wurden, und es war jetzt 17.30 Uhr. Als ich mit meinem ganzen Charme erklärte, es wäre mir lieber, meine Post von Indien als von Nepal aus zu schicken, willigte der älteste Beamte ein, eine Ausnahme zu machen. Doch jetzt kam das knifflige Problem, zu entscheiden, wo Irland lag – und das noch kniffligere Problem, die Gebühren für so eine Luftpostsendung festzulegen. Am Ende waren nicht weniger als sieben Mann zwanzig Minuten mit dieser Angelegenheit befaßt; man wälzte dicke, verstaubte Bücher, wog die Sendung immer wieder auf völlig veralteten Waagen, addierte immer wieder endlose Summen auf schmierigem Papier und schrieb schließlich die Adresse zweimal für das Aktenregister ab – mit vergnüglichen Ergebnissen, da sogar Europäer meine Handschrift oft unleserlich finden. Vermutlich landet die Sendung tatsächlich auf den Aran-Inseln, aber völlig sicher bin ich nicht.

Der knapp einhundertfünfzig Kilometer lange Tribhuvan Rajpath-Highway, nach dem Vater König Mahendras benannt, wurde 1950 von indischen Ingenieuren gebaut. Zur Zeit ist er Nepals einzige intakte Autobahn – obwohl die Chinesen hart an einer symbolischen Fortsetzung von Katmandu nach Lhasa arbeiten – und wohl eines der bemerkenswertesten Baukunststücke der Welt. Doch die unerklärliche Enge des Rajpath-Highways (oder hat dieser Umstand strategische Gründe?) führt immer wieder dazu, daß Lkws einander gegen Klippen drängen oder in den Abgrund stürzen, um einen Frontalzusammenstoß zu vermeiden. Die Kunst, einen Lkw zu steuern, ist in Nepal erst neun Jahre alt; so ist es vielleicht nicht überraschend, wie dringlich die meisten Fahrer sich nach einer schnellen Reinkarnation sehnen. Zweifellos wird die nächste Generation gelernt haben, daß zu viel Rakshi der Bewältigung von sechs Haarnadelkurven auf eineinhalb Kilometer nicht gerade zuträglich ist.

Da auch das Renommee des Pajpath-Highways auf dem Spiel steht, ist verständlich, daß Lkws keine Fremden mitnehmen dürfen. Eine hohe Sterblichkeitsrate unter Touristen könnte sich ungünstig auf den Fremdenverkehr auswirken. Theoretisch benutzen alle Touristen den völlig veralteten Bus, der täglich um sechs Uhr morgens in Rexaul abfährt. Die Fahrkarte für den Bus kostet jedoch über 13 Mark, die selbe Strecke mit einem Lkw genau die Hälfte. Also ignorieren viele Reisende das Verbot und fahren mit einem Lkw mit. Glücklicherweise kümmert sich die Grenzpolizei genausowenig um die gesetzlichen Vorschriften, oder weiß nicht von deren Existenz – was typisch für dieses Land wäre, in dem es so herrlich drunter und drüber geht.

Wir verließen den Bahnhof heute morgen um sechs und gingen die drei Kilometer bis zur Grenze zu Fuß. Die nächsten drei Stunden vergingen mit Hin- und Herlaufen zwischen Zollamt, Polizei und Paßkontrolle. In den verschiedenen Büros luden uns höfliche aber ebenso ahnungslose Beamte zu unzähligen Gläsern Tee ein, während sie versuchten, sich einig zu werden, worüber sie uns befragen sollten. Man hatte das Gefühl, als wäre diese verschwenderische Fülle an bürokratischen Formalitäten ein Spiel, da keiner der Angestellten seinen Job richtig zu begreifen schien, um ihn ensprechend ernst zu nehmen. Die ganze Prozedur glich einem etwas überstürzten Versuch Nepals, nach Jahrhunderten selbst gewählter Isolation »mitzuhalten«. Über all den zahllosen Gläsern Tee schlug die steife, fremd wirkende Formalität auf einmal in die vertraute Flexibilität um.

Die Nepalesen verstehen es geschickt, sich dem Diktat der Zeit zu entziehen, zeitliche Vorgaben ignorieren sie einfach. Wir warteten endlos auf alles mögliche: auf Tee, der tablettweise vom Basar gebracht werden mußte, auf den Schlüsselbund eines Polizisten, der von zu Hause geholt werden mußte, auf einen herstellbaren Kunststoffstempel, der genauestens geprüft wurde und sich schließlich doch nicht eignete (ein Füllhalter erfüllte schließlich den Zweck), auf einen Paßbeamten, der zuerst einmal Irland in einem Atlas ausfindig machen mußte, dessen Seiten schon bessere Tage gesehen hatten (der Mann bezweifelte ernsthaft die Existenz eines Landes mit einem solchen Namen) und auf den Chef des Zollamtes, der an Ruhr litt und sich, während er unsere Gepäckstücke genau untersuchte, immer wieder kurz auf ein Feld in der Nähe zurückziehen mußte.

Mir gefiel diese Prozedur irgendwie, sie war genau das, was ich von einer nepalesischen Grenzstation erwartete – obwohl mir diese Verzögerungen vermutlich auf die Nerven fielen, wenn ich täglich damit zu tun hätte. Unglücklicherweise reagierten meine Reisegefährten nicht ganz so gelassen auf diese Mißachtung des Faktors »Zeit«, und die Nepalesen waren vollkommen durcheinander, daß weder ihre Gespräche noch der Tee eine annehmbare Entschädigung für so viele »verlorenen« Stunden schien. Am Ende schämte ich mich für Loos meckerige ungeduldige Meckerei, Jeans verächtlichen Spott und Nialls gereizten Ton – nichts von alledem brachte die Sache auch nur ansatzweise weiter. Zweifellos werde ich mich die nächsten Monate gelegentlich ähnlich schlecht benehmen.

Als wir die Prozedur hinter uns hatten, gingen wir die nächsten einhalb Kilometer bis zu der kleinen Stadt Birganj zu Fuß. Nachdem wir mit mehreren Fahrern über den Fahrpreis verhandelt hatten, ergatterten wir hier einen Platz auf der Ladefläche eines beinahe leeren Lkws.

Mittlerweile brannte die Sonne auf uns herunter, und wir hatten die nächsten dreißig Kilometer nichts, um uns davor zu schützen.

Dieser Teil des Terai war durch den Bau der Straße und der Eisenbahnlinie ziemlich zerstört, weder links noch rechts von uns gab es irgend etwas Interessantes zu sehen, und ich schaute die ganze Zeit neugierig nach Norden. Durch die Hitze war die Luft jedoch trüb und die Sicht nicht besonders. Erst als wir in die Nähe des Dorfs Bhainse kamen, konnte man die gigantische Gebirgskette sehen, die sich urplötzlich aus der nördlichen, unendlich weiten Ebene Indiens erhebt.

In Bhainse hielten wir vor einem kleinen Restaurant. Ohne meine Stiefel überzuziehen, hüpfte ich aus dem Wagen in den heiß ersehnten Schatten. Loo lehnte jede Art von Erfrischung ab, nachdem sie einen angewiderten Blick auf den fliegenübersäten Innenraum des Lokals geworfen hatte. Die anderen verschlangen Unmengen von Reis, durchtränkt mit Dal und Curd, und für unseren Fahrer gab es ein sehr scharfes Curry. Von der verheerenden Armut Bihars war nichts mehr zu spüren. Ich hatte Mühe, diese Menschen von ihren indischen Nachbarn zu unterscheiden, so sehr ähnelten sie ihnen. Nur der Stil der Architektur (der Einfluß der Newari war unverkennbar) kündete davon, daß wir uns in Nepal befanden.

Als der Fahrer seinen Riesenberg Reis verdrückt hatte, sagte er, wir sollten hier warten. Zwanzig Minuten später mußte ich ca. 800 m barfuß zu dem Lkw am Schlagbaum laufen. Mittlerweile stand die Sonne am höchsten und ließ den Teer auf der Straße schmelzen. So war ich gezwungen, zehn Schritte zu rennen, mich niederzuhocken, um meine armen Füße vom Teer zu befreien, hochzuspringen, als mein Hintern ähnliche Qualen zu leiden begann – und so weiter... und weiter... und weiter. Die Einheimischen amüsierten sich köstlich. Merkwürdigerweise fehlte mir der Sinn für die Komik der Situation in diesem Fall ganz und gar.

Von Bhainse aus, das nur wenige Meter über dem Meeresspiegel liegt, führte die Straße über die Churia und Chandragiri Berge steil bergauf und überquerte schließlich einen Paß von 2400 m Höhe. Die Berghänge links und rechts der Straße waren dicht bewaldet und saftig grün. Der steile Anstieg wirkte im Kontrast zu der weiten Ebene, die sich von Dehra Dun bis Bhainse erstreckt, richtig dramatisch. An einer Stelle konnten wir die zwölf Serpentinen der Straße unter uns sehen, die wir heraufgekommen waren, und hin und wieder auch das berühmte Kabel, mit dem immer noch Güter von Indien nach Katmandu transportiert werden. Die Drahtseile spannen sich über die tiefen Täler von Berggipfel zu Berggipfel. Bis wir den Paß überquerten, war nicht ein Dorf zu sehen. In Bhainse aber hatte der Lkw sich mit fröhlichen, relativ ungepflegten Familien gefüllt, die vom Markt zurück nach Hause wollten. Diese Menschen, die es früher gewohnt waren, überallhin zu Fuß zu gehen, haben sich sehr schnell an den Luxus des motorisierten Transports gewöhnt.

Gerade wenn man den Rajpath-Highway entlangfährt, spürt man etwas von der großen Tat dieser indischen Ingenieure und nepalesischen Kulis – viele Kulis kamen beim Bau der Autobahn ums Leben –, die die Kraft und den Mut hatten, so eine Straße wider die Gesetze der Natur zu bauen. Die meisten Nepalis glaubten, der Tod der Kulis wäre die Strafe erzürnter Berggötter gewesen, und ich kann das gut verstehen. Der Rajpath ist ein Triumph menschlicher Genialität, aber auch gleichzeitig ein unverschämter Eingriff, und natürlich nehmen es die Götter übel, wenn ihre Berge so schändlich dem Fortschritt geopfert werden.

Gegen halb vier erreichten wir die Paßhöhe. Die Luft hier oben war prickelnd frisch. Um unsere Nerven zu beruhigen, machten wir in einer kleinen Hütte am Waldrand eine kurze Teepause; als wir uns die letzte Serpentine hinaufquälten, hätte uns beinahe ein verantwortungslos überladener Jeep gerammt, der die Kurve mit Höchstgeschwindigkeit nahm.

Das Gefälle hinunter ins Palang-Tal war weniger steil als unser Weg den Paß hinauf, trotzdem kaum weniger gefährlich, da die Bremsen des Lkws nicht die besten waren. Die im Tal verstreuten, zweistöckigen Bauernhäuser mit ihren gewellten, roten Dächern und braunen Ziegelwänden wirkten seltsam europäisch. Sie waren weitaus raffinierter gebaut, als die normalen indischen Wohnhäuser auf dem Land, anstatt eines Kamins befanden sich in den Giebelwänden viereckige Öffnungen. Die Leute waren klein, kräftig gebaut und fröhlich. Scharen von Kindern riefen, lachten und winkten uns, als wir vorbeikamen. Offensichtlich sind viele Nepalesen vom Temperament her den Tibetanern ähnlicher als den Indern. Das Tal war rundherum von Bergen eingeschlossen, und trotz des eminenten Eingriffs in die Natur, »der Straße«, umgab uns eine Atmosphäre stiller Abgeschiedenheit. Während ich meinen Blick über die kunstvoll terrassenförmig angelegten

Weizenfelder, die ausgelassenen Kinder und herumspringenden Ziegen schweifen ließ, wurde mir bewußt, ich war jetzt in einem anderen, wunderschönen Land.

Als die Straße wieder anstieg, begannen die umgebenden Berghänge rötlichen, nackten Lehmwänden zu gleichen, die die von der Seite einfallenden Strahlen der untergehenden Sonne wie ungeschliffene Edelsteine widerspiegelten. Ich wurde zunehmend aufgeregter, als wir an immer neuen Kilometersteinen vorüberfuhren, auf denen stand: »Katmandu 25 Kilometer… 24 Kilometer… 23 Kilometer« – dann war es auf einmal dunkel, aber wir fuhren immer noch Kurve um Kurve weiter, obwohl wir an einem Schild vorbeigekommen waren, das den Verkehr von Fahrzeugen nach Einbruch der Dunkelheit verbot.

Um 20.30 hielten wir in der Nähe des kleinen Dorfes Thankot an, zehn Kilometer vor Katmandu. Ein Baumstamm auf einem Bock blockierte die Straße vor einer Polizei-,Paß- und Zollkontrollstelle. Plötzlich lag eine merkwürdige, dramatische Stimmung in der Luft. Unser Fahrer flüsterte uns heiser zu, wir sollten leise den Lkw verlassen, die Kontrollstellen passieren, danach etwa fünfhundert Meter weitergehen und warten, bis er uns dort wieder aufsammelte. Wir bräuchten nur unsere Ausweispapiere mitzunehmen, alles andere könnte im Lkw bleiben.

In dem Moment fragte mich meine Vernunft, was in einem Polizisten wohl vorgehen mochte, wenn er auf einmal vier Europäer vor sich hatte, die aus dem Stockdunkeln kamen, ihm ihre Ausweispapiere und Visa vorlegten, denen zu entnehmen war, daß sie zehn Stunden vorher in das Land eingereist waren. Kaum gedacht, verbot ich meinem rationalen Verstand, sich weiter in meinen fröhlichen ersten Tag in Nepal einzumischen.

Die Kontrollstelle war beeindruckend – in einem kleinen Bambushüttchen saß ein leutseliger Kontrollbeamter im Pyjama mit einem Revolver bewaffnet. Im schwachen Licht eines Dochts, der in einer Schüssel mit Fett schwamm, sah er flüchtig auf unsere Visa und zog den naheliegenden Schluß, daß wir offensichtlich auf einem fliegenden Teppich von Rexaul gekommen waren. Erst Loos angeborene Ehrlichkeit brachte einen Augenblick unbehagliche Spannung. Auf die Frage, ob sie Fotoapparate, Transistorradios oder Ferngläser bei sich hätte, antwortete sie, sie hätte jeweils eines dieser Geräte und darüberhinaus Pyjamas. Leicht irritiert, angesichts dieser ehrlichen Antwort zu so später Stunde, forderte er sie pflichtgemäß auf, ihr Gepäck vorzuzeigen. Erst jetzt fiel ihr ihre Unbesonnenheit auf und sie starrte verlegen zur Tür, während die Jungs und ich mitleidlos kicherten. Unser Fahrer hatte in einem Teehaus in der Nähe offenbar etwas Stärkeres als Tee zu sich genommen. Mit stumpfem Gesichtsausdruck ging er an uns vorbei und tat so, als würde er uns nicht kennen. Jeder Versuch, Verbindung mit ihm aufzunehmen, wäre außerordentlich unpassend gewesen. »Pyjama« aber hatte offensichtlich schnell verstanden. Großherzig meinte er: »Diese Dinge sind nicht wichtig« und ließ uns gehen, unsere Pässe um einige weitere prächtige Stempel reicher.

Die Straße von Thankot hinunter nach Katmandu war links und rechts mit wilden blühenden Büschen gesäumt. Im Licht der Scheinwerfer säumten ihre länglichen, scharlachroten Blüten wie leuchtende farbige Vorhänge die beiden Seiten der Straße. Ich war etwas verwundert, nirgendwo im Tal unten auch nur einen Schimmer von Katmandu zu sehen, wie ihn sonst auch die kleinste Hauptstadt widerspiegelt; später entdeckte ich jedoch, daß es sich hier um einen der nicht seltenen Fälle handelte, in denen die Stromversorgung der Stadt einfach zusammengebrochen war.

Im Nu ist man durch die Vororte von Katmandu. Gegen halb zehn stand ich bereits mitten im Zentrum neben »Bhim's Folly« – einem weißen Turm, der dort wie eine Zigarette steht und aus einem unerklärlichen Grund von Bhim Sen Thapa errichtet wurde, dem blutrünstigen Herrscher Nepals im neunzehnten Jahrhundert, der die Regierung durch die Premierminister einrichtete. Die Umgebung des Folly dient als Lkw-Bahnhof. Rund um die Uhr wird hier gefeilscht und gestritten – kurzum, es herrscht hier ständiger Aufruhr. Tatsächlich scheint es der einzige Ort, wo nach Einbruch der Dunkelheit noch etwas los ist. Loo und Niall waren schon mit Jean verschwunden, der sich in Katmandu gut auskennt, und ich mußte feststellen, daß die Adresse, zu der ich gehen sollte, keinem Nepalesen irgend etwas sagte. Dann aber entdeckte ich zwei junge Männer in westlich angehauchter Kleidung, die ein wenig Englisch sprachen und mir eine Fahrradriksha besorgten.

Eine halbe Stunde später fand ich mich in diesem, für asiatische Verhältnisse, extrem teuren Hotel wieder. Man bezahlt 11 Mark die Nacht für ein großes, verdrecktes Zimmer, in dem nur ein

Holzbett steht, auf dem Bettzeug voller Ungeziefer liegt, Frühstück ist in dem Preis nicht mit inbegriffen. Der Schmutz macht mir nichts aus. Ich habe schon Schlimmeres überlebt, aber der Preis läßt mich nicht unberührt. Ich hoffe nur, daß dieses Hotel kein Maßstab für die allgemeinen Lebenshaltungskosten in Nepal ist.

2.

Katmandu

Der gestrige Tag begann mit einer schönen Überraschung. Ich erfuhr nach dem Frühstück, daß Sigrid Arnd, eine Schweizer Freundin, mit der ich während meines ersten Aufenthalts in Indien zusammengearbeitet hatte, mittlerweile hier lebt. Sie lud mich gestern abend ein, bei ihr in Jawalkhel, in der Nähe von Patan zu wohnen, bis ich am 12. Mai nach Pokhara abreise.

Sigrid gleicht sich in ihrem Lebensstil gern den einheimischen Gepflogenheiten an. Sie hat bewiesen, daß man sich in diesem Land mit ein wenig Phantasie mit den vorhandenen Mitteln ein wunderschönes Zuhause schaffen kann. Sie hat zwei Zimmer eines dreistöckigen Ziegelbaus gemietet. Das einfache Wohnzimmer, in dem ich gerade sitze, schmücken eine niedrige, schwarze, gezimmerte Decke, weiß getünchte Wände und blaß goldene Matten. Alles in dem Zimmer ist hübsch und nepalesisch, und auch Sigrids vier Monate altes, schwarz-silbern gezeichnetes Hündchen – eine Promenadenmischung – ist hübsch und nepalesisch. Sein Name ist Puchare (»Schweif« auf Nepali). Er ist ausgesprochen liebenswert und viel hübscher als manch höchgezüchtetes, degeneriertes Tier. Außerdem gehört noch Donbahadur zum Haus, ein Newari. Er kümmert sich um den Haushalt, versteht es hervorragend, auf dem Basar einzukaufen und kocht wie ein Engel. (Viele Westler in Katmandu wollen nicht einmal durch den Basar gehen, geschweige denn etwas essen, was von dort kommt.) Donbahadur verfügt über übersprudelnden Humor, strahlt Integrität aus und hat eine ehrfurchtgebietende Methode entwickelt, sich sprachlich zu verständigen – ein Gemisch aus Schweizerdeutsch und Englisch. Man spürt, wie sehr er Sigrids Art schätzt, nepalesische Tradition zu würdigen, und das ist sehr interessant, denn in Indien würde jede Memsahib ihr Gesicht vor der Dienerschaft verlieren, wenn sie ihren europäischen Standard aufgibt.

Ein kleines Badezimmer (mit kalter Dusche und ohne Wanne) und eine noch kleinere Küche gehen vom Wohnzimmer ab; im hinteren Teil führt eine schmale Holztreppe, die aussieht wie ein Schrank zu Sigrids Schlafzimmer hinauf. Draußen in dem großen Garten stehen zwei riesige Pappeln in einer Ecke, und im Moment ist Donbahadur auf der anderen Seite gerade dabei, köstliches Brot im Lehmofen zu backen; sein Beitrag zu der gelungenen Improvisation, die man in dieser Wohnung allenthalben vorfindet. Hinter der drei Meter hohen Gartenmauer liegt eine sehr wellige und ziemlich staubige Straße mit vielen Schlaglöchern, die unglücklicherweise eine der Hauptverbindungsstraßen des Tales ist; sie verbindet Katmandu, Jawalkhel und Patan miteinander. Zu dieser Jahreszeit hüllen die gelegentlich vorbeifahrenden Busse den Garten unter einer gelblichen, stickigen Staubdecke ein. Von den langsam vorbeischaukelnden Vehikeln sieht man nur das obere Ende. Es kommt einem manchmal vor, als würde man Schiffe auf stürmischer See beobachten.

Mit Sigrids Segen werden Puchare und ich heute nacht auf einem tibetanischen Teppich schlafen. Ich stoße nicht oft auf eine perfekte Gastgeberin, die nicht gleich aus allen Wolken fällt, wenn ein Gast einmal auf dem Fußboden schlafen will.

5. Mai

Was für eine herrliche, kleine Stadt das doch ist! Sie gefällt mir von Tag zu Tag besser, obwohl sie für mich anfangs nicht mehr als eine Art Durchgangsstation nach Pokhara war. Meine Vorstellung, das Katmandu-Tal wäre fast genauso furchtbar wie Indien, war grundlegend falsch. Natürlich sind da zuerst einmal auf der Hand liegende Ähnlichkeiten: Staub, Gestank, Fliegen, allgegenwärtige heilige Kühe und verlauste Hunde in der Gosse. Viele Frauen tragen einen Sari oder Shalwar und darüber ein Damenhemd, wohingegen die meisten Männer ihre charakteristische Kleidung wie weitgeschnittene Hosen, hochgeschlossene, knielange Tunikas und elegante kleine Kappen beibehalten haben. Üblicherweise sind sonst in östlichen Ländern die Männer die ersten, die ihre traditionelle Kleidung ablegen; hier ist genau das Gegenteil der Fall. Wie auch immer, die offensichtlichen Unterschiede zwischen den beiden Ländern sind weit wichtiger. Dem gewöhnlichen Nepalesen scheint es völlig an der für Inder so typischen Untertänigkeit, der Empfindlichkeit und diesem quälenden Minderwertigkeitskomplex zu fehlen. In der Vergangenheit erlitten die Nepalesen mehr Ungerechtigkeit und Grausamkeit unter ihren eigenen korrupten und skrupellosen Regenten, als die Inder je unter den Briten, doch zumindest blieb ihnen die tödliche Verletzung des Stolzes erspart, die nur fremde Eroberer einer Nation zufügen können. Sämtliche »Westler«, mit denen ich mich in den vergangenen Tagen unterhalten habe, stimmen mit mir überein, daß man im allgemeinen mit Nepalesen viel leichter auskommt als mit Indern. Schon das alleine macht die Atmosphäre in Katmandu wesentlich angenehmer als in Neu Delhi.

Ein weiterer Denkfehler betraf meine Einschätzung vom Einfluß des Tourismus auf das Tal. Ich hatte mir vorgestellt, es wäre bereits von und für Touristen zerstört worden. Obwohl mittlerweile »jeder« hierher kommt, genauso wie »jeder« London im Sommer verläßt, wäre es lächerlich, Katmandu als Touristenzentrum zu bezeichnen. Insgesamt ist es jedoch weit weniger »exotisch und romantisch«, als man uns glauben machen wollte. Es gibt ungefähr genauso viele Benzin-Zapfstellen wie Tempel, und häßliche Neubauten schießen überall wie Pilze aus dem Boden. Schön kann man diese Stadt an sich nicht nennen, dennoch stößt man immer wieder auf kleine Schönheiten im Überfluß, und die freundliche Heiterkeit und atmosphärischen Eigenarten haben mich vollkommen gefangen. Solche Kuriositäten zeigen sich überall. Als ich zum Beispiel aus meinem Hotel in die Jugendherberge in Jawalkhel umzog – einer von vielen ehemaligen Rana-Palästen im Tal – fand ich dort einige Warm- und Kaltwasserhähne und beeindruckende westliche Wasserspülungen über östlichen Latrinen – Wasser gab es jedoch nur im nächsten Brunnen. Auch das Telefonsystem ist höchst interessant. Es wurde vor ein paar Jahren von den Amerikanern eingerichtet, in der Hoffnung, den Einzug moderner Technik auf diese Weise ein wenig zu beschleunigen. Allein es in Gang zu bringen, hat zu dem nationalen Durcheinander nicht unwesentlich beigetragen. An einigen Tagen funktioniert es nur in diesen, an anderen Tagen nur in jenen Gebieten. Die daraus resultierenden Aufregungen erzeugen viel mehr Spannung im Leben, als man ertragen müßte, gäbe es ein Leben ohne Telekommunikation. Dann sind da noch die Unsicherheiten im Umgang mit Elektrizität. So hat man zum Beispiel Schalter witzigerweise in den unmöglichsten Ecken untergebracht – direkt am

Boden oder an der Decke oder hinter Fensterläden – und sie funktionieren, wenn überhaupt, nur nach geduldigen, sehr gefährlichen, geschickten Handgriffen. Aufgrund gelegentlicher Ausfälle hält jeder irgendwo ein Bündel Kerzen bereit. Bei der heutigen Tagung von Father Moran's tibetanischem Flüchtlingskommitee im »Royal Hotel« stellte ich mit Freude fest, daß inmitten der überladenen Pracht zwei Kerzen auf Untertassen die Versammlung beleuchteten.

Seitdem Nepal 1951 für Touristen geöffnet wurde, ist »Royal Hotel« der Dreh- und Angelpunkt des gesellschaftlichen Lebens in Katmandu. Es gibt sich eigentlich als Luxushotel und ist daher nicht gerade nach meinem Geschmack, aber schon bald entdeckt man, daß hier sogar Luxushotels keineswegs eintönig sind. Das »Royal« ist genauso einzigartig, wie alles andere hier. Zum Teil wirkt es auf seltsame Weise pompös, sowohl was den Baustil (ein weiterer ehemaliger Rana-Palast) als auch die Innenausstattung (Opern-Dekor) angeht; das ganze ist so herrlich daneben, daß man sofort bezaubert ist und die Maßlosigkeit verzeiht. Hauptsächlich jedoch verdankt das »Royal« seine Einzigarigkeit »Boris«. Diesen legendären Russen, dem ich bereits mit viel Vergnügen in einigen Büchern begegnet war, lernte ich heute, mit noch größerem Vergnügen, persönlich kennen. Zweifellos gehört Boris zu den exzentrischen Cosmopoliten, die auf die Welt kamen, um Farbe in dieses angepaßte Zeitalter zu bringen. Mich hat jedoch am meisten seine einfache Herzlichkeit beeindruckt. Er kommt einem eher wie ein wohlwollender, ein wenig bäuerlicher Gastwirt vor, als der Besitzer eines internationalen Hotels, und ich fürchte um ihn, angesichts der erbarmungslosen und praktisch veranlagten Hoteliers, die zunehmend in Katmandu einfallen.

Im »Royal« wurde ich auch Peter Aufschneider und Sir Edmund Hillary vorgestellt. Sir Edmund sieht aus und benimmt sich genauso wie man sich den Erstbesteiger des Everest vorstellt, und als ich ihm die Hand schüttelte, war ich aufgeregt wie ein Schulmädchen. Ich hoffe nur, daß er das nicht bemerkt hat. Der unglückliche Mann ist mittlerweile sicher von der aufgeregten Weiblichkeit zu Tode gelangweilt. Peter Aufschneider (Heinrich Harrers Begleiter in Tibet) lebt in Katmandu und arbeitet für die nepalesische Regierung. Er ist sehr scheu, bescheiden und angenehm. Unseligerweise aber verschlägt es mir immer die Sprache, wenn ich Leute kennenlerne, die ich schon seit langem aus der Ferne bewundere. Als Gesprächspartner kamen wir daher nicht so recht aus den Startlöchern.

Unausweichlich bildet das »Royal« eine Art Auffangbecken für den Klatsch Katmandus, sofern er sich mit dem Sexleben verschiedener Angehöriger des nepalesischen Königshauses oder ausländischer Prominenter beschäftigt. Der Sumpf ist deprimierend. Gelengentlich aber werden auch interessantere Themen diskutiert. So hörte ich zum Beispiel, daß es momentan ziemlich schwierig sein soll, eine Trekking-Erlaubnis für Nordnepal zu bekommen. Ein bestimmter Reporter mißbrauchte vor kurzem seine Erlaubnis. Er ging bis zur Grenze nach Tibet oder überschritt sie sogar, machte eine Menge Fotos von verschiedenen merkwürdigen Dingen dort, schrieb über seine Heldentat in verschiedenen europäischen Zeitungen und verärgerte damit die Nepalesen so sehr, daß sie jedem unschuldigen Reiselustigen, der lediglich Nepal kennenlerne möchte, einen Strich durch die Rechnung machen. Was für eine Versuchung verbotene Grenzen gerade für jugendlichen Leichtsinn sind, weiß ich nur zu gut, und ich bin ihr auch schon erlegen, aber aus Höflichkeit der Regierung gegenüber und um der anderen Touristen willen, sollte man davon absehen, über solche Zwischenfälle zu schreiben – besonders in einem so ängstlichen Land wie Nepal. Zweifellos sind solche bedauerlichen Vorfälle nahe der tibetanischen Grenze zum Teil der Grund für das Verbot weiterer Himalaja-Expeditionen seitens der nepalesischen Regierung.

Eine weitere Neuigkeit betraf die freiwillige Rückkehr einer nicht näher bekannten Zahl tibetanischer Flüchtlinge innerhalb der letzten Monate, die seit zwei Jahren in Ost-Nepal lebten. Mein Informant war so verläßlich, wie man nur sein kann. Es war interessant zu hören, daß die freien Händler, die immer noch zwischen Lhasa und Namche Bazaar hin- und herreisen, beruhigende Nachrichten von den Zurückgekehrten mitbrachten. Man berichtete, daß es diesen ehemaligen Flüchtlingen im heutigen Tibet viel besser ginge als je zuvor in Nepal, und daß die Chinesen, die das Land mittlerweile fest im Griff haben, sich zunehmend von ihrem harten Kurs distanzieren. Möglicherweise sind diese Neuigkeiten nur ein weiterer Ausdruck für den Sieg chinesischer Propaganda. Die Kommunisten brauchen dringend mehr Arbeiter, und ich erinnere mich vor etwa achtzehn Monaten von in Lhasa gedruckten Flugblättern gehört zu haben, die in Indien und Nepal verteilt wurden, in denen die Flüchtlinge gebeten wurden, nach Tibet zurückzukehren. Man war auch bereit, ihnen ihre Flucht ins Exil zu verzeihen. Psychologisch erscheint es einleuchtend, daß die chinesische Regierung von ihrer repressiven Politik zunehmend abrückt, und ich frage mich manchmal, ob es nicht für viele tibetanische Flüchtlinge die beste Lösung wäre, zurückzukehren. Ob sie nun unter den Chinesen oder im Exil leben, weder hier noch dort wird es möglich sein, ihre uralten religiösen und kulturellen Traditionen zu erhalten. In Tibet würden sie wenigstens auf gewohnter Höhe in ihrem gewohnten Klima leben. Vermutlich sind viele Europäer, denen es schwerfällt, Chinesen als menschliche Wesen zu betrachten, wütend über diesen Vorschlag; trotzdem finde ich es bedauerlich, wenn ideologische Spannungen so viel Raum gewinnen, daß sie menschliche Lebensbedingungen derart beeinflussen.

Fahrräder sind das Hauptverkehrsmittel in Katmandu, und ich muß gestehen, daß ich Roz gestern untreu geworden bin. Man hat mir geraten, für Pokhara ein Fahrrad zu kaufen (natürlich müßte es dort hingeflogen werden, da nicht einmal ein Maultierpfad beide Täler miteinander verbindet), aber anfangs war ich von dieser Idee nicht sonderlich begeistert. Ich hatte nur die indischen Modelle hier gesehen und wußte aus Erfahrung, wie schwer es war, mit diesen Dingern zurecht zu kommen. Aber gestern früh, als ich über den Basar schlenderte, fiel mir ein gebrauchtes russisches Rad auf. Ich probierte es aus, fand es auf Anhieb passend und kaufte es für 121 Mark und 30 Pfennig (Leo, ein Bruder für Roz). Leo ist himmelblau und mindestens doppelt so schwer wie Roz, aber er läuft sehr ruhig und ist auf unebenen Wegen mit seinem riesigen Sattel und den breiten Reifen sehr bequem. Er verfügt über eine verwirrende Menge Zubehör. Keines meiner vorhergehenden Fahrräder konnte mit einem Spiegel, einer Fußbremse, Kilometerzähler, Werkzeugtasche, Gepäckträger, Vorderraddynamo, Ständer und eingebautem Schloß mit zwei Schlüsseln glänzen – zusätzlich zu Klingel und Luftpumpe. Die Fußbremse wird es nicht allzu leicht haben, da ich gewohnt bin, beim bergab fahren, rückwärts zu treten – aber ich gewöhne mich bestimmt bald daran. Das wird jedoch nur eine der zahlreichen Gefahrenquellen, wenn man in Katmandu mit dem Rad unterwegs ist.

Der Verkehr ist vorhersagbar unvorhersagbar, Lkws fahren plötzlich ohne Warnung rückwarts, Busse geben einfach vor, einen gar nicht wahrzunehmen, Taxis rasieren einem die Ellbogen einfach so, Mitradler ohne Bremsen schneiden einem im rechten Winkel den Weg ab, und Träger im Laufschritt, mit mehreren Körben auf einer Schultertrage, ändern plötzlich ihre Richtung und schwingen ihre Ladung kunstvoll in jemandes Vorderrad. Das alles verleitet einen möglicherweise zu dem Schluß, daß die Nepalesen ein Volk ist, das mit dem Verkehr auf Rädern noch nicht so ganz vertraut ist. Wenn ich klingle, bevor ich Fußgänger überhole, kann es passieren, daß sie auf die Warnung reagieren, indem sie fröhlich über die Straße hüpfen, ohne nach links oder rechts zu schauen. Eine weitere Gefahrenquelle sind Regenschirme, die in dieser Jahreszeit als Sonnenschirme dienen. Nepalesische Fußgänger gestikulieren bisweilen, im Gespräch mit einem Freund, wild mit dem Ding in der Luft herum, gerade wenn man mit dem Rad vorbeikommt. Zweimal hat mich ein solcher Streich schon vom Sattel gefegt, hätte ich keine Sonnenbrille getragen, besäße ich inzwischen ein Auge weniger.

Erst heute ist mir richtig klar geworden, daß sich für langsame Fahrten durch den menschenüberfüllten Basar ein schweres Fahrrad am besten eignet. Roz wurde nicht gebaut, um sich in der Schrittgeschwindigkeit dahin schlendernder Kühe fortzubewegen. Auf ihren schmalen Rädern muß man bei diesem Tempo entweder absteigen oder man fällt herunter. Auf Leo dagegen kann man noch sitzen, wenn er fast schon steht, und darauf warten, bis die heilige Kuh und ihr heiliges Kalb geruhen, aus dem Weg zu gehen – es macht einen Unterschied, ob man mit einem schweren Zugpferd oder einen Vollblutpferd durch die Straßen reitet. Normalerweise würde ich Roz nicht gegen zwölf Leos eintauschen, aber auf seine Art ist er einwandfrei und er wird mir in Pokhara nützlich sein.

Heute abend habe ich eine Beule so groß wie ein Fußball auf meinem Kopf. Die Durchschnittsgröße der Nepalesen ist einen Meter sechzig und die Eingangstüren sind entsprechend hoch.

Es gibt so viele Sehenswürdigkeiten in diesem Tal, aber ich ärgere mich insgeheim, von Reiseführern beherrscht zu werden und bin deshalb ein nachlässiger Tourist. Für mich bedeutet eine kleine Statue in einem schmalen Gäßchen, die einem auf Anhieb gefällt, mehr als ein Tempel, den man aus gelehrten und vielleicht ganz unbegreiflichen Gründen zu bewundern hat. Ich fahre also auf gut Glück mit Leo herum und habe so genug Spaß in den drei alten Hauptstädten Katmandu, Patan und Bhatgaon.

Diese Städte (für unsere Verhältnisse Marktflecken) waren viele Jahrhunderte lang der Sitz rivalisierender Newari Dynastien, die dieses Tal beherrschten, bis es 1769 von den Gurkhas erobert wurde. Die Newari haben einen außergewöhnlichen Sinn für Ästhetik. Gewöhnlichen Menschen hier im Tal scheinen über eine beinahe spielerische, qualitativ sehr hochstehende Handwerkskunst zu verfügen, wie man an den bemerkenswerten Bronze- oder Steinskulpturen und an den wettergegerbten Holzschnitzereien sehen kann, die so viele alte Gebäude zieren. Wenn in irgendeiner europäischen Stadt in der Vergangenheit so eine Konzentration künstlerischer Vollendung entstanden wäre, hätte man sie längst zertrümmert, bombardiert oder bewußt konserviert – und was immer ihr Schicksal gewesen wäre, der Geist ihrer Schöpfer wäre jedenfalls ein für allemal ausgetrieben. Hier dagegen nimmt man diese Schönheit so selbstverständlich, und ihr Überleben ist eine rein zufällige Angelegenheit. Einige Ecken der Stadt, in denen nichts von einem anderen Zeitalter oder einer anderen Zivilisation zu sehen ist, scheinen mit der Kraft, dem Eifer und der Hingabe der Männer verbunden zu sein, deren Werke noch überall leben. In solchen Ecken scheint die Zeit gelegentlich rückwärts zu laufen, so daß man sich nicht länger in die Phantasie zurückversetzen muß, sondern Vergangenheit tatsächlich für ein paar kurze, verwirrende Augenblicke erlebt.

Mittlerweile nimmt das Kunstgewerbe der Newari immer mehr ab, und die meisten ursprünglichen Einwohner des Tales sind heute kleine Händler oder niedrige Angestellte. Einige Leute meinen, dies wäre das Ergebnis langjähriger Gurkha-Herrschaft, doch es wäre ebenso wahrscheinlich, wenn die Inspiration der Newari im achtzehnten Jahrhundert nachgelassen hätte und

Apathie auf jeden Fall am Ende jener reichen Jahrhunderte gesiegt hätte.

In vielen Teilen des Tales prallen Eleganz und Roheit gewaltsam aufeinander – besonders dort, wo die zierlichen Newari-Häuser die Protzigkeit der Rana-Paläste unterstreichen. Diese häßlichen Bauwerke vermehrten sich während des vergangenen Jahrhunderts, als die habsüchtigen Mitglieder der Herrscherfamilie sich wie die Kaninchen vermehrten und wie die Biber bauten. Vor jedem anderen Hintergrund wären diese Bauten für alle Ewigkeit unerträglich. Und so eigenartig beeinflußt einen Katmandu, daß man sogar in solchen monströsen Fehlern einen gewissen bizarren Charme entdeckt.

Ein weiterer Aspekt von Katmandus Roheit findet sich in *A Winter in Nepal,* wo John Morris Dr. David Wright zitiert, der einige Jahre hier als Arzt britische Bürger betreute und 1877 schrieb: »Vom hygienischen Gesichtspunkt aus betrachtet, ist Katmandu sozusagen auf einem Misthaufen inmitten von Latrinen gebaut.« Mr. Morris stimmte dieser Beschreibung noch 1960 zu, und ich finde, er war immer noch nachsichtig, als er feststellte, daß »dies *eine* der schmutzigsten Städte der Welt ist« (Kursivstellung vom Autor). In einigen Vierteln steht stinkendes Wasser in viereckigen Steinwannen herum, und ich traute meinen Augen nicht, als ich das erste Mal Leute von dieser Brühe trinken sah. Wenn man den oben schwimmenden Schmutz zur Seite geschoben hat und die Flüssigkeit – Wasser kann man das kaum nennen – mit einer Ton- oder einer Messingkelle schöpft, sieht sie wie starker Tee aus. Wie immun (oder von Ruhr krank) diese Leute doch sein müssen! Trotz all dem Dreck sind die meisten Kinder verhältnismäßig gesund, obwohl viele Eltern vom lebenslangen Lastenschleppen frühzeitig gealtert sind.

Man sieht überraschend wenig Bettler. Heute wurde ich nur einmal angebettelt – von einem kleinen, murillo-gesichtigen Jungen, mit dem ich mich sehr gut verstand, *nachdem* ich ihm unmißverständlich erklärt hatte, daß er von mir kein Bakschisch bekommt. Überall, wohin ich auch kam, wurde ich mit Lachen und Gesten der Freundschaft begrüßt. Für mich wiegt die sprudelnde Fröhlichkeit des Katmandu-Tals den Schmutz bei weitem auf.

Heute ging ich zu dem altersschwachen Postamt, um ein paar

Briefe per Einschreiben abzuschicken; nicht eingeschriebene Briefe erreichen nur selten den Empfänger. Zur Zeit wird ein neues Postamt gebaut, als Teil der Indien-Hilfe für Nepal, aber ich bin froh, noch Kunde im alten gewesen zu sein. Die Nepalesen haben nicht den blassesten Schimmer vom Schlangestehen. Im Nu ist man in einem Knäul von kleinen, kräftigen Körpern gefangen, die alle ihre Arme dem Postbeamten entgegenstrecken, vor dessen Gesicht Briefumschläge, Geld und Formulare herumwedeln. Wünsche brüllt man laut heraus, und wer am lautesten schreit, gewinnt. Ich kam mir vor wie ein brutaler Kerl, als ich meine überlegene Körpergröße einsetzte, aber mit vornehmen Manieren wäre ich hier nicht zum Zug gekommen.

Als der Postbeamte meinen Briefumschlag genau untersucht hatte, fragte er mich höflich, ob London in Deutschland läge. Ich antwortete genauso höflich: »Nein, um genau zu sein, es liegt in England.« Immer noch hungrig nach Geographie fragte er mich als nächstes, ob Irland ein Staat der Vereinigten Staaten von Amerika wäre. Nachdem auch das mit einigen Schwierigkeiten geklärt war, da in seinem jungen Leben weder Inseln noch Ozeane eine besondere Rolle zu spielen schienen, fragte ich ihn, wie lange er schon Postbeamter sei. (Inzwischen hatte sich das Gerangel gelegt, da alle unserer unverständlichen Unterhaltung lauschten.) Er grinste angesichts meiner Frage, gestand, daß er erst seit heute morgen hier sitze und erklärte – überflüssigerweise –, daß er noch kein Mittel gefunden habe, seine Kunden zu disziplinieren.

Ehe ich das Gebäude verließ, ging ich in den Hof, um beim Sortieren der Post zuzusehen. Dort saßen ein paar Dutzend Männer auf dem Boden, umgeben von kleinen Hügeln aus Briefumschlägen, die meisten aus fernen Ländern oder dafür bestimmt. In der »Ebene« zwischen den kleinen Hügeln lagen ein paar Irrläufer über die sowohl Kulis als auch Hunde, Hühner und ein Büffelkalb gelegentlich hinwegtrabten. Ich folgerte, daß dies die unglückseligen Briefe waren – adressiert an obskure Plätze wie London – für die kein geeigneter Haufen gefunden werden konnte. Die ganze Zeit hielt ich sehnsüchtig Ausschau nach ein paar irischen Umschlägen mit grün-orangefarbenem Rand, aber es tauchte keiner auf. Vielleicht hatte das Büffelkalb sie verspeist.

Das Wetter hier ist viel besser, als ich erwartet hatte. Tagsüber haben wir um die 28 °C, und eine kühle Brise weht beständig von den nahegelegenen, jedoch unsichtbaren Schneefeldern. Seit meiner Ankunft hat sich der Himmel jeden Tag plötzlich am Nachmittag bewölkt, und eine Stunde später hatten wir das schönste Gewitter mit größeren Hagelkörnern und heftigeren Regengüssen, als ich sie je gesehen habe, sogar während des Monsuns in Indien erlebte ich so etwas nicht. Und es ist herrlich, der Regen erstickt den Staub – zumindest für eine Weile – und mildert den Gestank, da ein Teil der Exkremente und des fauligen Unrats, die auf der Straße herumliegen, weggeschwemmt wird. Vor einer halben Stunde hörte ich sogar auf zu schreiben, um diesem gewaltigen Gewitter zuzusehen. Der erste Donner ließ meinen Aschenbecher vom Tisch purzeln und machte mich für den Bruchteil einer Sekunde taub. Also blies ich die Kerze aus, setzte mich an das geöffnete Fenster und betrachtete das Schauspiel. Über mir schien ein unheilvoller Gott strahlend blaues Licht, in dem jedes Detail im Garten und am Nachbarhaus erkennbar war, an- und auszuschalten. Dann hörte es auf blau zu blitzen, und über den Himmel schienen sich auf einmal feuerspeiende Drachen von einem Ende des Horizonts zum anderen zu jagen, während der Donner von Berg zu Berg hallte, als ob eine Million Löwen brüllten. Dann kam der Regen und der Sturm legte sich. Ich werde anscheinend mehr und mehr sensibel für solche Wahrnehmungen. Diese Erlebnisse erwecken einen religiösen Eifer in mir.

8. Mai

In dieser Jahreszeit hüllt eine ständige Hitzedunstglocke den Himalaja ein, und es war für mich ziemlich überraschend, daß es dem Katmandu-Tal völlig an »Berg-Atmosphäre« fehlt. Ich glaube auch nicht, daß das nur ein vorübergehender Effekt der klimatischen Verhältnisse ist, denn Katmandu war sehr lange völlig isoliert, sowohl von der Welt draußen als auch vom Rest Nepals. Mittlerweile hat die Außenwelt sich begeistert Zutritt verschafft, entweder aus Freude oder aus Profitgründen, und damit wurde Katmandu gezwungen, sich, wenn auch widerwillig, in Beziehung zu anderen Ländern zu sehen – die Berge aber ignoriert es noch immer.

Es ist bemerkenswert, wie sehr der Umstand, daß man in ein Land geht, um dort zu arbeiten, statt nur herumzureisen, die Art der Annäherung bestimmt. Die stets sehr aufregende Entdeckung eines unbekannten Landes gewinnt ein völlig neues Gesicht, wenn man vorhat, sich dort niederzulassen, egal ob für kurze oder lange Zeit. Da es unerläßlich ist, sich mit den individuellen Besonderheiten zu arrangieren, nimmt die Tendenz zu kritisieren deutlich ab. Auch wartet man ab, bis Wissen und Verständnis über einen kommen, anstatt sich vom ersten Moment an begierig darum zu bemühen. Und doch muß ich zugeben, daß etwas fehlt – es fehlt der unvergleichliche Kitzel des nomadenhaften Umherstreifens um seiner selbst willen.

In Nepal gibt es schätzungsweise einhundertzwanzig Feiertage pro Jahr (abgesehen von den zweiundfünfzig arbeitsfreien Samstagen), und alle sind religiöse Feiertage – einschließlich des Geburtstags des Königs, den man allgemein für eine Reinkarnation Vischnus hält. Bis heute habe ich nicht die leiseste Ahnung von der Religion Nepals, wo Hinduismus und beide Schulen des Buddhismus sich vermischen und gegenseitig durchdringen. Tröstlich hierbei ist für mich der Gedanke, daß sogar hervorragende Gelehrte angesichts dieser theologischen Verwirrung in die Irre gehen und ihre Erklärungen meist mit einem Hagel an Generalisierungen enden. Wie auch immer, fest steht, die Nepalesen sind tief religiös und ihre vielen und viel-gefürchteten Götter sind ihnen ungleich wichtiger als ihre Politiker – und höchstwahrscheinlich auch nützlicher. Fast jeder glaubt stillschweigend an Zauberkräfte, und die Astrologie bestimmt jede wichtige Entscheidung, auch bei Staatsangelegenheiten. Ich habe mich oft gefragt, was passiert, wenn real eintretende Ereignisse die Astrologen Lügen strafen. Zweifelsohne gibt es in diesem Fall hinreichende Erklärungen für den Irrtum der Sterne. Für uns ist das alles unsinniger Aberglaube in seiner extremsten Form, und für die Bezahlung geiziger Brahmanen-Priester stürzen sich viele Familien in Schulden, aber für die Nepalesen ist das eine greifbare Versicherung gegen großes Unheil.

Während der vergangenen Woche wurde in Patan das große Machendranath Rath Jatra Fest vorbereitet – nur zehn Minuten zu Fuß von Jawalkhel – und Donbahadur sagte uns, die Astrologen hätten vorhergesagt, um sechs Uhr abends wäre der günstigste Zeitpunkt damit zu beginnen, die zwei Tempelwagen des Gottes durch die Straßen zu ziehen. Nachdem ich mich für halb sechs mit Sigrid bei den Holzflößen verabredet hatte, machte ich mich auf den Weg nach Patan, um die ganze Atmosphäre mitzubekommen.

Auf dem Weg kam ich durch die »Straße der Schweine«. In diesem Stadtviertel, in dem ausschließlich Angehörige niedriger Kasten wohnen, liegen überall unzählige, kleine schwarze Säue herum, die wiederum Unmengen von Ferkeln säugen, die man aufgrund ihrer Größe, Form und Farbe kaum von Ratten unterscheiden kann. Dutzende von nackten Kindern, vor Dreck starrende Büffelkälber, ähnlich schmutzige kleine Hunde und zerzauste Hühner tummeln sich in den Rinnsteinen voller Unrat, halb voll mit schwarzer, klebriger Flüssigkeit. Die meisten Angehörigen höherer Kasten meiden diese Straße, nicht etwa aus Anspruchlichkeit – ihr Wohnviertel ist womöglich genauso abstoßend –, sondern weil die unmittelbare Nähe der Schweine sie rituell verunreinigen würde. Dennoch scheinen die Einwohner nicht im mindesten von ihrem niedrigen sozialen Status eingeschüchtert. Sie haben sich schon an mich gewöhnt. Als ich heute vorbeikam, grüßten mich ein paar aus den geöffneten Fenstern, und ich fühlte mich gleich weniger fremd.

Auf dem kleinen Platz, auf dem die Tempelwagen aufgestellt waren, hatte sich mittlerweile eine ansehnliche Menschenmenge versammelt, auch Leute aus den Bergen, von denen einige mehr als eine Woche unterwegs waren, um dem Fest beizuwohnen. Während meiner ersten Tage in Jawalkhel habe ich oft zugesehen, wie die Tempelwagen zusammengebaut und geschmückt wurden. Jeder Wagen ist mit einem sperrigen, fünfzehn Meter hohen Turm aus Holz, Bambus und Bast gekrönt und mit Girlanden, Bändern und buntem Stoff verziert. An den Turmspitzen flattern scharlachrote Fahnen, und in einem Schrein auf dem Boden des anführenden Tempelwagens thront Machendranath, einer der bedeutendsten buddhistischen Götter, der normalerweise im Bungmati Tempel, südlich von Katmandu, residiert. In der Nacht nach Vollmond wird Machendranath in Milch gebadet, um ihn auf seine einwöchige, geruhsame Reise durch die Straßen der Stadt vorzubereiten. Auf dieser Reise soll er Menschen, Tieren und der Erde Fruchtbarkeit schenken. Wenn einer der Türme zusammenbricht, wie das 1953 einmal passiert ist, wird das als Zeichen eines in diesem Jahr kommenden Unglücks gedeutet. Um die Chance eines solchen Zusammenbruchs zu verringern, hat man sämtliche auf dem Weg der Prozession über der Erde liegenden Leitungen durchgeschnitten. So erklärt sich vielleicht auch der gelegentliche Stromausfall der letzten Wochen. In unmittelbarer Nähe des Schreins sitzt ein Brahmanen-Priester und bewacht Machendranath. Menschenmassen drängen sich um den Wagen, immer wieder bleiben Leute stehen, verbeugen sich vor dem Gott, beten einen Moment, bevor sie eine Handvoll Reis oder kleine Münzen in den Wagen werfen. Jeder Wagen wird von zwei riesigen, sehr instabil wirkenden Holzrädern, auf die man drei große Augen gemalt hat, und einer drei Meter langen Deichsel aus einem gebogenem Baumstamm getragen. An die hochgebogenen Enden der Deichsel sind links und rechts eindrucksvolle geschnitzte und bemalte Masken gebunden, die jeden zweideutig angrinsen, halb bedrohlich, halb aufmunternd.

Als ich mich zu den Tempelwagen durchgekämpft hatte, demonstrierten kleine Jungs akrobatische Kunststücke auf den Deichselenden, setzten sich rittlings auf die Masken, kletterten auf die Türme und benahmen sich, als wären sie auf einem Jahrmarkt und nicht auf einem religiösen Fest. Für die Nepalesen ist Machendranath Rath Jatra eines ihrer wichtigsten heiligen Feste und dieser Gott ist sehr ehrwürdig, mächtig und leicht zu erzürnen. Dennoch ist die unterwürfige Art der Verehrung, die wir Heiligen entgegenbringen, hier vollkommen unbekannt. Furcht, tiefe Hingabe und Heiterkeit vermischen sich und werden zu untrennbaren Teilen des täglichen Lebens. Nur für einen kurzen, feierlichen Augenblick, wenn sie Gott huldigen, zu ihm beten, ziehen sie sich von dem fröhlichen Treiben zurück. Doch wenn sie zurückkehren, erscheinen sie noch fröhlicher als vorher.

Hin und wieder blieb ein herumbummelnder Musiker neben den Tempelwagen stehen und spielte zu Ehren Machendranaths. Als zwei Jugendliche spontan zu der Musik zu tanzen begannen, eilte ich zu dem Kreis, der sich um die Tanzenden gebildet hatte. Die beiden stammten aus einem Bergdorf. Sie trugen selbst gesponnene, graue Tunikas und führten gekonnt einen alten Tempeltanz auf, der vor langer Zeit von Südindien nach Nepal eingeführt worden war. Eingeweihte kennen die symbolische Bedeutung jeder Geste; aber auch nicht eingeweihten Zuschauern vermittelte sich die Grazie dieser langsamen, künstlichen Bewegungen, und ich war sehr berührt von der eigenartigen Schönheit in den Gesichtern dieser einfachen Jungen, als sie sich mehr und mehr in ihrem Tanz hingaben.

Danach setzte ich mich zu einer Gruppe von Frauen auf halber Höhe der Tempeltreppe. In der Umgebung des uralten Platzes gab es nur alte Wohnhäuser aus Ziegel, halb zerfallene Tempel im Pagoden-Stil, die Dächer mit Gras bewachsen, vom Zahn der Zeit gezeichnete Schreine von obskurer Bedeutung und verzierte, eingesunkene Brunnen: Das Wasser sprudelte aus den Mäulern kunstvoll gearbeiteter Messingschlangen in die Krüge hiesiger Hausfrauen, die sich, ihre Behälter auf den Hüften balancierend, durch die Menschenmenge nach Hause schoben. Im Augenblick stand die Sonne gerade noch über den geschwungenen Dächern. Das goldene Licht zeichnete die Umgebung weich, und man spürte die zunehmende Aufregung. Von Minute zu Minute wurde die Menschenmenge dichter und bunter. Als ein paar Frauen sich zum Tempelwagen vorschoben, um Machendranath ihre Handvoll Reis zu opfern, schien es, als würde eine Welle in rot, schwarz, grün, blau, gold und weiß das Gedränge durchlaufen.

Als endlich der günstige Augenblick gekommen war, die Tempelwagen in Bewegung zu bringen, und die unrunden Räder langsam über den unebenen Boden rollten, entdeckte ich zu meinem Schrecken die vielen, kleinen Jungen auf dem Turm, die keck ihre Stellung hielten. Zum Glück teilten andere mein Entsetzen, und nach ein paar Minuten sprangen die Jungen gehorsam herunter in die Menge.

Es war, als würden sämtliche Männer, Frauen und Kinder des Tals die engen Straßen bevölkern, die überhängenden Balkone füllen und rittlings auf den Dächern sitzen. Als Sigrid und ich direkt hinter den Wagen waren, konnten wir jedes Detail sehen, einschließlich der beigen, buschigen Yakschwänze, mit denen dem Bewacher Machendranaths, dem Priester, von seinen Helfern frische Luft zugefächert wurde. Die außergewöhnliche Technik, diese gewaltigen Apparate durch engste Straßen zu bewegen, besteht darin, zwei ungefähr drei Meter lange Stahlseile an den gebogenen Deichselenden festzumachen, an denen Scharen von Männern ziehen und ziehen. Dazu begleitet sie eine Musikkapelle mit Trommeln und Blechtellern. Jedesmal, bevor die Männer gleichzeitig ziehen, stimmen sie einen seltsamen Gesang an. Wenn sich ein Wagen schließlich zwanzig oder dreißig Meter weiter fortbewegt hat (weiter geht es nie ohne Pause), schreit die Menge begeistert auf. Sigrid und ich waren mittlerweile so von der Situation gefangen, daß wir auch triumphierend mitschrieen, wenn der schwerfällige Wagen sich ächzend in Gang setzte. Als die Gefährte auf ihrem verrückten und seltsam würdigen Weg etwa hundert Meter weit gefahren waren, bemerkten wir mit Entsetzen, daß der vordere Turm zunehmend wackeliger wurde und drohte, in die Menge zu stürzen. Offenbar war diese Situation allen vertraut; vier Männer kletterten im Nu den schwankenden Aufbau bis auf halbe Höhe hinauf und ließen von dort zwei weitere Seile herunter. Eine Armee von Männern griff sich blitzschnell die Enden, hängte sich mit ihrem ganzen Gewicht daran und verhinderte so den drohenden Absturz.

Jetzt drehten wir uns nach dem anderen Wagen um und sahen, daß auch der in Schwierigkeiten war. Eines der gigantischen Räder war in einem riesigen Schlagloch, gefüllt mit klebrigem schwarzen Schlamm – eine der Spezialitäten Katmandus – steckengeblieben, und alle Versuche scheiterten, den Wagen frei zu bekommen. Wir wollten uns gerade durch die Menge zu dem festgefahrenen Wagen durchkämpfen, um zu sehen, wie man dem Problem beikam, als unsere Aufmerksamkeit mit einem Schlag wieder auf den ersten Wagen gelenkt wurde, und jetzt fuhr uns der Schreck so richtig in die Glieder. Der Boden unter dem Tempelwagen gab immer mehr nach, ein Teil brach ab und stürzte etwa fünfzig Meter ab. Der Wagen wurde mit einem Mal ungewöhnlich lebendig, und die Männer an den Bremsseilen wurden so fest gezogen, daß sie laufen mußten, während die Männer vorne Angst bekommen hatten und sich mit einem Satz in die Menge retten wollten. Ein paar Menschen fielen zu Boden und man trampelte auf ihnen herum; glücklicherweise gab die Erde nicht mehr nach – oder Machendranath war gnädig –, bevor Panik ausbrach. Nicht auszudenken, was eine ausbrechende Panik hier bedeutet hätte. Wir wurden unsanft hin und her gestoßen – nicht aus Grobheit, sondern aus schierer Notwendigkeit –, und ich fühlte mich so richtig *in* Nepal, als ich von einer Masse schwitzender Leiber weitergeschoben wurde, die einander etwas zuriefen und lachten und drängelten und beteten und sich freuten.

Die Fahrt hatte in warmem, goldenen Sonnenlicht begonnen

und endete im wolkengefilterten Licht des Halbmonds. Überall vor den unverglasten Fenstern hingen jetzt kleine Lämpchen, um dem vorbeifahrenden Gott zu huldigen, und wir sahen in die Wohnzimmer im ersten Stock. Von den niedrigen Dachsparren hingen Lampions herunter und erhellten die kleinen Schreinnischen in den Wänden. Jeder kunstvoll geschnitzte Balkon war bis auf den letzten Platz von großen Familien besetzt, die froh auf die überschäumende Heiterkeit und Hingabe auf der Straße heruntersahen und ihre Handvoll Reis in den Tempelwagen warfen, als er an ihnen vorüberzog.

Als Machendranath an seinem Rastplatz für diese Nacht angekommen war – auf einem anderen Tempelplatz – verteilte sich die Menschenmenge langsam; Sigrid und ich kehrten zum zweiten Tempelwagen zurück, um nach seinem Schicksal zu sehen. Die Lage war so gut wie hoffnungslos. Keine Armee von Männern würde den Wagen aus seiner Schlammfalle befreien können, und Donbahadur erzählte uns, daß die Astrologen schwer kritisiert worden waren, weil sie den günstigen Zeitpunkt für den Beginn der Prozession offensichtlich so falsch eingeschätzt hatten. Er meinte, morgen würde vielleicht ein Lkw kommen und den Tempelwagen zu seinem Pendant ziehen – ein Umstand, der mich traurig stimmte, da er Schatten auf den Tag voraus warf, an dem die Götter motorisiert transportiert würden.

9. Mai

Heute morgen stattete ich dem von Schweizern geleiteten tibetanischen Flüchtlingslager hier in Jawalkhel meinen dritten Besuch ab. Die meisten Erwachsenen arbeiten im Selbsthilfe-Handwerkszentrum, wo sie – hauptsächlich für den Export in den Westen – Teppiche, Mäntel, Pullover und Stiefel im leicht modifizierten, traditionellen tibetanischen Stil herstellen. Erwachsene und Kinder scheinen in verhältnismäßig gutem Gesundheitszustand, trotz der relativ niedrigen Höhe von 1400 Meter über dem Meeresspiegel. Es tut gut, die Familien immer noch zusammen zu sehen und nicht auseinandergerissen, wie das oft in Indien geschieht.

Doch wurde mir schnell klar, daß in dieser nepalesischen Provinz Tibets nicht alles so hundertprozentig stimmte. Seit meiner Ankunft war mir das gespannte Verhältnis zwischen Helfern und Flüchtlingen immer wieder aufgefallen –, und ich war vorgewarnt durch meinen einmonatigen Aufenthalt in Dharamsala, wo ich auf hunderte tibetanischer Flüchtlinge getroffen war, die erst vor kurzem über die nepalesische Grenze gekommen waren, weil sie mit den Lebensbedingungen unzufrieden waren. Es liegt auf der Hand, daß ihre Klagen zum Teil berechtigt waren, und die verschiedenen Flüchtlingsorganisationen, die in Nepal arbeiten, nicht alle Fallen geschickt umgangen hatten, die Helfer unter Tibetanern erwarten. Unseligerweise aber liegt es genauso auf der Hand, daß die Einstellung, Hilfe für selbstverständlich zu halten, sich unter vielen tibetanischen Führern breit gemacht hat – ganz im Gegensatz zu dem Wunsch Seiner Heiligkeit übrigens, daß die Flüchtlinge stets um ihre Unabhängigkeit bemüht sein sollten. Manche dieser Anführer benehmen sich wie verzogene Kinder, wenn sie nicht sofort bekommen, was sie wollen – ihre Wünsche sind oft ziemlich unbescheiden. Ich sah diese Entwicklung schon vor einem Jahr voraus und fürchtete sie. Diese Haltung war den Tibetanern, wie ich sie aus meiner Arbeit in Indien kannte, eher fremd, und schien mir ein mögliches Resultat der verhätschelnden Politik vieler Hilfsorganisationen und der tiefen Bewunderung und Zuneigung, die die meisten Flüchtlinge in ihren westlichen Helfern wachrufen – mich selbst eingeschlossen. Es war unvermeidlich, daß die einfachen Tibetaner durch unsere wohlgemeinte aber mißverständliche Mischung aus Verwöhnung und Speichelleckerei bis zu einem gewissen Grad verdorben würden. Und jetzt sehen wir uns vor der Notwendigkeit, mit Hilfe plumper, rüder Methoden unsere Fehler auszubügeln, so wie ein schlecht erzogenes Kind vielleicht von seinen verzweifelten Eltern auf eine sehr strenge Schule geschickt wird. Verständlicherweise wissen die Tibetaner nicht so recht, was das alles soll.

In dem Handwerkszentrum traf ich einen jungen englischsprechenden Tibetaner wieder, den ich bereits aus Indien kannte. Nach dem Mittagessen lieh er sich ein Fahrrad und begleitete mich als Dolmetscher auf meinem offiziellen Besuch des tibetanischen Klosters in Bodhanath. Bodhanath liegt gut sechs Kilometer westlich von Katmandu. Beim Pashupatinath Tempel, der auf unserem Weg lag, legten wir eine kurze Pause ein – ein Ort, der Benares als Wallfahrtsort hinduistischer Pilger Konkurrenz machen könnte. In meiner Broschüre *Nepal in aller Kürze* stand geschrieben, nur Hindus dürften den Tempelhof betreten. Also blieben wir vor dem bogenförmigen Eingang stehen und starrten von dort auf die gewaltige Statue des Goldenen Stiers, der naturgemäß den Nicht-Hindus seinen verlängerten Rücken zudreht und ihnen so einen herrlichen Blick auf sein weltberühmtes Hinterteil erlaubt – beim Anblick der überproportionalen Hoden ist man versucht, respektlos Mumps zu diagnostizieren. Nur um Pasangs Einstellung zu testen, fragte ich unschuldig, ob Christen buddhistische Tempel betreten dürften. Schockiert antwortete er: »Aber natürlich! *Jeder* darf in unsere Tempel.« Dann fragte er den Mann, der außerhalb des Tores saß und die Schuhe der Tempelgänger bewachte, ob Buddhisten diesen Tempel betreten dürften. Im Widerspruch zu meinem kleinen Führer, jedoch im Einklang mit den liberalen Traditionen Nepals war die Antwort: »Ja, aber nur tibetanische Buddhisten. Keine chinesischen« – eine bezeichnende Vermischung von Politik und Religion. Ich finde es nicht schlecht, wenn wir Westler, die wir es gewohnt sind, Andersgläubige von oben herab zu behandeln, gelegentlich mit den Vorurteilen der Hindus konfrontiert werden. Trotzdem besteht ein platter Widerspruch zwischen der hinduistischen Philosophie, in der von der Einheit des Universums die Rede ist und diesem priesterlichen Gebot, das Nicht-Hindus verbietet, bestimmte Tempel zu betreten.

Der Bodhanath Stupa – auf dem vier riesige aufgemalte Augenpaare in die vier Himmelsrichtungen weisen – ist einer der höchstgelegenen buddhistischen Stupas der Welt. Man kann ihn schon von weitem über die Felder hinweg sehen. Im Unterschied zu den meisten anderen Sakralbauten hier ist er frisch getüncht und in gutem Zustand. Pasang erzählte mir, daß er 2000 Jahre alt sei. Obwohl man mit Jahreszahlen, Entfernungsangaben und statistischem Material allgemein aus tibetanischem oder nepalesischem Mund vorsichtig umgehen sollte, könnte diese Altersangabe stimmen, da Professor Tucci annimmt, daß Nepal im 3. Jahrhundert vor Christus Teil von Asokas großem Reich gewesen ist.

Bodhanath wird heute von Fremden hauptsächlich mit dem wohlhabenden, einflußreichen Cini Lama in Verbindung gebracht, einer prominenten Persönlichkeit, die manchmal irrtümlich als Vertreter des Dalai Lama in Nepal bezeichnet wird, in Wirklichkeit aber eine Position ist, die gegenwärtig vor allem von einem Khampa Geschäftsmann namens Sergay vertreten wird. Mir fallen keine gegensätzlicheren Charaktere als den Dalai Lama und Cini Lama ein, dennoch sehen Fremde in ihm einen rechtgläubigen tibetanischen Lama – und der Irrtum wäre vielleicht sogar amüsant, wenn damit nicht so vielen tausenden Lamas Unrecht getan würde. Als Pasang und ich um den Stupa herum, vorbei an riesigen Gebetsrädern aus Kupfer in den halbrunden Wänden, zum Kloster radelten, bemerkten wir einen Tourist-Office-Bus vor dem Haus des Cini Lama, aus dem ein paar Dutzend Besucher mit weit aufgerissenen Augen stiegen. Pasang fragte mich, ob ich den Cini Lama auch gerne kennenlernen würde; ich lehnte dankend ab.

Das tibetanische Bodhanath Kloster wurde vor ungefähr dreißig Jahren gebaut und beherbergt momentan etwa vierzig Mönche und Priester. Ihr Alter reicht von einem reizenden fünfundsechzigjährigen Rimpoche hinunter zu verschiedenen acht- oder neunjährigen, Mensch gewordenen Lamas, die, als wir dort ankamen, in ihren langen, kastanienbraunen Gewändern, fröhlich auf dem Hof herumtollten. Zuerst besuchte ich den Tempel. Ich war ziemlich aufgeregt, da ich mir bewußt war, daß ich mir einen echten tibetanischen Tempel wahrscheinlich nie mehr aus dieser Nähe ansehen könnte. Und der Tempel war tatsächlich tibetanisch – schmutzig, prächtig, unordentlich und ehrfurchtgebietend zugleich mit massigen, unheimlichen Abbildern von Göttern oder Göttinnen, die im Halbdunkel ihr verborgenes Dasein führen, eingehüllt in festliche weiße Tücher, hunderte Tormas und schwach leuchtende Öllämpchen zu ihren Füßen. Die Betstühle der Mönche standen sich im Gang vor dem Heiligen Altar gegenüber. Neben einigen standen ziemlich unpassend wirkende Blechdosen mit der Aufschrift »Farex Baby Food« oder »Andrew's Liver Salts« in denen geröstetes Mehl aufbewahrt wurde, aus dem man Tsampa macht, mit deren Hilfe die Mönche ihre ewig langen Gesänge aus den Heiligen Schriften überleben – gesungen wird aus einhundertacht Bänden, dafür braucht man eine ganze Menge Mehl.

Jedes Mitglied dieser Gemeinschaft hat eine eigene Zelle. Vom Tempel aus wurden Pasang und ich zu Rimpoches Quartier geführt – ein winziger Raum, drei Meter auf einen Meter zwanzig, mit einem Holzbett, einer dünnen Decke und einem Miniaturschrein mit dem Bildnis Buddhas, zu dessen Füßen elf kleine Öllämpchen brannten. Hier tranken wir jeder fünf Tassen mit viel Butter zubereiteten Tee – die ganze Zeit stand ein lächelnder junger Priester mit einem Kessel neben uns – und aßen widerwillig von den feuchten aber ziemlich teuren indischen Keksen, die trotz der offensichtlichen Armut des Klosters aus einem Zinnkoffer unter dem Bett hervorgeholt wurden.

Man spürte hier schon sehr bald den Zusammenklang aller positiven Aspekte tibetanischen Buddhismus – einfache, glühende Ehrfurcht, hoffnungsvolle Unerschrockenheit, Sanftmut, selbstverständliche Höflichkeit und ein lebendiger Sinn für Humor. Während wir mit dem Rimpoche und den vier anderen Priestern sprachen, die sich in seine Zelle gedrängt hatten, wurde mir auf einmal schmerzlich bewußt, daß ich Zeuge des letzten Akts der Geschichte einer Kultur war. Wenn die jungen Lamas dieser Klostergemeinschaft zu Männern herangewachsen sein werden, wird von den einzigartigen Bräuchen, mit denen sie aufgewachsen sind, nur noch ein Bruchteil übrig sein.

11. Mai

Unter den Freunden, die ich in den vergangenen zehn Tagen hier gewonnen habe, ist ein neunjähriger Schuljunge. Er hat eines dieser unschuldigen jungen Gesichter, die einen verleiten, eine Unmenge Tugend und Rechtschaffenheit hineinzulesen. Er ist Schüler am St. Xavier's College, das von amerikanischen Jesuiten für indische Studenten geleitet wird, und spricht ziemlich fließend Englisch – wie erstaunlich viele Jungendliche der Mittelklasse in diesem Tal. Das erste Mal traf ich Rambahadur vor dem Postamt, wo er jeden Tag herumlungert und auf Kundschaft wartet – Touristen, die Geld oder Reiseschecks auf dem Schwarzmarkt tauschen wollen. Er schlenderte zu mir herüber und fragte – natürlich flüsternd aus einem Mundwinkel – »Wollen Sie wechseln?« Als ich erwiderte: »Ja, aber nicht heute«, nahm er mich bei der Hand und ging mit mir eine Tasse Tee trinken. In dem Moment kam er mir eher wie ein großer Junge vor und nicht wie ein Schwarzmarkthändler. Die Fähigkeit, in seinem Alter ausgefuchste finanzielle Transaktionen durchzuführen, hat einen gewissen Reiz, und die Notwendigkeit dieses Handelns entbehrt nicht einer gewissen Härte. Wir wurden schnell Freunde, als ich merkte, daß er kein Dieb war, sondern auf zwar ungesetzliche, aber ehrliche Weise seine Kommission verdienen wollte. Wir verabredeten uns noch für diesen Vormittag. Ich wollte einen Scheck über 50 Pfund wechseln. Als ich zum verabredeten Zeitpunkt in die New Road kam, warteten dort außer Rambahadur noch vier andere – zwei Männer und zwei Jungen – auf mich. Rambahadur wirkte klein, hilflos und eingeschüchtert, trotzdem war er offensichtlich entschlossen, wie ein tapferer, kleiner Gurkha seinen Mann zu stehen, und ich hatte nicht vor, ihn im Stich zu lassen. Dennoch war das meine Chance zu handeln und einen besseren Wechselkurs für mich herauszuschlagen. Ich spielte die fünf gegeneinander aus, bis Rambahadur mir schließlich 32 Rupies für das Pfund versprach. Einer der Männer (ein unangenehmer Kerl) sagte daraufhin, daß er mir auch 32 Rupies geben würde. Als ich meinen Kopf schüttelte und Rambahadur meine Hand hinhielt, landete mein Partner im nächsten Augenblick im Rinnstein, von einem erbarmungslosen Fausthieb seines Rivalen getroffen. Da verlor ich die Nerven und versetzte dem brutalen Kerl einen ordentlichen Schlag aufs Ohr, woraufhin alle vier verschwanden und ich einen schluchzenden Rambahadur wieder auf die Beine stellte. Bevor wir zum Geschäftlichen übergehen konnten, mußte ich dem Geschäftspartner seine Tränen trocknen, ihn trösten und umarmen. Dieser Vorfall erschien mir typisch für den östlichen Teil unserer Weltkugel; einmal war Rambahadur ein harter Mann der Unterwelt und im nächsten Moment lag er schluchzend in meinen Armen, ein großes Baby mit Schmerzen in der Schulter.

Wir verließen die New Road mit ihren auf westlich getrimmten Läden und befanden uns sofort in diesem unangenehmen Labyrinth kleiner Gassen, das Nepals Hauptstadt hauptsächlich ausmacht. Als wir zu einem kleinen Platz kamen, sah sich Rambahadur verstohlen um, obwohl niemand in Sicht war, ehe er auf einen sehr niedrigen Eingang zurannte und mir ein Zeichen gab, ihm zu folgen. Der Innenhof, über den wir gingen, war übersät mit Steingöttern und phallischen Symbolen. Ich hatte aber keine Zeit, sie mir genauer anzusehen, da Rambahadur mich in ein stockdunkles Haus zog, eine steile, etwas baufällige Holztreppe zu einem Wohn-Schlafzimmer hinaufführte und bat, hier zu warten. Er verschwand und sperrte mich in dem kleinen Zimmer ein –

vermutlich war das eine Vorsichtsmaßnahme gegen allzu neugierige Nachbarn.

Die folgenden zwanzig Minuten geschah gar nichts. Das kleine Fenster führte auf den Hinterhof hinaus, wo eine alte schmuckbehangene Frau Messsingtöpfe und -teller blank scheuerte. Immer wieder tauchte sie dabei ihre Hände in schwarzen Schlamm, rieb damit die Gefäße blank und spülte sie anschließend mit trübem Wasser. Ein träger Hund, der die Frau begleitete, schnüffelte lustlos an einem Abfallhaufen. Schließlich gesellte sich noch ein kleiner, nackter Junge zu den beiden und leistete seinen Beitrag zu den herumliegenden Exkrementen. Hinterher rief ihn seine Großmutter, um ihm seinen Hintern sauberzumachen, ebenfalls mit schwarzem Schlamm und Wasser. Begeisternd war diese Aussicht nicht gerade. Ich wandte mich vom Fenster ab und sah mir die Einrichtung näher an.

In einer Ecke stand ein großer Zinnkoffer mit Vorhängeschloß, vermutlich der »Safe«, auf dem ein Haufen Taschenbücher lag, der andeutete, daß der Geldwechsler gebildet war. Verschiedene bunte Öldrucke hingen an den Wänden zwischen einem großen Foto von König Mahandra mit Königin Elisabeth II. und einem T.W.A.-Bildkalender aus dem Jahr 1952. Vermutlich aus Gründen der Neutralität hingen in einer anderen Ecke in der Nähe der Tür kleine Fotos von Nehru, Gandhi, Tschu En-lai, Präsident Kennedy und Chruschtschow friedlich beieinander.

Langsam wurden mir diese Gentlemen ziemlich langweilig, da kam endlich Rambahadur mit unserem Mit-Verschwörer, einem hageren, kleinen Chetri mit scharfen aber ehrlichen Augen. Nachdem er meinen Scheck, Paß und verschiedene Unterschriften von mir genau überprüft hatte, bat er mich, meine hiesige und meine Heimatadresse in sein »Fremdenbuch« einzutragen, ein abgegriffenes Schulschreibheft. Dann nahm er den Schlüssel für den Koffer von seiner Halskette, ging fast feierlich in die Ecke, in der der Koffer stand, und überreichte mir nach ein paar Minuten, die er murmelnd zählte und noch einmal nachzählte, ein Bündel neuer Banknoten. Ich fragte mich, welchen praktischen Nutzen meine Ausweispapiere in diesem besonderen Fall haben sollten. Wenn mein Scheck ungedeckt gewesen wäre, gab es keine Möglichkeit für ihn, mich auf legalem Weg regreßpflichtig zu machen. Wenn seine Banknoten gefälscht gewesen wären, wäre ich genauso machtlos gewesen. Das gerade war aber auch der schöne Teil an unserem Geschäft: es verlangte eine ganze Menge gegenseitiges Vertrauen – und bislang wurden seine Banknoten immer angenommen. Auch fragte ich mich, da ich mich in Finanzangelegenheiten nicht besonders gut auskenne, wie und wo solche Schecks eingetauscht würden. Man sagt, daß diese Schecks in vielen Ländern mit schwacher Währung gar nicht eingetauscht würden, sondern als gesetzliches Zahlungsmittel von Hand zu Hand gehen. Ich halte das für unwahrscheinlich, da sich diese Dinger auf diese Weise relativ schnell in alle Bestandteile auflösen würden. In verschiedenen Teilen Nepals sind sogar noch heute die landeseigenen Banknoten aus genau diesem Grund unannehmbar.

Viereinhalb Stunden des heutigen Nachmittags verbrachte ich damit, Arzneimittel für die Flüchtlinge in Pokhara einzukaufen – eine faszinierende Erfahrung, die man kaum anderswo machen kann. Es fängt damit an, daß die meisten Arzneimittel – importiert aus Indien – das Verfalldatum bereits hinter sich oder nur kurz vor sich haben. Macht man den Verkäufer darauf aufmerksam, sieht er einen rührend an und erklärt sofort, daß die hiesigen Ärzte diese Medizin aber jeden Tag verwenden (was einen nicht im geringsten überrascht). Lehnt man es ab, dem Beispiel der Ärzte zu folgen, bleibt einem nichts anderes, als schicksalsergeben die nächste Apotheke aufzusuchen. Natürlich dauert das alles zehnmal länger als Zuhause – bis der Verkäufer die richtigen Mittel findet, nach der fast unleserlichen Preisliste sucht, darauf nun wieder die entsprechenden Arzneimittel findet, den Preis mit einem Finger in eine Maschine tippt, die wie die erste ihrer Art aussieht, alles noch einmal überprüft, einpackt, wieder auspackt, weil die Schachtel zu klein war, Stroh sucht, weil die andere Schachtel ein wenig zu groß war…Wenn man Asien nicht kennt (und Nepal ist zugegebenermaßen ein extremes Beispiel), wird man innerhalb einer Stunde verrückt. Obwohl ich an die Verhältnisse einigermaßen gewöhnt bin, verlor auch ich nach viereinhalb Stunden die Nerven. Wenigstens wird hier offenbar nicht so viel gestohlen wie in Indien. Ich lasse Leo jede Nacht in Sigrids Garten – ein Vertrauensbeweis, den in Indien nur Verrückte liefern würden.

Es macht mich traurig, wenn ich an meinen bevorstehenden Abschied von diesem kleinen, warmherzigen Haushalt denke, zu dem seit kurzem zwei von Donbahadur gekaufte tyrannische

Hennen gehören, damit Sigrid jeden Morgen *richtig* frische Eier bekommt. Bei Einbruch der Dunkelheit kommen sie aus dem Garten, stolzieren im Wohnzimmer herum, argwöhnisch von Puchare beobachtet, und warten darauf, bis man sie unter einem Weidenkorb in der Küche zu Bett bringt. Mittlerweile murmelt Donbahadur hin und wieder vor sich hin, welchen Vorteil es hätte, eine Büffelkuh Zuhause zu halten, damit Sigrid jeden Tag *richtig* frische Milch hätte. Vermutlich wird man diesen Punkt der Vorratshaltung noch genauer überprüfen, schließlich gilt es noch zu verhindern, daß Rinder das Bad besetzen.

3.

Landeanflug auf Pokhara

12. Mai, Pokhara

Aufgehalten von einer Reihe typischer Katmandu-Hindernisse, erlaubte ich mir heute morgen dummerweise, mich abzuhetzen. Alle Passagiere nach Pokhara sollten sich um zwölf Uhr mittags im »Royal« Nepalese Airways Corporation Terminal einfinden, und es war bereits zwei Minuten vor zwölf, als ich mit meinem Rucksack, verschiedenen Schachteln mit Arzneimitteln, Trockenmilch und alten Kleidungsstücken dort eintraf. (Leo kann nur mitfliegen, wenn das Flugzeug wenig Fracht für Pokhara hat.) Aber ich hätte mich nicht so zu hetzen brauchen. Minuten vergingen und vergingen bis erst eine halbe Stunde, dann eine dreiviertel Stunde vorüber war – und uns schließlich ein ungeduldiger junger Mann hieß, wir sollten endlich zum Bus gehen. Seinem Ton war eindeutig zu entnehmen, daß die Verspätung einzig und allein unsere Schuld war. Als nächstes mußten wir ungefähr dreihundert Meter eine Seitenstraße hinuntergehen. Mit dem ganzen Gepäck kam ich natürlich als letzte bei dem kleinen hübschen Airport-Bus an (ein Geschenk der USA). Zu meiner Überraschung war er fast leer, aber ein wenig weiter stand ein außerordentlich altersschwacher Bus (Typ Afghanistan), bis unters Dach, von dem ein Teil fehlte, bepackt. Jemand winkte mir und rief: »Pohkara? Dort Pokhara-Bus.« Also lief ich weiter, zwängte mich hinein, hob vorher noch eine Posttasche der britischen Botschaft von der Straße auf, mit der bedeutenden, aber wahrlich nicht sehr wirkungsvollen Aufschrift: »Im Dienst Ihrer Majestät«, und rettete sie so vor den Rädern des Busses. Mein Gepäck wurde irgendwie auf dem Teil befestigt, der vom Dach übriggeblieben war, und ich engagierte einen kleinen Jungen, sich rittlings draufzusetzen und laut zu schreien, falls irgend etwas herunterfiel. Alles, was uns jetzt zu unserem Glück noch fehlte, war ein Busfahrer. Nach gut zehn Minuten erschien einer. Er holte ein Paar Sandalen unter dem Fahrersitz hervor, schlüpfte hinein – ein Zeichen, daß er wieder im Dienst war – kletterte gemächlich auf den Fahrersitz, zündete sich eine stinkende Zigarette an und ließ den Motor an. Laut ratternd und dröhnend rumpelte der Bus über die holprige Straße, und ich zitterte um meinen kleinen Jungen auf dem Dach. Unbegreiflicherweise waren er und mein Gepäck immer noch da, als wir vierzig Minuten später am Gaucher Airport eintrafen.

In Nepal gibt es insgesamt acht Landebahnen. Außer denen von Pokhara und Gorkha liegen sie alle im Terai. Wenn das Wetter es erlaubt, bietet die Royal Nepalese Airways Corporation (R.N.A.C.) täglich nationale Flüge an. Da Tickets relativ billig sind (man zahlt für einen Flug von 150 Kilometern etwa 3 Pfund), sind viele Dorfbewohner Nepals innerhalb eines einzigen Jahrzehnts von der einfachsten Art sich fortzubewegen zur modernsten übergegangen. Zuerst war ich erstaunt, wie viele ärmliche Bauern am Ticketschalter in der Schlange standen. Wenn man jedoch bedenkt, daß man in fünfunddreißig Minuten sein kann, wohin man vielleicht zehn Tage zu Fuß unterwegs ist, und Essen und Unterkunft auf der Reise auch Geld kosten, dann ist es zweifellos billiger zu fliegen.

Auf dem Gaucher Airport erübrigt sich um diese Jahreszeit ein Windmesser. In rhythmischen Abständen wirbelt der Wind gelben Sand durch die Luft über das Rollfeld – ein Anblick, der ebenso erschreckend wie faszinierend ist. Noch faszinierender allerdings ist das unbeschreibliche Durcheinander auf dem Flughafen. Es übersteigt mein Fassungsvermögen, wie überhaupt irgend jemand dort ankommt, wohin er gebucht hat – und darüber hinaus auch noch sein Gepäck in der gleichen Maschine wie er landet.

Der Flug nach Pokhara war für halb drei nachmittags geplant, und ich ging um viertel nach zwei in das kleine Flughafenrestaurant auf eine Tasse Tee. Um fünf vor halb drei knackte der Lautsprecher und ratterte auf einmal los. Man konnte kein Wort verstehen. Es hätte alles in jeder möglichen Sprache heißen können. Optimistisch folgerte ich, daß dies der Aufruf des Flugs nach Pokhara war. Als ich aber aus dem Fenster blickte, sah ich unseren riesigen Gepäckwagen immer noch in der Nähe der Veranda stehen, wo man ihn beladen hatte. Ich beruhigte mich wieder und sagte mir, daß dies kein Zeichen für eine eventuelle Verspätung war. Meine hart erkämpften Arzneimittel jedoch ließ ich nicht einen Minute aus den Augen.

Nach einer weiteren Tasse Tee ging ich auf die Veranda hinaus.

Ein Heer von Menschen und Gepäck wogte hier draußen hin und her, inmitten eines verzweifelten Stimmengewirrs. Jeder flehte jeden an, ihm zu sagen, wann das eigene Flugzeug starten sollte und welche Maschine wohin flog. Im Augenblick standen vier Dakotas (zwei der ehrwürdigen Flieger stammten vermutlich aus alten Beständen der Aer Lingus) nebeneinander auf dem Rollfeld, und man mußte nur aufpassen, in welcher Maschine das eigene Gepäck verstaut wurde. Das Gepäck selbst war typisch für Asien: Blechkoffer, Schlafsäcke, Holzkisten mit Vorhängeschlössern, in schmutzige Stoffetzen gewickelte Bündel, zum Bersten volle Säcke, Plastikbehälter mit allerlei Krimskrams, nicht besonders sorgfältig verschnürte Kartons, Segeltuch- und Stofftaschen, Keksdosen und Weiden-Dokars (Weidenkörbe), die wie übergroße Webervogelnester aussahen. Als unser Gepäckwagen schließlich von vier Kulis zu einer Maschine geschoben und gezogen wurde, ging ich hinüber, um beim Verladen zuzusehen. Hier können die Fluggäste nämlich nach Lust und Laune zwischen startenden und landenden Maschinen herumlaufen.

Eine halbe Stunde später dröhnte aus dem Lautsprecher wieder so ein barbarisches Geräusch, und Leute begannen, auf unser Flugzeug zuzugehen. Es schien, als wären wir nun tatsächlich auf dem Weg nach Pokhara. Dann blieben auf einmal alle stehen und fingen an, sich aufgeregt gestikulierend zu unterhalten. Ein junger, nepalesischer Lehrer neben mir eröffnete mir auf Englisch, daß man unseren Flug auf morgen früh sieben Uhr verschoben hatte. Für mich paßte das ins Bild, und ich war daher nicht im geringsten überrascht und auch nicht halb so verärgert wie meine nepalesischen Mitreisenden. Ich schlenderte zurück zur Veranda, setzte mich und wartete auf das Entladen unserer Maschine. Am meisten interessierten mich natürlich meine Arzneimittel, für die ich mittlerweile schon beinahe mütterliche Gefühle hegte. Der junge Lehrer setzte sich zu mir, sein blasses, fein geschnittenes Gesicht von Enttäuschung überschattet. Als ich ihn fragte, ob er wüßte, warum man unseren Flug annulliert hatte, seufzte er und sagte: »Der Flugkapitän und seine Mannschaft sind nicht erschienen; das passiert oft, wenn eine Party bis spät in die Nacht hinein dauert. Und in Katmandu gibt es eine Menge Parties.« Dann fügte er hinzu: »Ihnen bereitet unser Land bestimmt viele Probleme – das tut mir leid.« Obwohl ich ihm aufrichtig versicherte, daß ich sehr gerne hier wäre und sein Land für mich weit weniger Schwierigkeiten bereithielt als der Westen, fürchte ich, konnte ich ihn nicht überzeugen.

Inzwischen war der Gepäckwagen wieder auf der Veranda und wurde rasch entladen. Mein Begleiter erklärte mir, daß der nächste Flug nach Simra soeben aufgerufen worden war und man den Wagen bräuchte, um die Maschine zu beladen. Als ungefähr die Hälfte unseres Gepäcks ziemlich unsanft auf dem Boden gelandet war, ging das Gerücht um, unsere Maschine würde doch starten. Das Chaos war perfekt. Die Simra Kulis hatten nämlich bereits angefangen, den Wagen mit *ihrem* Gepäck zu beladen, als sich ein Teil *unseres* Gepäcks immer noch auf der Ladefläche befand, und jetzt waren die Haufen auf dem Boden und auf dem Wagen heillos durcheinander. Da keine offizielle Durchsage wegen des Flugs nach Pokhara über den Lautsprecher gekommen war, konnte man durchaus unterschiedlicher Meinung sein, ob unser Gepäck oder das für Simra ab- oder aufgeladen werden mußte. Und genau über diesen Punkt konnten sich die Kulis nun gar nicht einigen, und ich beschloß nach ein paar Minuten, wenigstens meine Arzneimittel zu retten, ehe sie womöglich im Terai landeten.

Die Zeit verging, die Kulis stritten lautstark miteinander, und immer wieder flogen Gepäckstücke wie Federbälle durch die Luft. Dann aber machte sich erneut Aufregung und Nervosität unter meinen Mitreisenden breit, bis schließlich feststand, daß wir tatsächlich doch noch starten würden. Wie ich später erfuhr, hatten wir diese glückliche Wendung dem amerikanischen Botschafter und seiner Frau zu verdanken, die ebenfalls Plätze in unserem Flugzeug nach Pokhara gebucht hatten, und dieser Umstand hatte anscheinend jemand beflügelt, die Crew von einer anderen unglückseligen Maschine abzuziehen.

Als wir schließlich um viertel vor drei nachmittags starteten, war ich weniger nervös als sonst, da das internationale Team der R.N.C.A. (Piloten und Ingenieure) in den letzten acht Jahren einen Sicherheitsrekord aufgestellt hat, um den viele, wesentlich geschäftstüchtigere Fluglinien die nepalesische Fluggesellschaft vermutlich beneiden – und das in einem Land mit Achttausendern, unberechenbaren Tälern, sich ständig ändernden Witterungsbedingungen und dürftiger technischer Ausrüstung.

In dieser Jahreszeit hüllen ständig Wolken die Himalajakette ein, und unser fünfunddreißig-Minuten-Flug nach Pokhara verlief relativ ruhig. Als ich auf die tausend und zweitausend Meter hohen Berge hinunter sah, überkam mich große Lust, mir diese Gipfel zu Fuß zu erschließen, anstatt sie mir nur kurz aus der Höhe anzusehen. Im Mai jedoch wäre das eine heikle Angelegenheit, da die Flüsse zu tropfenden Rinnsalen zusammengeschmolzen und die terrassenförmig angelegten Berghänge zu braunen, ausgetrockneten wellenförmigen Flächen geworden sind, die lediglich in den oberen Regionen durch dichte, grüne Wälder geschützt sind. Nur ein paar Dörfer waren zu sehen. Die Lehmhäuser harmonierten sehr mit der sie umgebenden Landschaft. Auf den obersten Gipfeln jedoch waren einzelne Dörfer inmitten von Maisfeldern erkennbar, und über Kilometer hinweg konnte man die schmalen Verbindungspfade verfolgen, wie sie sich um die Bergrücken wanden.

Nach einer perfekten Landung in dem breiten Tal stiegen wir aus dem Flieger in ein nepalesisches Chaos. Fünf ziemlich auffällig große Freiwillige von den Peace Corps kämpften sich entschlossen durch das Gewimmel zu ihrem Botschafter und dessen Frau durch. Überall drängten sich schmutzige, neugierige, lachende Kinder durch das Gewühl, und barfüßige Fluggäste bahnten sich mit ihren Ellbogen einen Weg zu unserem Flugzeug, das nach Bhairawa weiterflog, wobei man noch nicht einmal angefangen hatte, unser Gepäck auszuladen. Augenblicklich fanden wir uns umringt von beutegierigen, untertänigen Trägern – hauptsächlich Frauen in zerlumpten, auffallend farbigen Kleidern und mit viel klimperndem Schmuck behangen – und neugierigen Einheimischen, von denen die wenigsten wohl in ihrem Leben schon einmal geflogen waren oder je fliegen werden; die meisten hatten weder mit den Passagieren noch mit dem Gepäck etwas zu tun. Kaum hatte ich mich aus dem Getümmel befreit, war mir ein Polizist in tadellos gebügelter Khakiuniform und mit einem sperrigen Buch bewaffnet auf den Fersen, in das alle ankommenden Touristen ihre Personalien eintragen sollten. Aus politischen Gründen war das Land nördlich von Pokhara kürzlich zum »Sperrgebiet« erklärt worden. Man bekommt den Eindruck, die Regierung, die ihre Grenzen erst 1951 für den Tourismus öffnete, würde den Reisenden außerhalb des Katmandu- und Pokhara-Tales nur allzu gern die alten Beschränkungen wieder auferlegen.

Während ich meine Personalien in das Buch eintrug, kam ein schmächtiger Tibetaner in europäischer Kleidung auf uns zu, hieß mich herzlich willkommen und stellte sich in einem Mischmasch aus Tibetanisch und Englisch als Amdo Kessang, den Besitzer des »Annapurna Hotels« vor – ein einstöckiger Neubau im tibetanischen Stil, etwa einhundert Meter vom Flugplatz entfernt auf einer kleinen Anhöhe. Gebetsfahnen flatterten lustig neben der bogenförmigen Zufahrt, und obwohl diese Anlage kein Hotel im europäischen Sinn ist, bietet die herzliche tibetanische Art durchaus einen Ausgleich für die, zugegeben, etwas ungünstige Lage.

Dann stellte Kessang seinen Cousin Chimba vor, einen in Lhasa geborenen Händler, der einige Jahre in Indien gelebt hat und fließend Chinesisch, Hindi und Nepali spricht – und ausreichend Englisch. Chimba ist zur Zeit Dolmetscher und Mädchen für alles im Flüchtlingslager von Pokhara. Ich war erleichtert, endlich jemanden zu haben, der auf meine Arzneimittel aufpaßte, während ich mit Kessang Tee trinken ging.

Nach zwanzig Minuten erschien Chimba wieder und wollte mir Mrs. Kay Webb vorstellen, die unermüdliche Großmutter aus England, die seit vergangenen Dezember allein für den Gesundheitszustand der Flüchtlinge und Mitarbeiter zuständig ist. Drei Jahre lang arbeitete Kay als Ärztin und Krankenschwester unter tausenden von Tibetanern in Mysore. Obwohl sie außer einem Rot-Kreuz-Kurs keine medizinische Ausbildung hat, ist sie vielleicht in mancher Hinsicht effektiver als ein ausgebildeter Arzt. Zu viel Wissen würde einen vielleicht vor bestimmten Improvisationen zurückschrecken lassen, die hier in Pokhara oft als einzige Möglichkeit übrig bleiben.

Das Dorf Pardi war ungefähr in zehn Minuten zu Fuß über flaches Weideland zu erreichen – eine hübsche Ansammlung von Holz-, Ziegel- und Lehmhäusern am westlichen Ende der Rollbahn. Hier am Dorfrand lebt Kay in einem Zwei-Zimmer-Haus mit einer wackeligen Treppe, einem Strohdach, in dem es vor Ratten wimmelt, und buckligen Lehmfußböden. Der Raum im Erdgeschoß dient als Krankenzimmer für das ganze Camp, und im ersten Stock liegt ihr Wohn-Schlafzimmer, in dem sie auf einem kleinen Ölofen auch kocht.

Kay und ich unterhielten uns nicht einmal fünfzehn Minuten,

als Chimba zurückkam und uns sagte, der amerikanische Botschafter und seine Frau würden sich gerne das Lager ansehen. Wir eilten die holprige Dorfstraße hinunter zu dem Landstück, auf dem ungefähr 500 Tibetaner jeden Alters seit dem letzten Winter lagern, seit ihr Treck aus dem nördlichsten Teil Nepals, aus Dholpo, hier ankam. Die meisten dieser Tibetaner gehören unabhängigen Nomadenstämmen an, die in nepalesich-tibetanischen Grenzgebieten Schaf- und Yakherden halten und überhaupt nicht an Disziplin oder Kontrolle gewöhnt sind. Zwar erkennen sie Seine Heiligkeit als ihren religiösen Führer an, aber der politische Einfluß der Regierung in Lhasa auf diese Nomadenstämme kann nahezu geleugnet werden, genauso wie der spirituelle des Potala. In Katmandu hört man die mannigfaltigsten Geschichten über die Widerspenstigkeit der Tibetaner in Nepal. Die jeweilige Färbung hängt ab von der Rasse, Religion und der politischen, sozialen und persönlichen Überzeugung des Erzählers, und es ist beinahe unmöglich, die Wahrheit herauszufiltern. Ich meine, man kann sagen, daß sich tibetanische Flüchtlinge in Nepal deutlich von ihren Landsleuten in Indien unterscheiden und man mit ihnen im allgemeinen weniger gut zurecht kommt.

Gegenwärtig erhalten diese Tibetaner aus den USA wöchentlich eine Ration bulgarischen Weizen, Baumwollsamenöl und Magermilchpulver. Sie leben in 120 schäbigen Zelten, aber wir hoffen, für sie bessere Unterkünfte zu finden, bevor Mitte Juni der Monsun anbricht.

Während wir auf unserem Rundgang durch das Lager zwischen den Zelten herumgingen, war meine Aufmerksamkeit plötzlich von etwas auf der Hand eines Tibetaners abgelenkt, und ich hörte nicht mehr so recht zu, was Seine Exzellenz zu sagen hatte. Das fragliche Etwas war ziemlich klein, sehr schwarz und sehr laut. Sein durchdringendes Gequietsche zog mich unweigerlich an Ngawang Pemas Seite, und einen Moment später war das Geschäft abgeschlossen: Für den Preis von zehn Schillingen und sechs Pence wurde mir diese zwölf Tage alte Hündin, eine tibetanische Promenadenmischung, versprochen. Ich wüßte gerne, wie Astrologen es deuten würden, daß dieser kleine Hund und ich am selben Tag, am ersten Mai, nach Nepal kamen.

Penjung, der Chef des Lagers, hatte uns soeben in sein Zelt zum Tee eingeladen, als ein Gewitter aufzog. Die beiden Begleiter des

Botschafters beschlossen, es sei am besten, Mr. und Mrs. Stebbins sofort in das vergleichsweise luxuriös ausgestattete Haus des Peace Corps zu bringen, etwa sechs Kilometer von hier auf dem Pokhara-Basar. Penjung brachte eilig zwei weiße Schals und legte sie den beiden um den Hals, bevor der Jeep vom Tourist Department kam, um die Besucher in Sicherheit zu bringen.

Kay und ich tranken mit Penjung, seiner Frau und den vier Töchtern Tee. Es goß in Strömen, draußen und in dem dünnen Zelt. Wir saßen im Schneidersitz auf schmutzigen Bambusmatten, während Hühner um uns herumpickten, Penjungs Frau ununterbrochen hustete, und ein Baby in einer Ecke ständig wimmerte. Vermutlich litt es an Ruhr. Tibetaner jedoch sind nie so verdrießlich wie ihre Umgebung es rechtfertigen würde, und meine Freude, wieder unter diesen Leuten zu sein, wurde von dem Schmutz und Elend nicht im geringsten getrübt.

Als es kurz aufhörte zu regnen, schlitterten wir durch knöcheltiefen Schlamm zum Dorf zurück. Dort stießen wir auf einen kaputten Jeep, an dem zwei erschöpfte junge Männer verzweifelt herumbastelten, während die Stebbins auf einer Holzbank an einem Basarstand Platz genommen hatten und fröhlich lächelten. (In dem Moment kam mir der Gesichtsausdruck der beiden eher wie eine gelungene Übung in Diplomatie vor, später jedoch entdeckte ich, daß beide mit Mißgeschicken dieser Art hervorragend umzugehen verstanden.) Kay lud sie sofort in ihr Haus ein, und dort unterhielten wir uns bei Sturmgeheul, niederprasselndem Hagel und Donner bis sieben Uhr. Mittlerweile war auch klar, daß der Jeep im Moment nicht repariert werden konnte. Die Stebbins jedoch sind ungewöhnlich anpassungsfähige Amerikaner und lieben Nepal. Sie leben seit sieben Jahren hier und machten sich schnell mit dem Gedanken vertraut, im »Annapurna« zu essen und zu übernachten. Die vier Jungen von Peace Corps entschuldigten sich unentwegt und begleiteten uns zum Hotel. Dort zauberte Kessang ein festliches Bankett für uns, was alle überraschte, da Lebensmittel zu dieser Jahreszeit eher knapp sind und aus Indien importiert werden müssen. Am Ende artete das ganze in eine Party aus mit amerikanischem Gin, nepalesischem Rakshi, tibetanischem Chang und irischem Whiskey – eine Kombination, die, was die Katerstimmung angeht, interessante Ergebnisse vermuten läßt.

Abgesehen von den Jungs des Peace Corps sind die einzigen Westler im Tal drei Missionare (Ärzte) in der Leprakolonie hinter dem Rollfeld, acht Missionare (ebenfalls Ärzte) im Shining Hospital nördlich des Hauptbasars und die MacWilliamses, ein junges Pärchen aus Neuseeland (er ist Schafzuchtexperte der F.A.O.), die in der Nähe des Pokhara-Basars wohnen.

Ehe ich schlafen ging, machte ich noch einen kleinen Spaziergang. Dort draußen bot sich mir ein Anblick von solch überwältigender Schönheit, daß ich im ersten Moment nicht wußte, ob ich wachte oder träumte. Im Norden unter einem klaren Himmel und hochstehendem Mond erstreckten sich die schneebedeckten Gipfel des Annapurna, in deren Mitte majestätisch der heilige Machhapuchhare thronte, als residierte er hier über die ganze Welt. Man sollte nicht versuchen, eine solche Pracht in Worte zu zwängen. Im Licht des Monds und in der vollkommenen Stille des Tals leuchtete der silbrige Schnee kalt mit überwältigendem, unleugbarem Leben. Diese Stimmung, diese friedliche, unbedingte Erhabenheit, zwang mich beinah niederzuknien und zu beten. Vielleicht wäre es besser für mich, ich könnte dem Drang nachgeben, und mein angeborenes Bewußtsein würde mir nicht ständig dazwischenfunken.

13. Mai

Um halb sechs morgens wurde ich wach und hörte die vertraute, beruhigende Melodie des tibetanischen Morgengebets. Als ich hinausging, um mich unter dem Wasserhahn in der Öffentlichkeit zu waschen, war der östliche Horizont orange gefärbt, und die ersten Sonnenstrahlen tauchten den Gipfel des Machhapuchhare in feuriges Rot. Schnell verbreitete sich das neue Licht auf der gesamten Gebirgskette und tauchte die Schneefelder in namenlose Farben – wenn ich diese Berge sehe, könnte ich vor Begeisterung einen Luftsprung machen.

Das Tal liegt knapp achthundert Meter über dem Meeresspiegel, und es ist hier spürbar wärmer als in Katmandu. Die Bevölkerung wird auf 12. 000 bis 15. 000 Einwohner geschätzt. Außer dem Katmandu-Tal ist diese Ebene das einzige Flachland nördlich des Terai. Da in diesem Tal die meisten Verbindungswege von Zentral- und Westnepal nach Indien zusammenlaufen, gilt es als wichtiges Handelszentrum, obwohl es nicht halb so wohlhabend ist wie das fruchtbarere Katmandu-Tal.

Von Pardi aus öffnet sich das Tal im Südosten, und niedrige vorgelagerte Berge werden in der Ferne sichtbar. Im Südwesten sind die Hügel näher und dicht bewaldet, und zu ihren Füßen – ein paar Minuten Fußmarsch von Pardi entfernt – liegt der längliche, smaragdgrüne See, von dem das Tal seinen Namen hat. (Pokhara heißt auf Nepali See.) Die Schönheit dieses Ortes ist unvergleichlich. Subtropische Pflanzen wachsen und gedeihen auf jeder Uferseite unterhalb der kalten weißen Schneegrenze, und es überrascht nicht, daß die Nepalesen daraus ein zweites Kaschmir machen wollen.

Aus praktischer Sicht jedoch hat Pokhara gegenwärtig auch seine Nachteile. Die Preise für unentbehrliche Gebrauchsgüter und Lebensmittel sind astronomisch hoch, weniger unentbehrliche sind meist gar nicht zu haben und man lernt bald, sie für vollkommen entbehrlich zu halten. Was einer verwöhnten, westlichen Seele nur gut tut. Ein Pfund Zucker kostet 1,40 Mark, für winzige Eier zahlt man 30 Pfennig pro Stück (man braucht drei dieser Eier, um ein Rührei daraus zu machen, für das in Irland ein Ei reichen würde). Kleine Kartoffeln und Zwiebeln kosten vier Pence das Stück. Anderes Gemüse oder Früchte gibt es zu dieser Jahreszeit nicht. Frische Milch, Butter, Käse, Fleisch, Brot und Mehl bekommt man nirgends, daher sind Reis, Dal, getrocknete Bohnen und Eier unsere Hauptnahrungsmittel. Wenn es einmal etwas Besonderes sein soll, können wir indischen Pulverkaffee ekelhaftester Sorten oder nicht mehr ganz frische Cadbury-Schokolade, 85 Pfennig für eine kleine Tafel, aus Katmandu einführen. Zur Zeit gibt es auf dem hiesigen Markt ausgezeichnete gezuckerte Kondensmilch aus der UdSSR, 2,25 Mark die Pfunddose, und kürzlich war gute chinesische Marmelade auf dem Markt. Aber die Versorgung mit diesen »Propagandaartikeln« ist alles andere als sicher. Gelegentlich leistet sich Kay indische Butterkekse, 4,20 Mark für das Pfund. Eigentlich könnte das nepalesische Reisebüro einen Werbegag für übergewichtige Westler aus der schlechten Versorgungslage machen – »Genießen Sie die atemberaubende Schönheit des Pokhara-Tals und gewinnen Sie ihre Traumfigur zurück!«

Heute eröffnete mir Chimba, ich könnte schon bald in ein

Zimmer in der Nähe des Pardi-Basars ziehen für 8,50 Mark Miete im Monat. Heute nachmittag ging ich zum großen Markt nach Pokhara einkaufen. Von Pardi aus führt der holprige Weg nach Westen, vorbei an hübschen zwei- und dreistöckigen Brahmanen-, Chetri- und Gurung-Häusern, deren ockerfarbene Wände sich warm gegen die frischen Farben der Maisfelder, Bambusrohre, Bananensträucher, Orangenhaine und anderer Pflanzen, deren Namen ich nicht kenne, abzeichnen. Überall trotten schwarze Kühe selbtgefällig herum. Offensichtlich sind sie sich ihres heiligen Statuses sehr bewußt. Sie wirken im übrigen viel gesünder als ihre indischen Artgenossen. Es ist wirklich verrückt, daß wir in einem Tal voller gesunder Kühe Dosenmilch aus der UdSSR kaufen müssen. Natürlich sind diese Kühe nicht wie Milchkühe aufgezogen. Ihre Euter sind total unterentwickelt. Die wenige frische Milch, die die Eingeborenen verwenden, muß demnach von Büffeln stammen.

Bis zum Zentrum des Pokhara-Basars brauchte ich genau eine Stunde, und der Ort gefiel mir auf den ersten Blick. Seine Besonderheit ist nicht leicht zu beschreiben. Man könnte nicht sagen, er sei besonders hübsch oder bunt oder lebhaft oder exotisch – aber er hat einen ganz eigenen Charakter. Eine kleine nepalesische Stadt (oder Nepals zweite Großstadt, wenn Sie so wollen), in der man sich auf Anhieb und zutiefst mit den uralten Traditionen, die immer noch das Denken, Fühlen und Handeln der Einheimischen bestimmen, verbunden fühlt. Man kann davon ausgehen, daß sich im Laufe der Jahrhunderte eine Menge dieser Traditionen verändert und ihre soziale Funktion verloren haben. Dennoch erscheinen die Stabilität und Ruhe, die solchen Gesellschaften innewohnen – trotz der beständigen Angst vor Schulden, Krankheit und politischen Unruhen –, unseren traditionsberaubten westlichen Herzen mächtig und bedeutungsschwer.

Pokharas Hauptstraße säumen links und rechts stattliche drei- und vierstöckige, ziegelgedeckte Häuser mit Geschäften im Erdgeschoß. Von jedem möglichen Punkt einer Straße oder eines Gäßchens aus, sieht man mindestens einen verfallenen, aber gut besuchten Hindu-Schrein. An mehreren Ecken hocken zerlumpte Straßenhändler mit ihrem rührenden Warenangebot: protzige, indische Glasarmbänder, kleine Heiligenbilder (Öldrucke), Bündel von Sicherheitsnadeln, minderwertige Kämme, schwere Glasperlenketten und allerlei Flitterkram liegen vor ihnen ausgebreitet im Staub. Man kann nur hoffen, daß sie vom Verkauf dieser Waren nicht leben müssen. Etwa auf halber Höhe der Hauptstraße steht der Rumpf eines großen Lkws, und man glaubt im ersten Moment, seinen Augen nicht zu trauen. Es gibt mittlerweile sechs oder sieben Jeeps in diesem Tal. Da alle Fahrzeuge eingeflogen werden müssen, war ich fasziniert von diesem sichtbaren Überbleibsel eines hoffnungslosen Optimisten. Bedenkt man den Zustand der Wege und der Straßen und das Fehlen kundiger Mechaniker, so ist es nicht verwunderlich, daß dieser Lkw so jung das Zeitliche segnete.

Sogar für nepalesische Verhältnisse ist der Belag der Hauptstraße denkbar schlecht. Er sieht aus, als hätte ein erzürnter Gott ihn aufgerissen, damit niemand mehr bequem durch den Basar spazieren kann. Und tatsächlich erzählte mir heute jemand, daß sie vor ein paar Jahren absichtlich aufgerissen wurde, als die Stadtväter sich dem Größenwahn hingaben, eine modern gepflasterte Straße zu bauen. Als es jedoch so weit war und die ursprünglich befahrbare Straße in diese Ansammlung von Gesteinsbrocken und Spalten verwandelt worden war, waren die Stadtväter wieder auf den Boden der Tatsachen zurückgekehrt und hatten jegliches Interesse an gepflasterten Straßen verloren – geblieben ist das Chaos.

Auf den ersten Blick kommt einem der Basar von Pokhara wie ein großes Shopping-Center vor. Bei näherem Hinsehen jedoch, erweist sich das Warenangebot als ziemlich begrenzt. Es gibt Kleidung, Zigaretten, Streichhölzer, Stifte, Taschenlampen, Laternen, Ledersachen, Petroleum, Reis, Dal, getrocknete Bohnen, Staubtee, Steinsalz, Zucker, Kekse und Bournvita für 8,50 Mark das Viertelpfund. Ich wollte einen kleinen Ölkocher kaufen, aber es gab nirgendwo einen. Also kehrte ich mit zwei emaillierten Bechern, drei kleinen Aluminumschüsselchen an Stelle von Tellern, einem kleinen Wasserkessel, einem etwas größeren Kochtopf und drei Teelöffeln zurück. Obwohl alles aus minderwertigstem Material gefertigt ist, kostete mich der Spaß fast 20 Mark.

Beinahe alles aus dem Basar kommt aus Indien (das Steinsalz ausgenommen, das aus Tibet stammt). Das erklärt vielleicht, warum ich für meinen Einkauf nach *Gewicht* bezahlen mußte. Und auf welche Weise alles gewogen wurde, war höchst interessant – nicht einmal Ausländer, die jahrelang in Nepal gelebt haben, begreifen das System. Die Nepalesen selbst nehmen die Prozedur hingegen sehr ernst. Anfangs werden eine Handvoll kleiner, unförmiger Metallklumpen auf eine Waagschale geworfen – und dann, wenn die Waagschalen noch nicht im Gleichgewicht hängen, beugt sich der Händler ein wenig nach vorne, ohne dabei seine übereinandergeschlagenen Beine zu lösen, hebt ein paar Steine vom Boden auf und wirft sie ebenfalls auf die Gewichtsschale. Ich glaube, irgendwie hat der Wahnsinn Methode, und habe nicht das Gefühl, beschummelt zu werden. In der Tat freute ich mich heute, als zwei Händler mir Banknoten zurückgaben, die ich in Unkenntnis der Sprache zu viel bezahlt hatte. Solche Gesten tragen viel dazu bei, sich in einer neuen Umgebung wohl und aufgehoben zu fühlen.

Heute abend, bei Sonnenuntergang, ging ich zum See, um zu schwimmen und mich zu waschen. Das Wasser war sehr warm, also wenig erfrischend. Mit Hilfe von Karbolseife konnte ich mir wenigstens den Schmutz und Schweiß abwaschen. Auch mit viel Phantasie kann man nicht glauben, daß der See wirklich sauber ist. Gegenwärtig jedoch ist er unsere einzige Trinkwasserquelle, und man braucht eine Menge teures Petroleum, um diese Brühe vor Gebrauch abzukochen. Es ist ziemlich ärgerlich, daß viele Nepalesen die Seeufer als Latrine benutzen – offensichtlich hat das den Vorteil, daß man sich gleich in die Fluten stürzen und eine Schwimmrunde mit der rituellen Waschung nach der Darmentleerung verbinden kann. Aber die reichlichen Kosequenzen dieser Gewohnheit beeinträchtigen deutlich meine Begeisterung fürs Schwimmen. Eine gute Seite des Nomadentums zeigt sich in der Sauberkeit des Lagers – ganz im Unterschied zu den tibetanischen Lagern in Indien, die sich in kürzester Zeit in widerliche Düngerhaufen verwandeln. Diese Tibetaner sind so daran gewöhnt, ihre Zeltlager sauber zu halten, daß sogar humpelnde Großeltern und Kleinkinder, die gerade so eben laufen können, jeden Morgen weit über die Felder gehen. Jeden Vormittag werden die Abfälle gesammelt und das ganze Lager wird so sauber gekehrt wie die Mayfair Street.

4.

Der heilige Machhapuchhare

21. Mai, Pokhara

Heute vor einem (langen) Monat habe ich London verlassen und bin erst jetzt, nach einer Woche unerklärlicher aber nicht unerwarteter Verspätung, in mein neues Zuhause eingezogen. (Ich schätze, man verbringt in Nepal die Hälfte der Zeit damit, auf etwas zu warten, das vielleicht morgen oder übermorgen – wenn überhaupt geschieht.) Diese unmöblierte Wohnung befindet sich in einem ziemlich neu gebauten, halb freistehenden Haus, mißt drei Meter sechzig auf vier Meter fünfzig und ist sehr hübsch – von der Rattenplage einmal abgesehen. Soeben stach mir ein Funkeln ins Auge. Ich blickte zu den einfachen Holzbalken hinauf, die das flache Wellblechdach stützen, und dachte zuerst, ich hätte Glühwürmchen gesehen. Dann aber wurde mir klar, daß dort oben drei Monsterratten auf mich herunterstarrten – zweifellos fragten sie sich, wie sicher die neue Bewohnerin ihre Lebensmittel wegsperren würde.

Das Zimmer mit Lehmboden im Erdgeschoß, wo Leo wohnt, ist wie ein Laden mit ein paar einfachen Regalen gegenüber der Doppeltüre gebaut, die man abends von innen verriegelt, und wenn man tagsüber ausgeht, mit einem Vorhängeschloß abschließt, wobei letztgenannte Vorsichtsmaßnahme eher ein Scherz ist, da in beinahe jedes Vorhängeschloß in Pokhara derselbe Schlüssel paßt. Vom Erdgeschoß führt eine nicht sehr vertrauenswürdig wirkende Bambustreppe in mein Wohn-Schlafzimmer mit Holzfußboden. Eine dünne Zwischenwand trennt diesen Raum von seinem Gegenstück über dem Laden meines Vermieters. Die Ritzen zwischen den Brettern sind so groß, daß mein Nachbar Thupten Tashi, ein tibetanischer Lehrer, alles, was ich mache, hören und sehen kann. Während ich schreibe, gibt Thupten ein paar wißbegierigen, älteren Schülern zu vorgerückter Stunde Unterricht in englischer Grammatik. Und vor einem Moment riefen alle im Sprechgesang: »Where *did* you *went*? Where *did* you *went*? Where *did* you *went*?« So etwas kann man natürlich nicht lange aushalten, und ich unterbrach gequält: »Bitte, Thupten, das heißt: ›where did you *go!*‹« Nicht, daß ich Thupten Vorwürfe machen würde. Erst kürzlich sah ich ein Nepali-Englisch-Lehrbuch mit haarsträubenden Sätzen. Ich zitiere: »He is a girl.« – »This is a pictures on the walls.«

Mein unverglastes Fenster mit Holzläden ist für hiesige Verhältnisse ziemlich groß – einen Meter zwanzig auf neunzig Zentimeter – und geht nach Süden. Man sieht auf flaches Ackerland, umgeben von bewaldeten Hügeln. In den zwei kleinen auf Augenhöhe befindlichen Nischen in der Außenwand, ursprünglich für religiöse Gegenstände gedacht, bewahre ich meine Küchen- und Toilettenartikel auf. Ich schlafe auf einer Bambusmatte in einer Ecke. Bettzeug braucht man im Moment nicht, und bevor die kalte Jahreszeit anbricht, habe ich hoffentlich heimkehrenden Bergsteigern einen Schlafsack abgekauft. Meine Möbel bestehen aus einem neuen, sehr hübschen Tisch mit Stuhl. Die beiden Stücke hat ein Tischler in Pokhara für mich gefertigt und auch prompt geliefert. Darüber hinaus besitze ich noch eine Holzkiste für meine Lebensmittel und einen leeren Fünfzehn-Liter-Kerosin-Kanister, in dem ich mein Trinkwasser aufbewahre. (Diese Kanister kann man für 1,10 Mark auf dem Basar kaufen. Da man sie leicht auf dem Rücken transportieren kann, sind sie hier als Wasserbehälter sehr beliebt.)

Heute fühle ich mich so richtig eins mit der Welt. Das Lager ist fast gegenüber von mir, und ich höre ein paar Tibetaner singen. Nebenan kichern Thuptens Schüler ausgelassen. Offenbar besitzen sie genug gesunden Menschenverstand, um seinen Englischunterricht nicht allzu ernst zu nehmen. Es wäre unaufrichtig zu behaupten, ich könnte für immer in diesem Staat der edlen Barbarei leben, doch im Moment bin ich mehr als zufrieden.

23. Mai

Ich finde es außerordentlich schwierig, das Datum und die Wochentage im Auge zu behalten – was nicht heißen soll, daß sie eine besondere Rolle spielen. Für offizielle Zwecke jedoch sollte man hin und wieder Datum und Wochentag wissen. Da aber der nepalesische Monat genau in der Mitte unseres Monats beginnt und von englischsprechenden Nepalesen beide Kalender wahllos benutzt werden, stiftet genau dieser Aspekt hier ständig Verwirrung. Das führt nicht selten zu einem unaussprechlichen Durcheinander, liefert aber auch gleichzeitig eine ausgezeichnete Entschuldigung, falls nepalesische Beamte ihre Termine nicht einhalten, was nicht die Ausnahme, sondern eher die Regel ist. Dann behaupten sie voller Unschuld: »Aber *ich* meinte unseren dreiundzwanzigsten, und der ist erst übernächsten Freitag!«

Kürzlich verhandelte ich wegen einer möglichen Anstellung einiger Tibetaner mit Vertretern des indischen Hilfsprojekts zum Bau eines Wasserkraftwerks. Heute besichtigte ich die Baustelle und machte dabei eine herrliche Entdeckung. Der Standort des zukünftigen Kraftwerks liegt fast hundert Meter unterhalb der durchschnittlichen Höhe der Pokhara-Ebene in einer sehr heißen Schlucht, durch die ein kleiner Fluß fließt, der vom See kommt. Nach meinem Gespräch mit dem indischen Vorarbeiter ging ich mir den Fluß genauer ansehen. Und was ich fand, übertraf all meine Hoffnungen: ich entdeckte einen perfekten Swimmingpool, ungefähr 150 Meter lang, 10 Meter breit und einen halben Meter tief. Der Pool ist nur fünf Minuten von dem Bauplatz entfernt, wo ich mich in den nächsten Wochen öfter aufhalten werde. Vor lästigen Blicken ist er durch eine hohe, graue Felswand auf der einen und einen steilen, bewaldeten Berghang auf der anderen Seite geschützt. Das Wasser sprudelt grün und klar und ist nicht so warm wie der See. Man kann sich sogar einreden, daß es nicht ganz so schmutzig ist, da es fließt – und natürlich ist es viel erfrischender. In der Mittagspause schwamm ich glücklich einige Längen hin und her, da es zu heiß ist, mittags etwas zu essen. Unglücklicherweise ist man nach dem steilen Aufstieg zur Ebene hoch wieder schweißgebadet.

Heute sah ich am Fluß meine erste nepalesische Schlange. Am Ufer liegen eine Menge Glimmerschieferplatten. Als ich in Gedanken versunken über diese Gesteinsplatten lief, schreckte mich plötzlich ein merkwürdiges Geräusch auf, und eine Schlange, fast zwei Meter lang, huschte unter meinen Füßen weg über die Felsen davon. Sie bewegte sich sehr schnell und machte dabei ein Geräusch wie ein Bienenschwarm in der Ferne. Ich konnte gerade noch sehen, daß sie olivgrün war mit brauner Zeichnung, ehe sie in einer Spalte zwischen zwei Felsen verschwand. Als ich aus dem

Fluß kam, sah ich vorsichtig in der Spalte nach, und sie war immer noch da. Wahrscheinlich fragte sie sich, was aus dieser Welt noch werden sollte, wenn diese gefährlichen Menschen überall herumtrampelten und ein unschuldiges Reptil beim Sonnenbaden störten.

Am Nachmittag radelte ich zum Pokhara-Basar, um Ordnung in drei verschiedene Konten bei der ortsansässigen Bank zu bringen. Das Gebäude wird von zwei schwer bewaffneten, kettenrauchenden Soldaten der nepalesischen Armee in schlampigen Uniformen bewacht. Der Weg zum Büro führt durch einen düsteren, ehemaligen Geschäftsraum einen dunklen Treppenaufgang hinauf. Ungefähr zehn Angestellte arbeiten in der niedrigen, schmutziggelben Höhle, die sich Büro nennt, aber nur einer, soweit ich das beurteilen kann, ist des Lesens und Schreibens mächtig. Wenn es stimmt, daß das Bankgeschäft in Nepal noch in den Kinderschuhen steckt, dann ist diese Niederlassung entschieden eine Wiege. Doch als jemand, der im Glashaus sitzt, sollte ich nicht mit Steinen werfen. Ich kenne mich mit Finanzen so gut wie überhaupt nicht aus, und das machte meine nachmittäglichen Geschäfte um so beschwerlicher. Ich mußte zahllose Formulare ausfüllen, die nach Dublin und Delhi geschickt werden sollten. Da sie aber alle in Nepali abgefaßt waren, ist es schwer, sich vorzustellen, daß sie den gewünschten Effekt am anderen Ende erzielen. Darüber hinaus habe ich den schrecklichen Verdacht, daß wir eventuell die falschen Formulare ausgefüllt haben, da weder der junge Angestellte noch ich so genau wußten, was wir eigentlich tun wollten.

Heute abend borgte mir Kay ihr Tisch-Thermometer, damit ich es schwarz auf weiß sehen kann. Jetzt, um halb zehn nachts, herrschen in meinem Zimmer 31 °C, und ich bin nur damit beschäftigt, mir den Schweiß von Gesicht, Hals und Armen zu wischen. Aber man sollte sich nicht beklagen – verglichen mit den üblichen Temperaturen in Indien ist das hier verhältnismäßig moderat.

28. Mai

Wie die meisten Asiaten interessieren sich die Nepalesen brennend für die Lebensgewohnheiten der Ausländer. Das Wort »Privatsphäre« scheint ihnen dabei unbekannt. Vergangene Woche kamen sie in Scharen, um meine Wohnung zu besichtigen, und ihre Bestürzung über das, was sie sahen, überwand alle Sprachbarrieren. Nach einem kurzen Blick gaben sie mir zu verstehen, daß ich nicht auf dem Boden schlafen, nicht selbst kochen und meine Wäsche auch nicht selbst im Fluß waschen sollte. Ernst wiesen sie mich darauf hin, daß ich zumindest einen Diener bräuchte, ein größeres Zimmer mit einer besseren Treppe, einen Lehmfußboden und ein kühlendes Grasdach. Bis jetzt besteht mein Nepali-Wortschatz aus einem Wort, das gut bedeutet. Wild gestikulierend wiederholte ich das Adjektiv – anfangs gut gelaunt, dann ein wenig entschlossener und am Ende in Notwehr, fast ein wenig aggressiv, als ihre Empörung wuchs. Aber meine Begeisterung konnte ihren Widerwillen nicht schmälern. Als sie schließlich gingen, hörte ich sie auf der Straße unten noch weiter schimpfen.

Die Anpassungsfähigkeit der Europäer fördert erwartungsgemäß harmonische Beziehungen unter Angehörigen verschiedener Rassen, in diesem Land jedoch bewirkt sie nichts dergleichen. Statt dessen zweifeln Nepalesen an der Integrität – oder vielleicht auch am gesunden Menschenverstand – eines Europäers, der seine europäischen Lebensgewohnheiten aufgibt, sei es aus der Überzeugung, daß er das einfache Leben vorzieht, oder aus finanziellen Gründen. Sie können es sich überhaupt nicht vorstellen, daß irgendein Europäer wie sie oder noch einfacher leben will, da bis auf die ärmsten nepalesischen Familien, alle irgendeinen Bediensteten haben. Offensichtlich schämen sie sich einer Memsahib, die versucht, die Zivilisation abzustreifen. Mir wird allmählich klar, daß in so einer klassenbewußten und konservativen Gesellschaft der Versuch, sich den Einheimischen anzupassen, der längste Weg zur Integration ist.

Unser hiesiges Postsystem ist richtig aufregend. Theoretisch gibt es einen nepalesischen Postdienst, da sich aber niemand um die praktische Seite kümmert, schickt die britische Botschaft großzügigerweise jeden Freitag einen Postsack mit dem Flugzeug für die Missionare, Kay und mich. Da beide Krankenhäuser ein Stück vom Flugplatz entfernt liegen, haben Kay und ich die Erlaubnis, das Siegel aufzubrechen und unsere Post auszusortieren, bevor Joseph, der drahtige, kleine Magar-Diener, mit dem Sack über der Schulter davontrottet. Zweifelsohne bildet dieses

Ritual den Höhepunkt unserer Woche. Es ist äußerst aufregend, auf dem staubigen Rollfeld vor einem Haufen Briefumschlägen und Päckchen zu hocken und endlich ein paar vertraute und kostbare Briefe an einen selbst addressiert zu finden. Das ist wesentlich interessanter, als wenn einem der Postbote die Briefe in den Kasten steckt. Aber natürlich weiß man nie so genau, mit welcher Maschine der Postsack kommt. Um halb elf heute morgen, als ich einen winzigen Punkt am östlichen Horizont sah, radelte ich mit Leo zum Flugplatz, nur um festzustellen, daß die Post nicht an Bord dieser Maschine war. Und auch im zweiten Flieger, der um zwanzig vor zwei landete, war sie nicht. Zwei Stunden später aber sahen wir erleichtert, wie jemand im Laderaum der letzten Maschine von heute Joseph unseren geliebten Segeltuchsack in die Arme warf.

Aus mehreren Gründen muß ich jede Woche erstaunlich viele Stunden damit zubringen, auf Flugzeuge zu warten. Zum Glück wird es einem hier nie langweilig. Da galoppiert immer wieder einmal ein Reiter auf einer Stute mit prächtig verzierter Satteldecke übers Rollfeld – kurz aufgehalten von der Tragfläche einer Dakota. Die Glöckchen am Sattel spielen eine wilde Melodie, die durch die stampfenden Hufe triumphierend begleitet wurde. Oder Dutzende von Frauen in wogenden, scharlachroten Röcken schreiten unter strahlend blauem Himmel grazil über die Landebahn, halb verdeckt von ihren Graskörben und ihren riesigen, geflochtenen, breitrandigen Sonnenhüten.

Weitere Ablenkung bieten die Gurkha-Soldaten. Manchmal sieht man verschreckte, barfüßige Jugendliche aus abgelegenen Bergdörfern zum Flugplatz kommen, abgegriffene, kleine Blechschachteln mit ihren armseligen Habseligkeiten in den Händen. Sie sind gekommen, um ihren älteren Brüdern, Cousins und Onkels nachzueifern, denen es bei der britischen Armee in Hongkong, Borneo oder Malaysia offenbar sehr gut geht. Dann sieht man oft Gurkhas, die nach ihrer dreijährigen Militärzeit zurückkehren. Nach diesen drei Jahren steht ihnen ein sechsmonatiger Urlaub zu. Sie wirken stets sensationell sauber und herausgeputzt im Vergleich zu ihren Familienangehörigen. Die verdreckten Daheimgebliebenen stecken in ungewaschener, zerschlissener Kleidung, während die geschrubbten Soldaten gestärkte, sauber gebügelte Khaki-Shorts, geblümte Buschhemden und breitrandige

Strohhüte tragen. Statt der bescheidenen, kleinen Blechschachtel, mit der sie ihre Heimat einst verlassen hatten, besitzen sie nun mindestens vier riesige Koffer mit Vorhängeschlössern. Und diese Koffer müssen natürlich die Frauen, Mütter oder Schwestern schleppen – sie tragen die Ungetüme auf dem Rücken, gestützt durch ein Baumwollband um die Stirn –, während die heimgekehrten Helden stolz vorausschreiten – eine teure Kamera um den Hals, ein heiser dröhnendes Transistorradio in der Hand – und sich mit ihren männlichen Verwandten unterhalten, die mit einem leichten Stück Handgepäck respektvoll neben ihnen herlaufen. Gewöhnlich sind bis zu diesem Zeitpunkt die Taschen unserer Helden auch mit neuen Banknoten gefüllt, da sie auf ihrem Weg über das Rollfeld genug Pausen eingelegt haben, in denen sie erstklassige schweizer Uhren und japanische Taschenradios zu Schleuderpreisen verkauft haben.

Anfangs ist man angesichts des offenbar lebensbedrohlichen Chaos auf dem Rollfeld entsetzt. Sogar den furchtlosesten Westler packt eine Höllenangst beim Anblick einer Landebahn, auf der zehn Minuten vor Ankunft eines Flugzeugs Kinder ihre Drachen steigen lasen, Babys und Hunde herumtollen, Kühe friedlich grasen, Maulesel stumpfsinnig herumstehen und Träger sich mit Lasten abplagen, die größer sind, als sie selbst.

Ist eine Maschine gelandet, sieht man hin und wieder Neugierige im Schatten einer Tragfläche lässig rauchen. Wenn ein Flieger startet und einen heftigen Luftzug erzeugt, in dem Kinder fröhlich herumspringen, fühlt sich niemand bemüßigt, sich von der Stelle zu bewegen. Beobachtet man das ganze vom Flugschalter aus, bekommt man den Eindruck, dort werden mindestens zwanzig Leute von einer Tragfläche enthauptet. Neuankömmlinge sind für diese optische Täuschung besonders empfänglich. Für die Dorfhunde ist so ein Start natürlich der Höhepunkt des Tages. Laut bellend jagen sie hinter einer Maschine her, von der Nutzlosigkeit ihres Treibens nicht im mindesten gebremst, und manchmal schafft es einer beinahe, das hintere Rad zwischen seine Zähne zu bekommen. Doch der Schein trügt hier im allgemeinen, obwohl alles außer Kontrolle scheint, passieren die Unfälle nicht, die eigentlich zu erwarten wären. Wenn am Ende des langen Tals ein Flugzeug am Himmel auftaucht, pfeift ein Mann schrill. Das klingt wie eine alte Schiedsrichterpfeife. Daraufhin spurten sofort

Hirten auf die Flugpiste, fluchen laut und werfen Steine nach den Kühen, die widerwillig nachgeben und durch ein Loch in dem durchhängenden Drahtzaun verschwinden. Mittlerweile haben sich auch die Hunde vorübergehend verdrückt, die Kinder haben sich auf die Babys gestürzt und sie weggetragen, die Maulesel sind in einen Galopp und die Träger in einen Trott verfallen, und wenn die Maschine am Ende der Landebahn anfliegt, ist niemand mehr auf der Flugpiste. Für mich ist das immer wieder ein Rätsel.

Seit kurzem bin ich hauptsächlich damit beschäftigt, den Bau von Bambushütten zu beaufsichtigen, in denen wir hoffentlich die meisten Tibetaner vor Einbruch des Monsuns unterbringen können. In dieser Jahreszeit jedoch haben wir Probleme, die nötigen Matten und Ruten heranzuschaffen. Erst heute erlitten wir einen erneuten Rückschlag, als ein Bauer ankündigte, der versprochen hatte, uns vierzig Bambusrohre zu verkaufen, daß sein Astrologe den Zeitpunkt, auf diesem Feld vor dem nächsten Regen Bambus zu schneiden, für äußerst ungünstig hielt. Einleuchtend war das nicht, da Bambus gewöhnlich bis Ende Mai geschnitten wird. Aber offensichtlich erleichtert es das Leben, wenn man sich auf Anraten eines allwissenden Astrologen hin nicht mehr an Versprechungen gebunden fühlen muß. Jeder weiß, daß dieses Argument in Nepal unwiderlegbar ist. Sogar die Stunde, zu der Seine Majestät König Mahendra eine Flugreise beginnt, wird von Astrologie und Metereologie bestimmt.

Es war fünf Uhr nachmittags, als Chimba mir von dem fehlgeschlagenen Kauf berichtete, und wir machten uns sofort mit unseren Rädern auf den Weg, einen zugänglicheren Bauer zu finden. Dabei kamen wir durch eine der herrlichen Ecken des Tals, die ich noch nicht kannte. Mittlerweile ist das Flachland südlich von Pardi grau, ausgedörrt und kein sehr schöner Anblick. Aber nur einen Kilometer weiter nördlich des Dorfes ist man plötzlich in einer neuen, grünen Welt. Schmale Wege sind von prächtigen Bäumen überschattet, und mächtige gebogene Bambusrohre von dreißig Meter Höhe senken ihre gefiederten Enden über mannshohe Maispflanzen. Gegen halb sieben zogen von Westen her Wolken auf und tauchten alles in ein merkwürdig gedämpftes Licht. Schräg stehende Sonnenstrahlen beleuchteten die zerrissenen, kupferfarbenen Wolken von unten und warfen ein rotgoldenes Licht auf die Landschaft, bis die im Rund gebauten, ockerfarbenen Bauernhöfe wie riesige Laternen vor dem dunkelgrünen Hintergrund leuchteten.

Über eine Stunde quälten wir uns über steinige, staubige Wege von Bauernhof zu Bauernhof, hin und wieder von Büffelherden aufgehalten, die beim ungewohnten Anblick unserer Fahrräder in Panik ausbrachen. Beim ersten Hof verhandelten wir mit einem ängstlichen, acht- oder neunjährigen Jungen und dessen Urgroßvater – seine Haut war so faltig, daß seine Beine aussahen, als trüge er viel zu große braune Nylonstrümpfe. Wie vorauszusehen war, kamen wir in dieser Verhandlung zu keinem befriedigendem Ergebnis. Auf den nächsten beiden Höfen hatten die Bauern sehr schnell herausgefunden, daß wir nicht bereit waren, übertriebene Preise zu bezahlen, und erklärten brüsk, sie bräuchten ihren Bambus selbst. Ich war mir wohl bewußt, daß diese Brahmanen uns Nicht-Hindus gegenüber nicht besonders wohl gesonnen waren – weniger wegen unserer rituellen Unreinheit, glaube ich, sondern weil sie in uns eine Bedrohung sehen. Sie spüren, daß sie an profitablem Einfluß verlieren, je mehr fremdländische Ideen bei der Dorfbevölkerung Anklang finden. Trotz allem versprach man uns am Ende zweiundzwanzig Bambusrohre verschiedener Größe und Qualität. Aber morgen ist Samstag (da kann man unmöglich Bambus schneiden). Wir können also nicht vor Sonntag morgen erwarten, daß die Tibetaner den Bambus bringen – und bis dahin gibt es vielleicht wieder Einwände von astrologischer Seite.

Wir radelten den See entlang nach Hause, vorbei an dem gräßlichen, neuen, pseudo-europäischen Königspalast und dem heiligen Hindutempel, der sich etwa zweihundert Meter vom Ufer aus dem Wasser erhebt. Als wir außer Sichtweite des Königspalastes waren, stieg ich ab und bat Chimba voraus zu fahren. Ich ließ mich eine Weile am Seeufer nieder. Ich habe noch kaum etwas Schöneres gesehen, als dieses ruhige, weite, smaragdgrüne Wasser unter einem mit bronzefarbenen Wolken überzogenen Himmel.

29. Mai

Um halb sechs Uhr morgens kam ein jubelnder Chimba meine Leiter hochgeklettert (zum Glück bringen halbnackte Frauen Tibetaner nicht aus der Fassung), um mir zu sagen, daß die deutsche Annapurna-Expedition zweiundvierzig Träger für zwölf Tage braucht, pro Tag 10 Mark bezahlt und bereit ist, unsere Tibetaner zu beschäftigen. Wenn man bedenkt, daß der durchschnittliche Tageslohn eines Kulis 2,50 Mark beträgt, wird Chimbas Begeisterung verständlich. Zusammen eilten wir zum Lager, um einundzwanzig Männer und einundzwanzig Frauen auszusuchen. Eine Liste mit den Namen und Registriernummern mußte dem Anchiladis vorgelegt werden. Er entscheidet darüber, ob die Flüchtlinge vorübergehend seinen Distrikt verlassen dürfen.

Gegen neun hatten wir unsere Wahl getroffen, und ich hatte die Liste geschrieben, damit Kay sie tippen konnte. Da erreichte uns die Nachricht, daß aus einem sehr merkwürdigen Grund nur Männer gewünscht würden. Offenbar ist eines der Hindu-Dörfer auf dem Weg zum Basislager fanatisch orthodox. Kürzlich hätten die Einwohner dort mit ihrem Gott große Probleme bekommen, weil durchreisende Touristen ein Huhn getötet hatten. Daher wäre es außerordentlich gefährlich, diesen Gott weiterhin zu reizen, indem man ausgestoßene Frauen, die womöglich noch ihre Menstruation haben und keines der strikten Hindu-Tabus respektierten, die für einen solchen Fall vorgesehen sind, in sein Gebiet läßt. Als wir ins Lager zurückkehrten, um unsere Liste zu ändern, bemerkte ich, daß sogar Chimba, ein überzeugter Buddhist, das alles ein bißchen übertrieben fand – vielleicht aber auch nur, weil ihm das gestrige astrologische Debakel noch in den Knochen steckte.

Unter den typisch nepalesischen Krankheiten gibt es ein Leiden, besonders unter ansässigen Amerikanern verbreitet, das sich »Kulturschock« nennt. Auf gut deutsch heißt das, daß man die hiesigen Gerüche nicht ausstehen kann, und die allgemein übliche Gewohnheit, den Müll auf die Straße zu werfen, störend findet. Da hilft auch der Gedanke nichts, daß in den Dörfern dieser Müll sofort von Bataillonen von Kühen, Schweinen, Hunden, Pferden, Ziegen, Hennen und Enten verwertet wird. Europäer sind zum Glück immun gegen diese Krankheit. Obwohl Kay und ich einigermaßen anständig erzogen worden sind, haben wir uns längst angewöhnt, Eier-, Kartoffel- und Zwiebelschalen aus dem Fenster zu werfen und Schüsseln voll Schmutzwasser ebenfalls aus dem Fenster zu kippen, ohne Rücksicht darauf, wer gerade vorbeikommt. Die meisten schützen sich zu dieser Jahreszeit sowieso mit Schirmen, was ich von mir nicht behaupten kann, wenn ich zur Abfallzeit unter *ihren* Fenstern vorüberradle. Wir müssen wirklich aufpassen, daß wir uns das wieder abgewöhnen, bevor wir in unsere Heimatländer zurückkehren, sonst erleiden die Einheimischen dort noch einen Kulturschock.

Heute mittag entbrannte direkt unter meinem Fenster ein riesiger Streit. Es begann damit, daß eine junge Frau eine andere beschuldigte, ein Verhältnis mit ihrem Mann zu haben und diese Beschuldigung mit einer saftigen Ohrfeige verband. Innerhalb weniger Minuten versammelte sich um die beiden eine Menschentraube von ungefähr hundertfünfzig Leuten. Ich sah hinunter auf ein Meer tanzender, schwarzer Schirme unter denen Männer und Frauen aufgebracht miteinander diskutierten. Jeder versuchte lauter zu schreien als der andere. Ich persönlich hätte das für eine reine Familienangelegenheit gehalten – aber vielleicht gehörten die hundertfünfzig Menschen ja auch zu den zwei betroffenen Familien. Die Streiterei ging ungefähr eine dreiviertel Stunde hin und her, bis schließlich der Ehemann beiden Frauen mit seinem zusammengerollten Schirm energisch auf den Rücken schlug und ihnen ins Gesicht schrie, sie sollten zur Hölle fahren (soweit man das dem Tonfall und seinem Gesichtsausdruck entnehmen konnte) – natürlich meinte er das Äquivalent für Hindus – oder wenigstens in ihrem nächsten Leben als Würmer zur Welt kommen. In Nepal erwartet man von einem Mann nicht, daß er seiner Frau Treue verspricht (obwohl man von ihr verlangt, ihre Untreue tunlichst zu verschweigen). Damit hätte der Streit eigentlich beendet sein können. Aber anstatt ihre Züchtigung mit weiblicher Demut zu ertragen, verbündeten sich die beiden und attackierten nun ihrerseits den Ehemann mit ihren hastig zusammengerollten Schirmen. Jetzt versuchten mehrere Männer die beiden festzuhalten. Mit Fußtritten und kratzen setzten sich die Frauen zur Wehr. Schließlich konnten sie der Übermacht nicht mehr standhalten und wurden von vier Männern abgeführt. Jetzt merkte ich, daß der ursprüngliche Streit eine Menge kleiner Auseinandersetzungen unter den Leuten provoziert hatte, aber alle schienen sich dabei königlich zu amüsieren. Zweifellos ist diese Art von Straßenschlacht die liebste Feizeitbeschäftigung der nepalesischen Kleinbauern. Ich habe mich oft gefragt, ob dieser, anläßlich solcher

Szenen zutage tretende Mangel an Zivilisation nicht in mancher Hinsicht gesünder ist als unsere repressive Über-Zivilisation, in der viele ohne Beruhigungsmittel und Psychopharmaka gar nicht mehr auskommen.

Wenn man nach so einer, übrigens nicht ungewöhnlichen Massenstreiterei oder nach einem ausgedehnten Basar-Besuch ins Lager zurückkommt, fällt einem die Verschiedenheit der beiden Volksgruppen besonders ins Auge. Tibetaner erheben nur äußerst selten ihre Stimme, egal, wie ernst ihre Auseinandersetzungen auch immer sein mögen. Statt dem nepalesischen fröhlichen Zuruf »Namuste«, wird man von einer stillen Verbeugung oder einer respektvoll herausgestreckten Zunge begrüßt. Es ist immer wieder ergreifend, so viel Güte und Sanftheit bei diesen ungeschlachten und manchmal auch undisziplinierten Nomaden durchscheinen zu sehen, und in diesem Fall kann man ihre Art nicht mit der Ausübung buddhistischer Religion in Verbindung bringen, da Tibetaner hauptsächlich von der einfacheren und wesentlich älteren Bön-po Religion geprägt sind.

Das Wetter ist wirklich erbarmungslos. Seit acht Tagen hat es nicht geregnet. Die Temperatur in meinem Zimmer unter dem niedrigen Wellblechdach liegt gegen zwei Uhr nachmittags zwischen 38 °C und 40 °C. Nachts sinkt sie auf 31 °C, und ich liege nackt auf meiner Bambusmatte, gequält von Hitzebläschen, während Ratten die Hintergrundmusik liefern. Sie stellen das ganze Geschirr auf den Kopf und quiecken nervtötend. Anfangs fand ich es ziemlich beunruhigend, auf dem Boden zu liegen, während diese Biester um mich herumspringen – woher sollte ich wissen, ob sie nicht das eine oder andere Ende meines schlafenden Körpers gerne anknabbern würden –, aber mittlerweile habe ich mich daran gewöhnt. Obwohl ich Angst habe, sie zu jagen. Sie werden angeblich recht angriffslustig, wenn man grob mit ihnen umgeht. Kay wurde kürzlich von einer in den Finger gebissen, als sie so ein Biest in den frühen Morgenstunden von ihrem Kopfkissen verscheuchen wollte. Andererseits sind die Millionen kleiner, rotbrauner Ameisen viel lästiger als die Ratten. Sie sind überall in den Lebensmitteln und krabbeln nachts in Horden über einen hinweg (das kitzelt äußerst unangenehm, aber zum Glück beißen sie nicht). Anfangs pickte ich sie aus dem Reis, Dal, Zucker oder der Dosenmilch, das gab ich jedoch bald auf – das Leben ist dafür zu kurz. Vermutlich sind gekochte oder gebratene Ameisen meine Hauptproteingrundlage. Alles in allem freue ich mich momentan nicht besonders aufs Schlafengehen. Im großen und ganzen aber fühle ich mich recht wohl. Man kann eben nicht alles haben.

3. Juni

Heute habe ich mich hoffnungslos verlaufen. Kay hatte mich gebeten, zum Shining Hospital hochzugehen, um ein paar Krankenberichte und anschließend eine Röntgenaufnahme vom indischen Militärhospital auf der anderen Seite der Seti-Schlucht abzuholen. Im Shining Hospital beschrieb mir einer der Missionare freundlicherweise eine Abkürzung, und gegen zwei nachmittags hatte ich das Gefühl, schon fast in Indien zu sein. Da ich seit meiner Ankunft keinen einzigen Tag frei hatte, beschloß ich, das beste aus diesem unfreiwilligen Ausflug zu machen, ohne ein allzu schlechtes Gewissen dabei zu haben.

Im großen und ganzen kann ich mich auf meinen Orientierungssinn verlassen, doch mir wurde bald klar, daß ich mich immer mehr verirrte – und mein Kompaß lag in meinem Rucksack in Pardi. Vernünftige Überlegungen, üblicherweise sehr hilfreich in solchen Situationen, bringen in Nepal nicht viel weiter. Ich bin ernsthaft versucht zu glauben, daß hier sogar die Sonne die Gesetze der Natur verhöhnt. Eine Schwierigkeit besteht darin, daß diese niedrigen, bewaldeten Hügel, die sich in verschiedenen Abständen aus dem Tal erheben, für einen Fremden alle gleich aussehen. In der Überzeugung, dort hinter jenem Hügel liegt Pardi, läuft man vier oder fünf Kilometer und findet sich schließlich am Rande einer herrlichen, dreihundert Meter tiefen Schlucht wieder, in deren Tiefe ein reißender Strom fließt. Sie zu queren ist unmöglich, und so geht es weiter...und weiter...und weiter.

Obwohl Pardi und Pokhara mittlerweile auf der Landkarte für Touristen am Flughafen verzeichnet sind, stößt man nur ein paar Kilometer abseits dieser Orte auf abgelegene Dörfer, in denen eine weiße Frau auf einem Fahrrad eine wahrhafte Sensation ist. Doch diese malerische Unberührtheit hat auch seine Nachteile. Immer wenn ich nach dem Weg fragte, waren die Dorfbewohner entweder zu entgeistert, zu ängstlich oder zu belustigt, um mir in irgendeiner Weise behilflich zu sein. Einmal wies ein Mann in Richtung eines schmalen Trampelpfads. Vertrauensvoll folgte ich der Spur und landete am Rand einer anderen Schlucht – vielleicht aber auch nur an einer anderen Stelle des gleichen Abgrunds.

Die Hitze war den ganzen Tag über kaum auszuhalten, und gegen drei Uhr nachmittags fühlte ich mich völlig ausgetrocknet. Immerhin hatte ich, Leos Kilometerzähler zufolge, über sechzig Meilen zurückgelegt. Teils aus diesem Grund und teils aufgrund meiner Hoffnungslosigkeit, in dem Gewirr von Trampelpfaden je den richtigen Weg zu finden, versuchte ich zum Flußbett hinunterzusteigen und dem Lauf des Seti zu folgen – ein idiotischer Gedanke, der mir und Leo eine Menge gymnastischer Höchstleistungen abverlangte und meine Ausdauer und Widerstandskraft auf eine harte Probe stellte. Und Leo wiegt doppelt so viel wie Roz…Schließlich entdeckte ich, daß man nur bis auf dreißig Meter zum Flußbett hinunterklettern konnte, aber nicht weiter – jeder durchschnittlich intelligenten Person wäre das von Anfang an klar gewesen. Also setzte ich mich in den Schatten eines Baumes am Rand des Abgrunds, rauchte eine Zigarette und dachte über die traurige Tatsache nach, daß wir den ganzen Weg jetzt wieder hinaufklettern mußten, und wieviel Nerven mich das alles kostete.

Trübe Gedanken verfliegen jedoch in so einer Umgebung relativ schnell. Unter mir der Seti (sein Name bedeutet »weiß«), ein sprudelnder, schäumender Strom, nicht sehr breit zu dieser Jahreszeit, aber dennoch ziemlich reißend inmitten einer Wüste von blassen, rund gespülten Steinen. Gegenüber erhoben sich bewaldete Hügel, die die Schlucht in einer weiten runden Kurve einschlossen, dahinter lag in Terrassen bis zur Ebene hinauf die rauhe, stille, ausgedörrte Landschaft, durch die wir eben gekommen waren. Ich hatte nicht erwartet, innerhalb dieses Tals so eine Einsamkeit zu finden. Noch vor ein paar Stunden hatte ich in der Nähe einiger Dörfer Leute angetroffen. Hier jedoch gab es nicht die leisesten Anzeichen menschlicher Existenz. Als mein schon fast pathologischer Widerwille zurück zu gehen mich die Schlucht entlang führte – ich konnte sogar mehr als einen Kilometer über kurzes, verbranntes Gras und stechend riechende Kräuter radeln –, tauchte plötzlich am Rand der Klippe ein einsames Bauernhaus auf. Dieses Haus, plump aus Holz und Steinen gebaut, war lediglich ein Speicher über einem offenen Schutzraum für Kühe, Erntegut und Feuerholz. Und auf diesem Dachboden wohnten eine alte Großmutter, ihr Sohn, ihre Schwiegertochter und deren fünf Kinder. Die drei jüngsten liefen splitternackt herum und hatten aufgedunsene Bäuche. Hinter dieser mitleider- regenden Bleibe (die ärmlichste, die ich außerhalb Gilgits gesehen habe) lag ein kleines Maisfeld, vor dem drei kärgliche Bananen- sträucher wuchsen. Ein ausgezehrter Büffel lag im Schatten der Sträucher und kaute Futter wieder. (Ich habe nicht die leiseste Ahnung, woraus dieses Futter bestand.) Die übliche nepalesische »Leiter« – ein eingekerbter Baumstamm – führte in den völlig unmöblierten Wohnraum hinauf, wo die Familie beisammensaß, und die Erwachsenen sich eine Wasserpfeife teilten. Als sie mich mit Leo am Fuß der Leiter entdeckten, war ihr Erstaunen groß. Auf meine dringende Bitte nach »Pani« jedoch, winkten sie mich zu sich herauf, und man gab mir einen Messingschöpfer voll Flußwasser, das entfernt nach menschlichen Exkrementen schmeckte (oder bildete ich mir das bloß ein?), in dem Moment jedoch richtig köstlich die Kehle hinunterrann. Ohne über die möglichen Konsequenzen nachzudenken, trank ich drei dieser Schöpflöffel, während die Familie mich ausfragte, bis sie ungläu- big feststellte, daß ich nicht Nepali sprach. Sie waren bemerkens- wert fröhlich, obwohl nicht einer von ihnen gesund aussah. Nach- dem sie sich von ihrem ersten Schock erholt hatten, behandelten sie mich wie eine alte Freundin.

Ich wollte zu gerne wissen, warum sie hier so abgeschieden leben. Sieht aus, als gehörten sie dem Siva Bhakti Stamm an, der sich nach dem Verbot der Sklaverei (in Nepal am 28. November 1924) aus Sklaven zusammensetzte und heute zu den unberühr- baren Kasten gehört, was unter anderem heißt, daß sie nur unter- einander heiraten dürfen. Man schätzt, daß 1924 etwa 50.000 Sklaven befreit wurden, ihre 16.000 Eigentümer wurden vom Staat mit Geld entschädigt. Die meisten befreiten Sklaven gingen etwa sieben Jahre bei ihrem früheren Eigentümer in die Lehre und ließen sich dann als Arbeiter nieder. Nach dieser »Verbesserung« ging es den meisten schlechter als vorher, da ihre Arbeitgeber nicht länger für Essen, Kleidung und Unterkunft zuständig waren. Eine unternehmungslustige Minderheit jedoch setzte sich als freie Kulis durch und hatte irgendwann genug Geld gespart, um sich auf so einem Stückchen Ödland niederzulassen, wie meine Freunde hier.

Ehe ich mich verabschiedete, startete ich noch einen beherzten Versuch herauszufinden, in welcher Richtung Pardi lag, und zumindest der älteste Junge, er war ungefähr vierzehn, erklärte sich für einen Rupie bereit, mir den Weg zu zeigen. Ich hatte die Unglückseligen schon für ihr Wasser bezahlt (wie verlangt) und natürlich gönnte ich dem Jungen einen Rupie. Dennoch mußte ich unwillkürlich dieses profitgierige Verhalten einem Fremden in Not gegenüber mit der grenzenlosen Freigiebigkeit ähnlich armer Moslems und Tibetaner vergleichen, die ich auf meinen Reisen kennengelernt hatte.

Wir verließen die Hütte und gingen ungefähr einen Kilometer durch dichtes, kniehohes, stacheliges Gebüsch, das tiefe Kratzer auf meinen Beinen hinterließ, bis wir am Rande einer etwa einhundertfünfzig Meter hohen Klippe angelangt waren. Dort zeigte der Junge zum Himmel, sagte »Pardi«, lächelte zum Abschied und sprintete davon.

Ich sah mir den Abhang genauer an und kam zu dem Ergebnis, für meinen Rupie nicht sehr viel bekommen zu haben. Der Steilhang war vollkommen überwuchert mit Büschen und stacheligen Sträuchern und sah wie ein Tummelplatz für Affen aus. Von einem Weg keine Spur. Aber dann, versteckt unter Büschen, entdeckte ich etwas, das wie ein Trampelpfad aussah, sich beim näheren Hinsehen aber als vertrockneter Wasserlauf entpuppte. Der Aufstieg wäre schon ohne Rad sehr mühsam gewesen, und nur mit schonungsloser Hartnäckigkeit und roher Gewalt brachte ich Leo schließlich den Hang zur Ebene hinauf. Von den fürchterlichen Verrenkungen, um über einen Meter fünfzig hohe Felsen, einen Meter zwanzig breite Spalten und dichtes Gestrüpp zu gelangen, zitterte und schmerzte fast jeder Muskel in meinem Körper. Ich hatte dringend eine kleine Verschnaufpause nötig. Im Sitzen betrachtete ich mir die Umgebung und mußte leider feststellen, daß sich nichts geändert hatte. Auf drei Seiten erhoben sich die gleichen Hügel, vor mir lag die gleiche Schlucht, nur daß ich sie jetzt aus einem anderen Winkel sah, und der gleiche, kaum benutzte Pfad, der immer wieder zu verschwinden drohte. Die einzige Veränderung befand sich über mir. Der Himmel war auf einmal mit willkommenen schwarzen Sturmwolken überzogen. Da ich jetzt schleunigst irgendwie nach Hause kommen mußte, stieg ich auf mein Rad und holperte in nordwestlicher Richtung dahin, was mir genauso plausibel schien, wie nach Südosten zu radeln.

Zwanzig Minuten später umfuhr ich einen Hügel und sah vor mir ein kleines Dorf und eine weitere Schlucht zu meiner linken. Glücklicherweise brach der Sturm erst los, als wir am Dorfrand angekommen waren. Gewöhnlich macht es mir nichts aus, in einen Sturm zu geraten, aber jetzt rannte ich zum nächstbesten Unterschlupf, einem kleinen Gurung Bauernhaus. Ich senkte den Kopf, um mein Gesicht vor der Gewalt des Sturms zu schützen, der mit fast zweihundert Stundenkilometer über das Tal hinwegfegte. (Später am Abend erzählte mir ein in Not liegengebliebener Pilot Näheres vom Ausmaß des Sturms, und er meinte, nicht selten würden bei solchen Stürmen Kühe vom Hagel erschlagen.) Natürlich sind das nicht Hagelkörner im landläufigen Sinn. Ich hatte einige von diesen kantigen Eisklumpen in der Hand, einige waren sieben Zentimeter lang, fünf Zentimeter breit und gut zweieinhalb Zentimeter im Durchmesser. Sie kamen wie Kugeln durch den offenen Eingang geschossen. Eine äußerst effektive Munition für erzürnte Götter!

Ohne Frage war irgendein Gott heute tatsächlich sehr erbost. Noch nie war ich Zeugin eines solchen Unwetters gewesen, weder zur Monsunzeit im Himalaja noch im Winter auf einer Insel im nördlichen Atlantik. Als ich mich in der Nähe des Eingangs neben mehreren verängstigten Einwohnern niederkauerte, die ebenfalls im nächstgelegenen Unterschlupf Schutz gesucht hatten, sah ich, wie der fast zwei Meter hohe Mais draußen auf dem Feld meines Hausherrn in Minuten dem Erdboden gleich gemacht war. Sein einziger Heuhaufen flog, wie von Geisterhand gezogen, sechs Meter über dem Boden durch die Luft und verschwand in der Ferne. Ich spürte, daß meine Leidensgenossen nicht nur um die Sicherheit ihrer Familien, Ernte und Häuser bangten, sondern die Boshaftigkeit und Feindseligkeit der Geister, übermittelt durch die verheerende Raserei der Elemente, ihnen mindestens genauso viel Angst einjagte. Meine übliche Reaktion auf Naturgewalten ist ehrfürchtiges Staunen. Heute jedoch konnte ich den Bauern sehr gut nachfühlen, daß sie hinter diesem gewaltigen Angriff dunkle Kräfte vermuteten.

Minuten nachdem der Sturm losgebrochen war, sank die Temperatur so abrupt, daß schon bald alle zitterten. Vierzig Minuten vergingen, bis der Sturm sich schließlich legte und wir wieder nach draußen gehen konnten. Während des Sturms hatte es unentwegt gehagelt und in Strömen geregnet, und die Fußwege waren zu kleinen Flüssen geworden, die sich ihren Weg durch graue Haufen ungeschmolzener Eisklumpen bahnten. Als ich gegen die Strömung durch dreißig Zentimeter tiefes Wasser radelte, fiel mir auf, daß ich durch dieses Dorf heute schon einmal gekommen war. Ich hatte also immer noch nicht die leiseste Ahnung, wie ich nach Pardi zurückfinden sollte. Zumindest konnte ich aber versuchen, den ursprünglichen Weg zum Pokhara-Basar zurückzuverfolgen.

Das ganze Tal – heute morgen noch durstig in der Hitze zitternd – war jetzt ein Ozean von rauschendem, braunem Wasser, das rasch dahinströmte. Die Felder sind so angelegt, daß Regenwasser von einem ins andere läuft, ehe es den Fluß erreicht. Schon bald konnte ich nicht mehr weiterfahren. Ich kämpfte mich durch eine Unterwasserwelt, in der mir der kalte, strömende Regen genauso dicht vorkam wie das knietiefe, erdwarme Wasser, durch das ich Leo zerrte. An einer Stelle mußten wie wieder einen Fluß überqueren – soviel ich weiß, war es der allgegenwärtige Seti. Auf dem Hinweg war er noch knöcheltief, jetzt aber reichte mir das Wasser bis zur Brust. Ihn zu überqueren, war nicht ungefährlich.

Auf einem kleinen Hügel entdeckte ich plötzlich durch das kübelweise niederprasselnde Wasser ein Flugzeug unter einem Baum. Das konnte nur bedeuten, daß ich den Weg nach Pokhara verloren und zufällig Pardi gefunden hatte. Aber zwischen uns und dem Rollfeld lag ein breites, überflutetes Reisfeld. Bei jedem Schritt versank ich knietief im Schlamm. Leo konnte ich da nicht durchschieben. Ich war aber entschlossen, auf direktem Weg zur Landebahn hinüber zu laufen – sonst wären wir vielleicht wieder hinter einem flachen, grünen Hügel gelandet – und schulterte Leo. Etwa einen Kilometer plagte ich mich mit Leo ab, wobei wir hin und wieder in irgendwelchen Gräben landeten, einen halben Meter voll mit Schlammwasser, die die Reisfelder trennen. Als wir schließlich das Rollfeld erreichten, hörte es auf zu regnen, und ein überraschender Sonnenstrahl erhellte das Tal.

Mit schlimmsten Befürchtungen ging ich schnurstracks zum Lager. Es sieht aus wie ein Schlachtfeld. Die meisten Zelte sind zerfetzt und vier wurden vom Sturm davongeblasen – darunter das des führenden Priesters. Vom Rollfeld strömte das Wasser über den Lagerplatz. Um das Lager zu betreten, mußte man erst durch einen sechs Meter breiten und einen Meter tiefen Fluß waten, in dem eines der Kinder fünf Minuten vor meiner Ankunft beinahe ertrunken wäre. Kleider, Bettzeug und Feuerholz sind völlig durchnäßt, und die kleinen Kochlöcher im Boden sind für die nächsten zwölf Stunden bestimmt nicht zu gebrauchen. Die Unglücklichen können sich also nicht einmal etwas heißes zu trinken zubereiten oder sich trockene Kleider überziehen, wie ich das soeben gemacht habe. Als ich eintraf, waren einige der beschädigten Zelte bereits auf etwas trockenerem Grund gelagert worden. Auf den aufgestapelten Feuerholzhaufen steckten die durchweichten Habseligkeiten. Viele Familien hatten begonnen, mit Löffeln, Messern, Händen und Füßen Abflußkanäle zu graben, damit das Wasser schneller ablaufen konnte. Die durchnäßten Überreste der hochgeschätzten Milchkartons aus den USA, die als Altar dienten, schwammen in allen Richtungen davon, und die wöchentliche Getreideration der meisten Familien war ebenfalls völlig durchweicht. Kleine Kinder standen zitternd neben zusammengebrochenen Zelten, und gebrechliche Großväter- und mütter suchten vergebens nach einem trockenen Plätzchen zum Sitzen.

Hätte man die Szenerie gefilmt, wäre bestimmt eine herzzerreißende Schnulze daraus geworden – bis auf ein entscheidendes Detail, das dem Streifen die sentimentale Note geraubt hätte: der unbesiegbare Humor der Tibetaner. Wo ich auch hinsah, überall bogen sich die Leute vor Lachen, während sie durch die Fluten wateten. Man hatte das Gefühl, die ganze Geschichte war für die meisten das Lustigste, was sie in den letzten Jahren erlebt hatten. Und ich mußte endlich kein schlechtes Gewissen mehr haben, daß ich das Glück hatte, ein Dach über dem Kopf zu haben.

Ich habe mich oft gefragt, warum hiesige Gassen und Straßen wie ausgetrocknete Flußbette aussehen, und jetzt weiß ich es – es *sind* ausgetrocknete Flußbette. Auf meinem Nachhauseweg mußte ich einen knietiefen Strom überqueren, der sich gurgelnd zwischen Häusern dahinschob, die wie auch in Katmandu gut einen Meter über dem Erdboden gebaut sind. Drei tote Hennen und ein toter kleiner Hund wurden an mir vorbeigetrieben.

Wie immer hatte ich mein Fenster offen gelassen, und das Zimmer sah aus, als hätte der Blitz eingeschlagen. Auf dem

Fußboden lagen Reis, Zwiebeln und kaputte Eier, durchweichte Zeitungen und Bücher, eine zerbrochene Lampe und ausgelaufenes Kerosin. Ich kehrte den Reis auf, er ist sowieso schmutzig, wenn man ihn kauft, holte mir den Hund vom Nachbarn herauf, damit er die Eier wegschlabberte und schreibe jetzt im Licht einer Taschenlampe. Solange ich keine neue Lampe habe, wird das auch so bleiben. Mein »Vorratskeller« kam zum Glück heil davon, so kann ich mich wenigstens geistig ein bißchen trösten. Im Moment besteht mein Trost aus einer in Katmandu destillierten Brühe, die Halbe-Liter-Flasche zu 4 Mark. Auf dem Etikett steht phantasievoll »Ananaswein«. Irgendwie ruft diese Beschreibung in mir Bilder von älteren Damen hervor (Missionarstypen im Ruhestand), die heldenhaft an einem Getränk nach Großmutters Rezept nippen, Alkoholgehalt etwa 0,001 Prozent. Hinter dem zurückhaltenden Namen jedoch verbirgt sich ein Geist, der sogar auf einem Ei Haare wachsen lassen könnte. (Einer meiner Besucher ging sogar so weit, daß man mit dem Stoff selbst eine Dampfwalze den Mount Everest hinaufbrächte – ich halte das für eine leichte Übertreibung.) Eines steht fest, Wein ist dieser »Ananaswein« nicht, und ich bezweifle, ob Ananas bei der Herstellung überhaupt eine Rolle spielen – ich schätze, es handelt sich um hundertprozentigen Whiskey, grün gefärbt. Schon zwei Teelöffel liefern den gewünschten Erfolg, und es ist möglich, daß drei Teelöffel zu grauenhaften Halluzinationen führen würden und anschließend zum Tod. Was diese Brühe innerhalb des Körpers ausrichtet, falls man sie regelmäßig trinkt, wage ich mir nicht vorzustellen – die Zeit wird es mich lehren.

4. Juni

Seit heute beherberge ich den Priester, der sein Zeltdach über dem Kopf verloren hat. Er kam heute morgen an meine Türe und sagte: »Darf ich bitte hereinkommen und bei Ihnen wohnen?« oder so etwas Ähnliches. Anfangs hatte ich Bedenken, nicht aus den in Europa vielleicht üblichen Gründen, sondern weil es Flüchtlingen verboten ist, außerhalb des Lagers zu wohnen, damit sie hier draußen nicht verpflegt werden müssen. Aber ein Lama ist ein Lama, und nach kurzem Zögern sagte ich: »Schön, kommen Sie herein, aber Sie müssen mir ihre Lebensmittelkarte geben, und ich bringe Ihnen jeden Freitag ihre Ration.« Ein breites Grinsen erhellte sein Gesicht. Er bedankte sich mehrmals und ging eilig seine Sachen holen.

Zwanzig Minuten später marschierte eine Brigade von zwei-undzwanzig Jungs auf meine Tür zu. Jedes Kind trug fünf riesige, in Leinen gebundene Bücher, bis auf den letzten, der trug nur drei. Ich rechnete die Anzahl der Bücher schnell im Kopf zusammen. Da wurde mir klar, es handelte sich um den vollständigen buddhi-stischen Kanon – alle einhundertundacht Bände –, der hier als erstes Gepäckstück des Lamas ankam. Erfreulicherweise waren die anderen Sachen nicht so imponierend – ein Weihrauchbrenner, ein Gebetsrad, eine Gebetstrommel, ein Dorje («Donnerkeil»-Symbol der buddhistischen Macht, Anm. d. Übers.), eine Gebets-glocke, eine kleine Fotografie von Seiner Heiligkeit, elf kleine Öllämpchen und nicht-religiöse Gegenstände wie ein verbeulter Wasserkessel, eine hölzerne kleine Schüssel mit Silberrand zum Trinken und ein ungegerbtes, stinkendes Yakfell zum Schlafen. Aus dem kleinen Raum im Erdgeschoß war ein Miniaturtempel geworden, aus dem herrlicher Weihrauchduft zu mir nach oben steigt. Des weiteren ist mein Leben nun durch geistliche Musik reicher. Ich finde die süße Melodie der Trommel und Glöckchen so bezaubernd, daß ich bei den ersten Klängen alles liegen und stehen lasse und nur zuhöre.

Heute nachmittag zog wieder ein heftiger Sturm auf – nicht ganz so verheerend wie der gestrige Orkan, aber viel fehlte nicht. Diese Wirbelstürme haben mit dem Monsun nichts zu tun, der bricht erst in einer Woche oder zehn Tagen an, aber man sagte mir, daß ihm in dieser Gegend solche Unwetter jedes Jahr vorausge-hen. Die Zimmertemperatur ist heute abend auf herrliche 24 °C gefallen. Da mein Körper erstmals seit Wochen von Hitzebläschen frei ist, hoffe ich auf einen gesegneten Schlaf.

5. Juni

Die berühmten letzten Worte! Ich habe entdeckt, daß das Zusam-menleben mit einem Lama seine Grenzen hat, vor allem wenn es um die Vorliebe Seiner Hochwürden fürs Beten geht – mit Unter-stützung aller Instrumente – von drei Uhr morgens an. Unglück-licherweise ist das eine Stunde, in der mich die süßesten Klänge nicht interessieren. Ich werde ihn also bitten, sein Morgengebet auf halb sechs zu verschieben. Allerdings habe ich dabei ein schlechtes Gewissen, da er seine Gebete gewöhnlich erst gegen 23 Uhr beendet. Im übrigen wäre es seiner Gesundheit nur zuträglich, wenn er ein wenig länger schliefe. Unglücklich ist dabei nur, daß diese gefestigten Lamas die Bedürfnisse unserer schwachen Geister nach regelmäßigen Mahlzeiten und acht Stunden Schlaf längst hinter sich gelassen haben. Seine Hochwürden zum Beispiel betet sechs Stunden ununterbrochen, ohne einen Muskel zu bewegen.

6. Juni

Heute abend erfuhr ich eine Menge über meinen erhabenen Gast. Er lud Thupten Tashi und mich zum Abendessen ein. Bewaffnet mit unserem eigenen Geschirr, Löffeln und Salz fanden wir uns um sieben Uhr bei ihm im Erdgeschoß ein. Zu der Zeit knurrt mir gewöhnlich der Magen, weil ich tagsüber nach dem Frühstück wenig esse. Das Essen begann aber erst um halb zehn. Interessante Gespräche und neun oder zehn Tassen Buttertee (ungefähr fünf Tassen zu viel für einen durchschnittlichen europäischen Magen) gestalteten die Wartezeit jedoch relativ kurzweilig und ich kann mich nicht beklagen.

Thupten Tashi ist bei weitem der beste tibetanische Dolmetscher, den ich kenne. Mit seiner Hilfe erfuhr ich die Lebensgeschichte des Priesters. Obwohl er schon immer in ein Gelugpa-Kloster eintreten wollte, drängten seine Eltern – eine wohlhabende Bauernfamilie, dessen einziger Sohn er war – ihn mit achtzehn Jahren zur Heirat mit einer Bauerstochter aus der Nachbarschaft. Aber ein Pferd zum Brunnen zu bringen, bedeutet noch lange nicht, daß es auch trinkt, und Lama Ongyal zum Bett einer Braut zu bringen, bedeutete noch lange nicht, daß er die Ehe auch vollzog. Nach zwei Jahren häuslichem Zölibat verzichtete er auf sein Erbe und ging in ein Kloster in Kham – zweifellos zur Erleichterung seiner immer noch jungfräulichen Braut, die sich jetzt einen praktischer veranlagten Mann suchen konnte. In Kham studierte er sechzehn Jahre bei einem sehr gelehrten Rimpoche, ehe er drei Jahre als Einsiedler in einer Höhle im Himalaja in 5400 Meter Höhe zubrachte. Dann kehrte er wieder in sein Kloster zurück, legte seine Prüfungen ab und ging als Lehrer oder *Guru* ins Drepung-Kloster. Von dort floh er 1959 nach Dholpo.

Von meinem Bekenntnis ermutigt, daß ich nur sehr wenig über tibetanischen Buddhismus wisse, ließ er seiner kurzgefaßten Autobiographie einen Vortrag darüber folgen, wie wichtig es sei, die Vergänglichkeit aller Dinge anzuerkennen und dementsprechend zu leben. Zu diesem Zeitpunkt jedoch war meine Konzentration erheblich von heftigem Magenknurren eingeschränkt. Obwohl der Geist willig war, erinnere ich mich nur an ein paar seiner tiefgründigen Bemerkungen. Er fragte mich, ob ich an Gott glaube und nickte zustimmend als ich sagte: »Ja.« Er hätte gehört, fuhr er fort, daß viele moderne Europäer Atheisten wären, was er sehr bedauerte, da Christen einen relativ einfachen Zugang zu Gott hätten, woraufhin ich mich bemüßigt fühlte zu sagen, daß ich keine orthodoxe Christin wäre. Da sah mich der Lama ein wenig besorgt an und meinte, er hoffe nur, ich wäre keine Buddhistin, da die westlichen Buddhisten, die er in Katmandu angetroffen hatte, durchwegs unglückliche Kreaturen waren und lediglich *glaubten,* richtige Buddhisten zu sein – die treffendste Beschreibung dieser Menschen seit langem.

Mittlerweile wurde unser Essen auf einem Holzfeuer zwischen Steinen von einem zwölfjährigen Jungen zubereitet, Lama Ongyals persönlichem Diener. Als es fertig war, fiel mir auf, daß unser Gastgeber nicht mitaß. Gerne hätte ich ihn gefragt, ob er je überhaupt etwas zu sich nahm – soweit ich beobachtet habe, lebt er nur von Buttertee – fürchtete aber, meine Frage könnte sich unverschämt anhören, und ich hielt mich zurück. Die Mahlzeit bestand aus Reis, Linsensuppe und Kartoffeln – für tibetanische Verhältnisse ein Festmahl. Es schmeckte gar nicht schlecht, wenn man bedenkt, daß es direkt vor der hinteren Tür gekocht wurde, genau dort, wo ich gewöhnlich meinen natürlichen Bedürfnissen nachgehe.

Übrigens habe ich mein gieriges Wassertrinken vor ein paar Tagen tatsächlich ungeschoren überstanden.

10. Juni

Heute morgen starteten zwei Dakotas mit den Resten der Ausrüstung einer deutschen Expedition. Lebensmittel wurden massenweise verschenkt, da die Frachtkosten nach Katmandu den Wert der Nahrungsmittel fast überstiegen hätten. Es sah aus, als wäre die gesamte nepalesische, tibetanische und europäische (das bin ich) Bevölkerung im Annapurna zur Bescherung erschienen. Ich ergatterte eine Dose Schokoladenkekse und zwei Gläser Fleischbrühe. Nach einem Monat in Pokhara spielt Stolz angesichts solcher, gratis verteilter Delikatessen nur noch eine geringe Rolle. Zu den Tibetanern: das Lager ist heute abend voller exotischer Dinge in Tuben, Dosen, Paketen und Plastiktüten, und die glücklichen Besitzer sind von den farbenprächtigen Behältern genauso begeistert wie vom geheimnisvollen Inhalt. Ich bummelte zur Abendbrotzeit durch das Lager und sah, wie Leberpastete mit *Tsampa* (Gerstenmehlbrei, Anm. d. Übers.) vermischt und Salatsauce in den Tee gegossen wurden. Brühwürfel wurden wie Bonbons gelutscht, ehe sie ausgespuckt in hohem Bogen auf der Erde landeten. Aus einem Zelt drangen jammervolle Klageschreie: ein armes kleines Mädchen hatte von seiner liebenden Mutter einen Löffel voll scharfen Senf bekommen.

Auch herrschte heute abend schwunghafter Handel. Am Ende einer Expedition werden den Sherpas oft Schlafsäcke, Anoracks, Stiefel, Transistorradios, Batterien, Nylonschnüre und viele andere, hier seltene Artikel überlassen. Die meisten Sachen versteigern die Träger im Hof des Annapurna, ehe sie nach Hause zurückkehren. Morgen soll die japanische Dhauligiri-Expedition hier eintreffen, vermutlich in sehr gedrückter Stimmung, da die beiden ältesten Sherpas bei einem Lawinenunglück ums Leben kamen. Es geht das Gerücht um, diese Expedition wäre noch besser ausgerüstet als die Deutschen, sowohl qualitativ als auch quantitativ. Wir sind schon alle ganz aus dem Häuschen und können den morgigen Tag kaum erwarten!

Morgen ist auch noch König Mahendras Geburtstag, ein nationaler Feiertag und theoretisch ein Anlaß für allgemeine Freude. Die ganze vergangene Woche über waren sämtliche Regierungsbeamte damit beschäftigt, die Feier vorzubereiten, zum Nachteil weit dringenderer nützlicher Angelegenheiten. Es ist ziemlich offensichtlich, daß die Bevölkerung im Pokhara-Tal kein drängendes Bedürfnis empfindet, dem König ihre Treue zu bezeugen. Aus dem Grund ist es notwendig, solche Feierlichkeiten zu organisieren, obwohl die unzähligen religiösen Festlichkeiten sich scheinbar von selbst ergeben, getragen von der spontanen Unterstützung der Bevölkerung.

Soviel ich vom politischen Leben Nepals verstehe, gibt der König sich redlich Mühe, irgendwie Ordnung in das unglaubliche Durcheinander zu bringen, das ihm die Rana-Regenten hinterlassen haben. Darüber hinaus habe ich großen Respekt vor seiner Zivilcourage, die er 1960 öffentlich unter Beweis stellte, als er seine Vorstellung verkündete, daß es schändlicher Unsinn wäre, Nepal wäre demokratisch zu regieren. In den neun Jahren, seit der Niederlage der Ranas 1951, hatte Nepal zehn Regierungen, eine korrupter und menschenverachtender als die andere. Aber jetzt ist die Lage wenigstens einigermaßen stabil, obwohl viele nötige Verbesserungen noch ausstehen.

Eine der Verbesserungen zum Beispiel betrifft die Neuverteilung von Land. Zwar wird viel darüber geredet, aber getan wird leider nur sehr wenig. Hier sieht sich der König mit ähnlichen Problemen konfrontiert wie der Schah von Persien. Die reichen Brahmanen mit ihren Ländereien und ihrem auf Aberglauben fußenden Einfluß auf die Bevölkerung sind vergleichbar mit den persischen Mullahs – und offensichtlich noch mächtiger. Die Position des Königs ist zu unsicher, um sich diesen Brahmanen wirkungsvoll zu widersetzen. Im Katmandu-Tal sind die meisten seiner Untergebenen ausgesprochen königstreu, aber für den Durchschnittsbürger in Pokhara sind Katmandu und der König sehr weit weg. Ich habe viele ehemalige Gurkha-Soldaten getroffen, die Delhi, Hongkong, Singapur, Kairo und sogar London kennengelernt hatten, aber noch nie in Katmandu waren. Und wenn ich sie fragte: »Aber wollen sie nicht Ihre eigene Hauptstadt einmal besuchen?«, starrten sie mich an und antworteten: »Wozu?« Theoretisch ist Katmandu ihre Hauptstadt, aber praktisch fühlen sie sich nur ihrem Stamm verpflichtet – was man verstehen kann. Jahrhundertelang scherte sich keine Regierung um die Bergstämme. Der jetzige König ist eine rühmliche Ausnahme, da er sich um das Wohlergehen *aller* Untergebenen sorgt. Die Mehrheit der Regierungsbeamten jedoch kümmert sich nicht besonders darum, was außerhalb des Tals geschieht. »Nationaler Fortschritt« bedeutet für sie protzige Modernisierung von Katmandu und Kühlschränke in ihren eigenen Häusern.

Heute machte ich eine der grausigsten Erfahrungen meines

Lebens. Dolma, eine zweiundvierzigjährige Tibetanerin, starb vergangene Nacht an Entkräftung (in Folge einer Ruhrerkrankung) im Militärhospital, wo ich heute morgen drei andere Patienten aus dem Lager besuchen wollte. Auf meinem Weg dorthin am Fluß entlang, ging ich um einen Felsvorsprung herum und stieß plötzlich auf Dolmas Kopf. Ich war auf diesen Anblick alles andere als gefaßt. Noch keine vierundzwanzig Stunden vorher hatte die Frau ihren Kopf an meine Schultern gelehnt, und ich hatte versucht, sie zu trösten. In der Nähe zerlegten die vier Lager-Chefs den Rumpf mit stumpfen, kleinen Holzäxten, ehe sie die Teile ins Wasser warfen. Ich flüchtete, so schnell ich konnte.

Die Tibetaner hier bevorzugen diese Art der Beseitigung von Leichen, anstatt die zerlegten Leiber auf einem »Friedhofsfelsen« den Vögeln zum Fraß vorzuwerfen – die allgemein üblichere Methode in Tibet. Einige nepalesische Stämme, die in großer Höhe leben, wo Holz rar ist, benutzen die Flüsse als Gräber, und ich glaube, die Knochen sind schon in kürzester Zeit blank abgenagt. Im Moment habe ich an meinen Beinen ein paar wunde Stellen. Sobald ich schwimmen gehe, versammeln sich Schwärme kleiner, wilder Fische im Nu um mich herum. Das Amt des Totengräbers – oder vielmehr des Fleischhackers – verrichten in Tibet Angehörige einer besonderen Kaste, die von den Tibetanern allgemein gemieden werden. Im Lager lebt aber niemand, der dieser Kaste angehört, und die Aufgabe ist so unbeliebt, daß es die Anführer selbst übernehmen müssen. Es wäre jedoch falsch anzunehmen, die Nomaden würden diese Arbeit aus Feinfühligkeit verweigern. Sie scheuen sie allein aus purem Aberglauben, nicht weil sie das Zerhacken eines menschlichen Körpers abstoßend finden.

11. Juni

Die Geburtstagsfeier für den König sollte im Lager um halb eins mittags beginnen, wenn der Anchiladis und die hiesigen Panchayat Beamten sich eingefunden hatten, ihre Reden hielten, das Gebet der Tibetaner für den König gehört, und die Tibetaner ihre nicht existierende Dankbarkeit gegenüber Nepals widerstrebend gewährter Gastfreundschaft ausgedrückt hatten. Von der indischen

Garnison hatte man sich eine große Zeltplane ausgeliehen, unter der ein Tisch (als Altar), Stühle und Bilder von Seiner Heiligkeit und Seiner Majestät (alle aus dem Annapurna Hotel geborgt) standen, und Schals und Girlanden aus Papierblumen bereitlagen, um damit die Bilder zu schmücken. Meine Sorge war, das Flugzeug mit dem Postsack könnte eintreffen, während Kay und ich aus Höflichkeit hier ans Lager gefesselt waren. Und tatsächlich kam es um zehn Minuten vor halb eins. Seine Räder schienen die Spitzen der Zelte fast zu streifen. Ich überlegte, daß nepalesische Beamte, die offiziell um halb eins hier eintreffen sollten, bestimmt nicht vor eins erschienen. Also schnappte ich mir Leo, strampelte durch das Dorf, um die kostbaren Umschläge zu holen und war um viertel vor eins wieder im Lager. Bis der Anchiladis mit seinen Begleitern erschien, hatte ich noch Zeit, zehn Briefe zu lesen.

Es war heute ausnehmend heiß, und die Beamten sahen extrem schlecht gelaunt aus. Schließlich hatten sie schon mehrere Zeremonien an mehreren Orten hinter sich – und einige standen noch bevor. Ich hatte den Eindruck, sie wohnten der Feier im Lager nur bei, weil sie von gewisser politischer Seite aus Katmandu Druck bekamen, die eine Solidaritätskundgebung zwischen den Leuten in Pokhara und den Flüchtlingen für wünschenswert hielt. Die ganze Stimmung war extrem aufgesetzt. Solidarität gibt es nicht, und unsere ganze Feier wirkte affektiert. Amdo Kessang, Penjung und Chimba hatten ihre Leute ermahnt, sich herauszuputzen und entsprechend gute Laune an den Tag zu legen. Aber als die Beamten eintrafen, schenkte ihnen niemand besondere Aufmerksamkeit.

Überall gingen die Tibetaner ihrer täglichen Arbeit nach oder saßen in ihren Zelten, um das Mittagessen zu verdauen. Ich muß gestehen, daß mir das gefiel. Geplante Demonstrationen unaufrichtiger Gefühle mögen vielleicht diplomatisch sein, aber für mich sind sie ein Fluch.

Die Ankunft des Jeeps des Anchiladis war ein außergewöhnliches Ereignis. Überladene Fahrzeuge sind in Asien wahrlich keine Seltenheit, aber das hier schlug dem Faß den Boden aus. Der fragliche Jeep, das kleinste Modell, brachte elf Männer ins Lager. Als die letzten drei auftauchten, hatte man das Gefühl, soeben Zeuge eines Zaubertricks gewesen zu sein. Der Anchiladis kündigte sofort an – mit amüsant untypischem Zeitbewußtsein –, daß sie nur fünfzehn Minuten bleiben könnten. Aber allein zehn Minuten waren vergangen, bis Penjungs Frau und Tochter Tee und die teuren, widerwärtigen, indischen Kekse gebracht hatten, und weitere zwanzig Minuten waren dahin, bis eine ausreichende Zahl Tibetaner überredet werden konnte, sich um die Zeltplane herum zu versammeln, zuzusehen, wie Schals und Girlanden um die Bilder drapiert wurden und den Reden zuzuhören. Am Ende der großen Reden leierten alle wenig begeistert ein Gebet für den König herunter, und schließlich sangen die Schulkinder – wenn man sie so nennen kann – die tibetanische Nationalhymne, die ihnen Chimba erst kürzlich beigebracht hatte.

Und das wars. Mir persönlich gefiel der letzte Teil besonders, der natürlich auch als gewisser Mangel an Solidarität ausgelegt werden kann – schließlich handelte es sich um den Geburtstag des nepalesischen Königs.

Der diensteifrige Pressefotograf schoß zahllose Fotos mit seiner uralten Kamera. Da die Mienen der Menschen auf Fotos in nepalesischen Zeitungen kaum zu erkennen sind (der Druck ist miserabel), wird in Katmandu damit bestimmt der gewünschte Effekt erzielt.

Als wir noch einmal Zeugen des Zaubertricks mit den Männern im Jeep werden durften – diesmal rückwärts –, und der Wagen, fast unsichtbar unter der Girlande der Männer davongeschaukelt war, begann spontan eine ganz andere Art von Demonstration.

Scheinbar wurde plötzlich allen im Lager klar, daß unter der Zeltplane ein Bild Seiner Heiligkeit hing, und die Reaktion darauf erstaunte mich. Gewöhnlich sind diese Nomaden nicht annähernd so devot wie die Tibetaner, die man in Indien antrifft. Jetzt aber kamen auf einmal alle, auch große, harte Männer mit zottigem Haar und Messern in ihren Gürteln, warfen sich vor der einfachen Schwarz-Weiß-Fotografie auf die Erde und begannen mit gefalteten Händen zu beten. Der Ausdruck auf ihren sonnengegerbten, schmutzigen Gesichtern war beinahe ekstatisch. Unweigerlich kam mir ein Gedanke: Wenn Tibet trotz der vereinigenden Kraft dieser unbeugsamen Loyalität zu Seiner Heiligkeit so leicht in den chinesischen Staatsverband eingegliedert werden konnte, mußte Nepal mit seinem Mangel an derartiger Führung noch leichter zu erobern sein.

15. Juni

Als ich heute morgen aufwachte, kam ich mir wie im Paradies vor. Die Welt war in dunstige Wolken gehüllt, die Bergriesen verschwanden in der Diesigkeit, und sogar die nahegelegenen Hügel lagen im Nebel. Es ist unmöglich, meine Erleichterung zu beschreiben, endlich diesen grauen Dunst zu sehen und zu spüren. Natürlich hatten wir immer noch 24 °C, aber was war das für eine Freude, nach der gleißenden Hitze der vergangenen Wochen endlich diese kühle Düsternis zu erleben. Bis zum späten Vormittag schützten uns die Wolken! Gegen Mittag aber behauptete sich die Sonne wieder und schien bis gegen fünf, als auf einmal (hurra!) der Monsun anbrach. Nicht mit einem spektakulären Sturm – es goß nur ständig, begleitet von rollendem Donner und grellen Blitzen. Auf meinem Heimweg von Kays Haus, ich hatte bei ihr zu Abend gegessen, rutschte ich mehrere Male auf den glitschigen, nassen Straßen aus und fiel hin. Die Nacht war kohlrabenschwarz, durchzuckt von leuchtenden, bläulichen Blitzen, die für Sekunden das ganze Tal erhellten. Und jetzt ist das beständige Hämmern der Regentropfen auf meinem Dach so ohrenbetäubend, daß ich mich kaum noch denken höre.

Ich habe versucht, mich mit den Problemen und Sorgen, die der Bau der Monsunhütten mit sich brachte, so wenig wie möglich zu belasten. Nähme man sich das ganze Elend zu Herzen, würde man unweigerlich zum Alkoholiker. Aufgrund nepalesischer Verzögerungstaktik und tibetanischer Faulheit dauert alles zehnmal so lang wie geplant. Heute war es möglich, wenigstens das halbe Lager aus arg zerfetzten Zelten in Bambushütten umzusiedeln. In meinen Augen ist die tibetanische Faulheit in diesem Fall eine Form passiven Widerstands. Diese Nomaden ziehen offenbar das zurückgezogene Leben in ihren Zelten – egal wie unzulänglich diese Zelte auch sein mögen – dem Gemeinschaftsleben in den neuen Bambusunterkünften vor. Als jemand, dem die Privatsphäre weit wichtiger ist als Bequemlichkeit, sympathisiere ich heimlich mit ihnen. Da sie die ständige Feuchtigkeit der Monsunzeit noch nicht erlebt haben, wissen sie auch nicht, daß ihr Umzug in geeignetere Unterkünfte schlicht eine Frage von Leben und Tod ist – besonders, da viele aufgrund der strapaziösen Hitze und der unausgewogenen Nahrung ziemlich entkräftet sind.

Regen trommelte immer noch auf mein Dach, als ich aufwachte. Die Lufttemperatur war auf 22 °C gesunken. Ohne das zeitweilige Donnern und Dröhnen startender und landender Flugzeuge kam mir Pardi heute merkwürdig still vor. Da der Monsunregen in Nepal wesentlich milder ausfällt als in Indien, ist es ziemlich unwahrscheinlich, daß wir mehr als eine Woche am Stück von Katmandu abgeschnitten sein werden. Heute morgen hörte es zum Beispiel um zehn Uhr auf zu regnen und begann erst wieder am Abend. Die feuchte Hitze war ziemlich unangenehm, aber es blieb zum Glück den ganzen Tag bewölkt.

Seit zwei Tagen haben sich zwei Fischadler-Pärchen auf dem überhängenden Felsen bei meinem Swimmingpool eingenistet. Sie sind ungefähr so groß wie Falken und haben prächtiges, rotgoldenes Gefieder. Es ist herrlich, sie herabschießen zu sehen und zu beobachten, wie sie dicht über dem grünen Wasser dahinfliegen, plötzlich zupacken und sich triumphierend mit einem silbernen Fisch in den Klauen wieder in die Lüfte schwingen. Hier habe ich auch schon zweimal einen riesigen, silberblauen Eisvogel gesehen. Als er ins Wasser ein- und plötzlich wieder auftauchte, sah er aus wie ein riesenhafter Saphir. Im Tal gibt es noch viele andere Falkenarten und eine Menge mir unbekannter Singvögel, genauso wie Eichelhäher, Lerchen, Krähen, Finken, Schwalben und natürlich die äußerst wichtigen, aasfressenden Geier mit ihrem gebogenen, leuchtend gelben Schnabel, dem unbeholfenen Gang und dem häßlich gierigen Blick.

Vergangene Woche stellte man mir im Lager zwei äußerst ungewöhnliche Patienten vor: Zwei soeben flügge gewordene Vögel, deren Mutter von nepalesischen Jägern abgeschossen worden war. Dawa, ein tibetanischer Feuerholzsammler, hatte sie gerettet. Es war ein rührendes Bild, wie dieser große, schwerfällig wirkende Mann die beiden Kleinen, vorsichtig in einen schmutzigen Stoffetzen gewickelt, zu mir brachte. Sein Problem war, daß sie den bulgarischen Weizen nicht fressen wollten. Was sollte er nur tun? Als ich ihm Insekten empfahl, steckte er seine Schützlinge in seine geräumige Manteltasche und begab sich schnurstracks auf Insektensuche – anstatt weiter Unterkünfte zu bauen. Zu meiner großen Überrraschung haben die beiden Kleinen überlebt und hüpfen nun zur Freude von Dawas dreijährigem Sohn im Zelt herum.

Der schlimmste Nebeneffekt des Monsuns ist die nächtliche Insektenplage. Nepalesische Fensterläden haben am oberen Ende kleine, quadratische Lüftungslöcher, und durch diese Löcher fliegen, vom Lampenlicht angezogen, unzählige Insekten. Zur Zeit wimmelte es auf dem Tisch nur so davon. Ich habe gerade aufgehört zu schreiben und auf meinem Briefpapier achtzehn verschiedene Exemplare gezählt: Gigantische Motten, leuchtend grüne, fünf Zentimeter lange Grashüpfer, hornartige, rotbraune Käfer, Moskitos, fliegende Ameisen und ein halbes Dutzend merkwürdige Kreaturen, die ich nicht ansatzweise identifizieren kann. Der Zusammenklang aus Brummen und Surren und Zischen und Rumpeln und Sausen ergibt einen gewaltigen Lärmpegel. Schlimmer aber sind die großen, schwarzen Ameisen überall – zusätzlich zu meiner ständigen Armee kleiner roter – und die riesigen Kakerlaken. Auf letztere könnte ich nachts, wenn ich schlafe, wirklich gut verzichten, obwohl ich auf sie nicht so neurotisch reagiere wie auf Spinnen. Und glücklicherweise – es grenzt fast an ein Wunder – sind Spinnen die einzigen Insekten, die sich nicht in meinem Zimmer tummeln.

Übrigens, meine Ratten werden tagtäglich unerträglicher und frecher, und offenbar hat ihnen ihre Mutter beigebracht, kein Gift zu fressen. Vergangene Nacht stieß eine Ratte einen Zinkkübel von einer Teekiste, und der Eimer landete auf meinem Kopf. Ich habe eine riesige Beule über meinem Ohr. In romantischen Mondscheinnächten ist es besonders bedrückend, nur von Insekten, Kakerlaken und Ratten umgeben zu sein.

5.

Tibetaner auf Trekking-Tour

18. Juni, Pokhara

Wir brauchen noch ungefähr einhundertfünfzig Bambusmatten, um die neuen Unterkünfte fertig zu bauen, aber im ganzen Tal sind keine mehr aufzutreiben. Heute jedoch habe ich gehört, daß es in Siglis, einem Dorf, zwei Tagesmärsche von hier, noch welche geben soll. Also bat ich Chimba, morgen in aller Früh mit fünfundzwanzig Tibetanern aufzubrechen und so viele Matten mitzubringen, wie sie den Bauern dort abschwatzen konnten. Ich hatte erwartet, daß er sich auf die Tour freut, da er, wie die meisten Tibetaner, einen angeborenen Hang zum Wandern und Handeln hat, aber er war anscheinend gar nicht so erpicht darauf. Als ich ihn darauf ansprach, meinte er, diese Reise wäre nicht ganz ungefährlich, besonders jetzt, da die Flüsse überall anstiegen. Das schien mir einleuchtend, überzeugte mich aber noch nicht völlig. Auf weiteres Nachfragen, gab er zu, daß wir möglicherweise mit den Nepalesen in Siglis Probleme bekommen könnten. Aufgrund der räuberischen Überfälle, angeführt von Banditen aus Kham, seien die Tibetaner bei den Dorfbewohnern so unbeliebt, daß sie uns wahrscheinlich eher angreifen würden, als Handel mit uns zu treiben. Nun sah ich für mich die günstige Gelegenheit, Pflicht mit Vergnügen zu verbinden. Ich beschloß augenblicklich, die Gruppe als Friedensstifterin zu begleiten, und so meine ersten Reiseerfahrungen in den Bergen zu machen. Chimba erklärte sich sofort bereit, die Expedition zu organisieren, falls ich auch mitkäme. Morgen früh um sechs Uhr geht es also los.

Der Fluß war in den vergangenen vierundzwanzig Stunden etwa eineinhalb Meter gestiegen, und mein ruhiger Swimmingpool hatte sich in ein gefährliches Gewässer mit schäumenden Strudeln verwandelt. Ich hielt mich am Rand an einem Felsen fest und tauchte kurz unter, während das Wasser mit gewaltiger Strömung an mir vorbeirauschte. Dann zog ich mich wieder heraus, seifte mich ein und tauchte noch einmal unter. Meine Seife hatte ich auf einem vorspringenden Felsen, etwa fünfzehn Zentimeter über der Wasseroberfläche abgelegt. In den wenigen Minuten, die mein Bad in Anspruch nahm, war die Seife plötzlich fortgespült und der Felsvorsprung stand total unter Wasser.

19. Juni, Toprung

Das scheint mir ein sehr passender Name für ein Dorf in der Nähe des Gipfels eines achtzehnhundert Meter hohen Berges. Aber ich schreibe den Namen nur nach Gehör, und es ist möglich, daß Nepali-Experten das Wort völlig anders buchstabieren.

Aus dem geplanten frühen Aufbruch wurde leider nichts, da es unaufhörlich in Strömen goß. Gegen sieben verließen wir das Lager bei angenehmer Temperatur und bewölktem Himmel. Danach gab es wieder eine Verspätung. Mehrere Männer verschwanden im »Annapurna«, weil sie dort noch Geschäftliches zu besprechen hatten im Zusammenhang mit ihrem bevorstehenden Besuch in Siglis. Es war also fast acht, als wir endlich das Rollfeld überquerten.

Laut meiner schweizer Landkarte liegt Siglis nördlich von Pokhara. Da das Gelände jedoch sehr unwegsam ist, mußten wir jedoch erst einmal acht Kilometer die Talebene entlang in südliche Richtung laufen, ehe wir in ein breites Seitental Richtung Osten abbiegen konnten. Hier strömte ein tosender Fluß, den wir mehrmals durchwaten mußten. Trotz der starken Strömung war das nicht schwierig, da uns das Wasser höchstens bis zu den Oberschenkeln reichte und das Flußbett aus festem Kies war. Obwohl dieses Tal ungefähr achthundert Meter breit ist, kann man hier nichts anpflanzen, weil es fast nur aus diesem ausgetrockneten Flußbett besteht, das in ein paar Wochen völlig überspült sein wird. Die barfüßigen Tibetaner schätzten den steinigen Boden nicht besonders. Viele waren stolz in ihren entsetzlichen Bergstiefeln losmarschiert – Überbleibsel verschiedener Expeditionen. Aber schon bald baumelten diese unbequemen, ungewohnten Prestige-Symbole an den Schnürsenkeln von ihren Schultern. Der Anblick so vieler barfüßiger Männer auf derart erbarmungslos steinigem Boden verursachte mir selbst Schmerzen, und ich schlug vor, die Stiefel doch vorübergehend wieder anzuziehen. Der Vorschlag wurde jedoch entrüstet abgelehnt, und folglich kamen wir die nächsten eineinhalb Stunden nur sehr langsam voran.

Auf beiden Seiten des Tals erhoben sich steile, dicht bewaldete Hügel. Gelegentlich kamen wir an sanften Grashängen vorüber, auf denen hübsche, schwarze Kühe weideten, beaufsichtigt von mageren, ziemlich neugierigen Kindern. Mittlerweile war der Himmel nahezu wolkenlos und die Hitze entsprechend drückend. Ich legte mich hin und wieder kurz in den Fluß, ohne mein Hemd oder meine Shorts auszuziehen, eine Eigenart, die unter den Tibetanern Gelächter und allgemeine Heiterkeit auslöste. Die Tatsache, daß niemand von uns jemals in Siglis gewesen ist, verleiht dem ganzen Unternehmen einen Hauch von Abenteuer. Chimba hatte gestern Abend nach Einheimischen gesucht, die den Weg kannten und sich mit ihnen unterhalten – Nepalesen sind jedoch nicht besonders präzise, wenn man sie nach dem Weg fragt, und Chimba behauptete jetzt nicht einmal zu wissen, wohin wir liefen.

Am Ende des Tals durchwateten wir den Fluß zum viertenmal und folgten dann einem seiner Nebenflüsse, ein steiles Seitental hinauf, das hier noch bebaut war, sich später jedoch zu einer schmalen Schlucht verjüngte. Dort, wo die Wasserläufe zusammenströmten, standen drei massive Gurung-Bauernhäuser. Die Bewohner aller Altersstufen arbeiteten jetzt mit Hochdruck auf den überfluteten Reisfeldern und pflügten sie mit ihren Ochsen, um das Einsetzen neuer Setzlinge vorzubereiten.

Für mich ist eine derart offenkundige Harmonie zwischen Natur und Menschen herrlich beruhigend. Während der langen, heißen Tage, die dem Monsun vorausgehen, können die Bauern nur wenig tun. Sie sitzen müßig herum und lassen es sich gut gehen. Dann kommt plötzlich der Regen, und über Nacht verwandelt sich die Landschaft völlig und mit ihr das Tempo des Lebens in regsame Geschäftigkeit. Um zu überleben, müssen die Menschen hier im Einklang mit der Natur sein. Unmöglich kann man diese harte und dennoch würdige Arbeit minderwertiger einstufen als die Arbeit in einer Industriegesellschaft, in der die Menschen im November genauso abgestumpft arbeiten wie im Mai, sich ihrer individuellen Rechte zwar zwanghaft bewußt sind, aber vollkommen verlernt haben, sich als Teil eines Ganzen zu begreifen. Zunehmend spüren wir, welche Bedrohung für die Menschheit darin liegt, sich mehr und mehr von der Natur zu isolieren. Der Stolz auf den technischen Fortschritt hat unsere instinktive Erkenntnis ersetzt, mit dem Universum verbunden und von »den Göttern« abhängig zu sein. Aber auch wenn es möglich wäre, die bisherige Entwicklung rückgängig zu machen, wäre jedes Leugnen der positiven Seiten unserer Zivilisation trotzdem noch destruktiver als das gegenwärtige Bewußtsein, das die negativen als auch die positiven Aspekte des Fortschritts blind akzeptiert.

Ich habe den Leuten lange beim Pflügen zugesehen und versucht, mir das Unvorstellbare vorzustellen – das Leben im Jahr 2065. Vielleicht ist das beste, worauf wir hoffen können, ein Hinauswachsen über diese leidenschaftliche Verehrung menschlicher Allmacht in Richtung einer neuen Erkenntnis, die darin bestehen könnte, etwas anderes als uns selbst zu vergöttern. Aber jetzt muß ich mich beeilen, damit ich die anderen einhole.

Die Reisfelder liegen alle auf einer Seite des Flußufers – ich war mittlerweile so durcheinander, daß ich nicht sagen könnte, ob es das Nord-, Süd-, Ost- oder Westufer war –, und der einzige Weg führte am Scheitel eines Bewässerungsgrabens entlang, der voll mit Regenwasser war. Während wir vorsichtig, einer nach dem anderen über den aufgeworfenen Erdhügel liefen, brach immer wieder ein Brocken feuchter Erde ab und stürzte in die knietiefe, schwarze Schlammbrühe unter uns. Menschen und Tiere waren von oben bis unten mit diesem schwarzen Schlamm bespritzt. Den Männern machte es nicht so viel aus. Sie trugen nur Lendentücher, aber für die Frauen in ihren weiten Röcken war das Vergnügen wohl eher begrenzt. Die Männer unseres Trupps tragen sonst zerschlissene weite Hosen oder Shorts. Ihre *Chubas* sparen sie sich für festliche Anlässe auf. Die Frauen jedoch legen nach wie vor großen Wert auf ihre traditionelle tibetanische Kleidung. Immerhin tragen sechs von zehn Mädchen Dholpo-Röcke, die weder Kay noch ich an Tibetanerinnen in Indien gesehen hatten. Auf den ersten Blick sehen diese Kleidungsstücke wie knöchellange Röcke aus, sie sind jedoch tatsächlich sehr weit geschnittene Hosen, die beim Laufen und Klettern große Bewegungsfreiheit ermöglichen.

Je weiter wir aufstiegen, desto steiler wurden die Hänge, und um so turbulenter gurgelte der Fluß zwischen den rundgespülten Felsblöcken. Als wir die Reisfelder hinter uns gelassen hatten, überholte ich die Tibetaner, deren Schrittgeschwindigkeit offensichtlich der beladener Yaks angepaßt war. Bald hatte ich sie weit hinter mir gelassen und war allein in einer herrlichen Welt hoher, bewaldeter Klippen, glitzernden Wassers und süß nach Kräutern duftender Luft. Hin und wieder stürzten etwa fünfzehn Meter hohe Wasserfälle von Fels zu Fels und manchmal weitete sich das Tal, und der Weg führte ein wenig ab vom Fluß über grünes Gras zwischen silbrigen Felsblöcken. Nach ungefähr vierzig Minuten mußte man den Fluß erneut durchwaten, und jetzt begriff ich, was Chimba von vornherein so beunruhigt hatte. Die Strömung war hier so gewaltig, daß man nicht auf den Grund sehen und daher die Tiefe nicht abschätzen konnte. Man mußte sich mit einem Stock vorwärtstasten, Schritt für Schritt, und sich dabei ständig gegen den Sog des Wassers stemmen. Zum Glück war der Fluß nur vierzehn Meter breit, und ich hatte ihn bald überquert. Das Gefährlichste an solchen Flußüberquerungen sind unter dem Tritt abrutschende Steine.

Ich setzte mich ans Ufer, rauchte eine Zigarette und nutzte die Pause bis die Tibetaner kamen, um meine Beine von Blutegeln zu befreien. Überraschenderweise machten die Mädchen aus der Flußüberquerung ein richtiges Theater. Es war amüsant, diese jungen, robusten Nomadenmädchen wie nervös kichernde und gaggernde Ladys aus der viktorianischen Zeit zu sehen, deren Kutsche auf dem Weg zu einer großen Abendgesellschaft soeben zusammengebrochen war. Die Vorstellung war wahrscheinlich dazu gedacht, die Aufmerksamkeit der Männer auf sich zu ziehen – obwohl verständlich ist, daß dieses Unternehmen Nichtschwimmern Angst einjagen konnte. Sicher würde es einem zwar kaum helfen, schwimmen zu können, wenn man von so einer reißenden Strömung mitgerissen wird, aber sie gibt einem doch kurioserweise eine gewisse Sicherheit.

Chimba beschloß, hier eine Pause einzulegen, da viele wegen der Blutegel jammerten. Dies war der erste Monsun für die Tibetaner, und sie waren mit dieser Plage nicht vertraut. In düsterer Vorahnung sah ich im Geist schon alle mit Blutvergiftung daniederliegen und erklärte hastig, daß man Blutegel nie mit Gewalt von der Haut entfernen durfte; nur Salz oder eine brennende Zigarette sind die richtigen Mittel. Da wir aber nur Steinsalz bei uns hatten und Salz ohnehin viel zu teuer ist, um es an Blutegel zu verschwenden, ging ich mit meiner Zigarette von Bein zu Bein und versicherte jedem, daß er oder sie innerhalb der nächsten halben Stunde nicht verbluten würde, obwohl es den Anschein machte. Pasang, ein diskussionsfreudiger Zeitgenosse, meinte, daß er seine Blutegel alle weggerissen hatte und seine Beine an den Stellen *nicht* bluteten. Auch war er nicht zu überzeugen, als ich ihm erklärte, das das genau das Problem wäre, daß es eben bluten müßte, nachdem man die scheußlichen Kreaturen entfernt habe. Ich versuchte erst gar nicht, ihm begreiflich zu machen, daß die Stellen so stark bluteten, weil die Blutegel vor ihrem Festmahl einen Stoff in die Haut spritzen, der die Blutgerinnung verhindert.

Bald nach der kurzen Pause verließen wir den Fluß, und jetzt begann der härteste Teil unseres heutigen Tagesmarschs – der Aufstieg zum Gipfel eines neunzehnhundert Meter hohen Berges (ich nenne dieses Hindernis »Berg«, obwohl er für hiesige Verhältnisse nicht mehr als ein Maulwurfshügel ist). Den größten Teil der Strecke führte uns kein Weg, sondern eine steinerne Treppe den Hang hinauf. Wenn Sie sich vorstellen können, eine vier Kilometer lange Treppe mit sehr steilen Stufen hochzusteigen, wissen sie, wie wir uns oben auf dem Kamm fühlten.

Und jetzt trat deutlich zutage, wie geschwächt und entkräftet die Tibetaner nach sechs Monaten in ungewohntem Klima und bei unzulänglicher Ernährung tatsächlich waren. Obwohl sie von Kindesbeinen an daran gewöhnt waren, weite Strecken durch unwegsamstes Gelände zu laufen, kamen sie jetzt nur sehr langsam vorwärts. Ihretwegen bin ich froh, daß es auf dem Rückweg, wenn sie schwere Lasten tragen müssen (wie wir alle hoffen) meistens bergab geht. Bei jedem Rastplatz für Träger – das sind quaderförmige Steine, meist unter einem Baum aufgestellt, auf denen ein Mann auf einer hervorspringenden Kante sitzen und etwas höher sein Gepäck lagern kann – wartete ich auf die Tibetaner. Die bequeme Halterung schwerer und oft auch sperriger Lasten ist oft relativ kompliziert. Daher sind diese Rastplätze so angelegt, daß der Träger sitzen kann und vom Gewicht seines Gepäcks befreit ist, ohne es abnehmen zu müssen. Viele dieser Steine sind bestimmt Jahrhunderte alt. Die Abdrücke unzähliger Hintern zeichnen sich auf der blankgeriebenen Oberfläche ab.

Oben auf dem Bergkamm ging ich wieder ein Stück voraus und kam plötzlich an einen der gespenstischsten Orte, die ich je gesehen hatte. Der Weg hing über eine tiefe Schlucht über und dort, wo er nach rechts abbog und sich einen weiteren Hügel hinaufwand, befand sich ein kleiner Hindu-Schrein mit eingetrockneten Blutflecken im Schatten eines riesigen, seltsamen Baums. Die bizarre Form seiner Krone verlieh ihm etwas erschreckend Menschliches. Unweigerlich mußte ich sofort an einen verkleideten Dämon denken. Darüberhinaus schlangen sich die riesigen Wurzeln um einen gewaltigen schwarzen Felsblock, ungefähr dreihundert Meter hoch und neun Meter breit, was die ganze Szenerie noch unwirklicher erscheinen ließ. Der Block war von einem Bergrücken abgebrochen und thronte über einem steilen, dreihundert Meter tiefen Abgrund. Die mächtigen Wurzeln waren so dick wie ausgewachsene Männer und umklammerten den Felsen mit beklemmender, ja fast schmerzlicher Gewalt von grauenerregender Schönheit. Sogar an diesem strahlenden, sonnigen Nachmittag, lag dieser Ort im Halbdunkel, und in der absoluten Stille des Waldes klang das ständige Tropfen von Wasser vom Felsen irgendwie unheilverkündend wider, obwohl sich das lächerlich anhört. Ich bin gewöhnlich nicht sehr ängstlich, und wenn man mich vorgewarnt hätte, hätte ich das Ganze vielleicht als höchst interessantes Naturphänomen betrachtet. Aber so fühlte ich mich in dieser Ecke des Waldes nicht eben wohl in meiner Haut. Daß man genau an dieser Stelle einen Schrein aufgestellt hat, um die Geister des Baums und des Felsens versöhnlich zu stimmen, da sie scheinbar nichts Gutes im Schild führen, überrascht mich nicht im geringsten. Ich läutete die schwere Eisenglocke dreimal zur Begrüßung – vorsichtshalber, man kann nie wissen –, und das geheimnisvolle Echo erschallte immer noch, als ich bereits die nächste Anhöhe hinaufstieg.

So eine Begegnung mit dem Mysteriösen kann sofort anregend, reinigend, aber auch ein wenig befremdlich wirken. Es ist immer aufregend, wenn man an Orte vordringt, die auf keiner Landkarte zu finden sind, und es tut der Seele nur gut, hin und wieder von Mächten herausgefordert zu werden, gegen die die Vernunft nicht ankommt. Aber es ist auch irritierend, wenn man feststellen muß, Einflüssen ausgesetzt zu sein, denen man sich längst entwachsen wähnte. Am Ende bleibt man mit einem weiteren großen Fragezeichen zurück. Nach der eindeutigen Feststellung, daß in Felsen und Bäumen keine Geister zu Hause sind, bleibt als einzige

Erklärung für derartige »atmosphärische Störungen« nur, daß viele Jahrhunderte lang Menschen diesen Ort aufgesucht hatten mit genügend Ehrfurcht vor den Eigentümlichkeiten dieses Platzes und genügend Glauben an die Macht der Geister, so daß ein ewiger Hauch von Angst und Unbehagen im Schatten dieses wurzelumwucherten Felsens blieb. Das aber führt unweigerlich zu der Frage, warum bestimmte Naturerscheinungen die Sinne und die Phantasie der Menschen so überwältigen – und wenn man dann nicht augenblicklich an etwas anderes denkt, ist man wieder dort, wo man angefangen hat.

Der Weg führte jetzt steil hinauf durch Maisfelder zu einem kleinen Dorf, direkt unterhalb des Gipfels. Anscheinend gibt es hier Unmengen von Marmor, und man hat ihn zum Bau des einzigartig hübschen Dörfchens benutzt. Die letzten vierhundert Meter wurde der Weg extrem steil, und als ich Treppen aus blankem Marmor hinaufstieg, kam ich mir vor, als würde ich mich einem königlichen Palast nähern und nicht einem einfachen Bergdorf. Dieser Marmor schimmert in den herrlichsten Pastelltönen – rosa, weiß, lindgrün, gelb und beige. Inmitten dieser prächtigen, majestätischen Umgebung steigt einem die Schönheit der Steine berauschend zu Kopf. Ich spazierte auf glänzendem, schimmerndem Marmorgestein durch das Dörfchen. Am beeindruckendsten aber war der Blick nach unten auf Dächer aus dünnen, bunten Marmorplatten, die vornehm changierten.

Ich wartete im Zentrum des Dorfes auf die Tibetaner. Als sie eintrafen, setzte sich Chimba zu mir und erklärte, die Einheimischen wären Gurungs, die uns bestimmt weniger feindselig gesonnen waren als die orthodoxen Hindu-Chetris im nächsten Ort. Wir beschlossen also, hier zu essen. Er und ich verspeisten unsere hart gekochten Eier und rohen Zwiebeln, während der Rest der Truppe sich im ganzen Dorf verteilte und darum bat, Feuerstellen benutzen zu dürfen, um sich darauf ihren *Tsampa* zuzubereiten.

Selten habe ich in so einer bezaubernden Umgebung ein Picknick genossen. Zu der Pracht der herrlichen Marmordächer kam die Schönheit der Häuser. Die Wände waren gleichmäßig und aus hübschen, geschickt geschnittenen Steinplatten gebaut, so daß kein Lehm nötig war, um irgendwelche Risse zu flicken. Jeder Stein glänzte in einem anderen Braun-, Beige- oder Grauton. Es war die Struktur der Steine und die Einfachheit der wohlproportionierten Bauart – die sicher sehr viel handwerkliches Geschick erfordert –, die mich am meisten beeindruckten. Es ist interessant, daß das Vorhandensein derart unüblichen Baumaterials die ortsansässigen Handwerker offensichtlich zu ganz anderen künstlerischen Leistungen inspirierte als in irgendeinem Nachbardorf. Chimba meint, er hätte auf all seinen Reisen durch Nepal nichts gesehen, was mit diesem Dorf vergleichbar wäre.

Milch gab es leider keine, aber als wir unsere Mahlzeit beendet hatten, holte Chimba stolz eine Dose Trockenmilch und schweizer Trinkschokolade hervor (beide Dosen stammten aus Beständen der deutschen Expedition, die wir immer glücklich in Erinnerung behalten). Während wir dieses köstliche Getränk schlürften, schoß einer der vielen Adler, die ständig über diesen Tälern kreisen, mit ausgestreckten Krallen herunter und packte ein Huhn, das in der Nähe an unseren Eierschalen herumgepickt hatte. Wie grimmig diese Vögel aussehen, noch dazu aus der Nähe und in Bewegung!

Als wir nach einer Stunde wieder aufbrachen, ging der Weg anfangs bergab durch terrassenförmig angelegte Maisfelder, kreuzte dann einen Fluß, wand sich danach durch einen dicht bewaldeten, steilen Hang, lief in einer weichen Rundung um eine weitere Bergkuppe herum aus und brachte uns schließlich in dieses kleine Dorf mit grasbedeckten, ockerfarbenen Chetri-Häusern.

Das Überqueren des Flusses amüsierte die Tibetaner noch den ganzen Tag. Die »Brücke« bestand aus einem einfachen, schmalen, rutschigen Baumstamm von neun Meter Länge über einem Flußbett mit gräßlichen Felsbrocken in fünfzehn Meter Tiefe. Ein Tritt daneben bedeutete fraglos den Tod, und nach einem kurzen Blick in die gähnende Tiefe sagte ich entschieden: »Nein danke – vielleicht in meiner Jugend noch, aber jetzt nicht mehr.« Die Tibetaner lachten sich angesichts von so viel Feigheit schief, und einige boten sich sofort an, mich auf ihrem Rücken hinüber zu tragen. Aber ich lehnte dieses furchtbare wenn auch noble Angebot entschieden ab. Während sie einer nach dem anderen ohne mit der Wimper zu zucken hinüberspazierten, suchte ich nach einer Ausweichmöglichkeit. Es gab keine. In meiner Verzweiflung setzte ich mich rittlings auf das verdammte Ding und rutschte so Zentimeter für Zentimeter hinüber. Die Tibetaner kugelten sich vor lauter Lachen am Boden. Ich jedoch kam so langsam aber sicher ans andere Ufer.

Es war erst halb sechs, als wir in dem Dorf eintrafen. Da uns noch zwei Stunden Tageslicht blieben, hatten wir vor, weiter zu marschieren. Wir erkundigten uns nach einer Übernachtungsmöglichkeit zwischen Toprung und Siglis – immerhin liegen die beiden Dörfer sieben Stunden auseinander –, doch stellte sich heraus, daß es keine gab. Da es nicht gerade ratsam ist, während des Monsuns draußen in Zelten zu schlafen, werden wir uns wohl oder übel hier bei den Dorfbewohnern einquartieren müssen, die zwar nicht offen feindselig sind, uns aber deutlich spüren lassen, wie wenig willkommen wir sind. Wir können auf verschiedenen Veranden schlafen für einen Penny pro Schlafplatz, und ich gehöre zu den Auserwählten, die auf der Veranda des Dorfladens einquartiert werden. In dem Laden gibt es nichts außer Zigaretten, Steichhölzern und Stoffen, manchmal auch Kerosin. Die abgekämpften Tibetaner waren sehr froh über diese unerwartet frühe Rast, und auch ich hatte nichts dagegen. Während Holz gesammelt wurde, um in großen Töpfen Tee für unser Tsampa-Abendbrot zu kochen, machte ich einen kurzen Spaziergang zum Gipfel des Berges hinauf und genoß die kühle Abendluft und die herrliche Umgebung.

Der steile Weg aus rutschigem rotgelbem Lehmboden führte mich an verschiedenen Bauernhöfen inmitten von Maisfeldern mit zwei Meter hohem Mais vorbei. Es gab erstaunlich viele Ziegen und ziemlich klein gewachsene Hühner und trotz der gebirgigen Landschaft eine Menge Rinder – meistens Ochsen in ausgezeichneter Verfassung. Hier wachsen hauptsächlich Mais und Reis und trotz der Höhe gedeihen ein paar Bananenstauden. Die Früchte waren jedoch ziemlich klein und noch nicht reif.

Wenn ich ein Stück vom Weg entfernt einen Hang schräg nach oben lief, konnte ich oft in die Höfe der Bauernhäuser auf der Terrasse unter mir sehen und so ein Stück Privatleben mitbekommen – ein junger Vater spielte ausgelassen mit seinen beiden Söhnen, ein älterer Mann beschimpfte seine Frau und drohte ihr dabei mit einer Axt oder ein Großvater molk Ziegen, wobei er ständig seine Enkelin im Auge behielt, die mit einem Zicklein herumtollte. Beobachtet man solche Szenen unbemerkt, kann man die vielen Abgründe vergessen, die ein Volk vom anderen trennt, und eine Art Zugehörigkeitsgefühl zur Menschheit macht sich breit. Wird aber der Fremde entdeckt, ist es mit dem Zugehörigkeitsgefühl schnell vorbei. Neugierde sucht nach Befriedigung, und schon tun sich wieder die alten Abgründe auf – in Nepal breiter und tiefer als in irgendeinem anderen Land, denn hier, außerhalb des Katmandu-Tals, sind Leute gar nicht daran gewöhnt, einem Fremden entgegenzukommen.

Ich versuche erst gar nicht, diese Gegend zu beschreiben. Vor allem in Gebirgsländern reicht die Sprache kaum, die Schönheit der Landschaft zu schildern. Keines der Bücher oder Fotos, mit denen ich mich vor meiner Abreise eingehend befaßt hatte, hatte mich auf etwas so Großartiges vorbereitet. So etwas muß man gesehen haben, um es zu glauben, und wenn man es einmal gesehen hat, läßt einen die Sehnsucht danach nicht mehr los. Das ist wie ein Fieber, das man genausowenig heilen kann wie Malaria.

Als ich wieder nach Toprung zurückkehrte, war es hier oben immer noch relativ hell. Das grenzenlose Tal weit unter uns hingegen lag bereits im Dunkeln, und über den Gipfeln auf der gegenüberliegenden Seite zogen sich schwere Wolken zusammen. Jetzt ist es halb zehn. Seit zwei Stunden regnet es aus einem tiefschwarzen Himmel in Strömen.

20. Juni, Siglis

Was für eine Erleichterung, endlich um vier Uhr morgens aufzustehen und den Bettwanzen zu entfliehen, die mich die ganze Nacht gemartert haben. Ihre Unbesiegbarkeit machte Schlafen unmöglich. Ich döste lediglich ein wenig, wachte auf, fluchte und kratzte mich wütend, döste wieder ein wenig, wachte wieder auf, fluchte wieder und kratzte mich und so weiter – eine ganze Ewigkeit. Links und rechts von mir schliefen die Tibetaner tief. Ihre völlige Unempfindlichkeit ermöglichte Tausenden von Wanzen ein seliges, ungestörtes Festmahl.

Einer der Vorteile, mit Tibetanern auf eine Trekking-Tour zu sein, liegt darin, daß ihre Auffassung von Basisausrüstung genau meiner entspricht. Zehn Minuten nach dem Aufstehen waren wir schon wieder auf dem Weg. Die erste Viertelstunde liefen wir im Mondlicht dahin. Dann wurde es auf einen Schlag hell, und wir sahen, wie sich silbrige Wolkenfelder über dem Tal unter uns zusammenzogen. Es hörte auf zu regnen. Die ganze Welt schien zu tropfen und zu rauschen. Die erste Hälfte unseres langen Abstiegs zum Fluß hinunter hatte der Weg sich in einen hurtigen Wasserlauf verwandelt, durch den wir zwischen kullernden Steinen und rauhen Felsen dahinwateten. Manchmal stand uns das Wasser bis zu den Knien. Es ist schwer zu sagen, ob sich die Wege in Ströme oder die Ströme in Wege verwandelt haben. Diese Gegend war von wilden Sträuchern überwuchert, weder bewaldet noch kultiviert. Einmal verliefen wir uns und stiegen ein-, zweihundert Meter in die falsche Richtung ab. Aber Chimba bemerkte unseren Fehler und führte uns wieder zurück.

Heute plagten uns die Blutegel noch schlimmer als gestern. Die Tibetaner machten wegen dieser unbedeutenden Kleinigkeit ein lächerliches Theater. Ihrem Schreien und Brüllen nach zu urteilen hätte man annehmen können, ein Tiger wäre über sie hergefallen. Wenn ich angefangen hätte, jeden Blutegel sofort abzubrennen, wären wir überhaupt nicht mehr vorwärts gekommen, soviel stand fest. Da das Saugen der Blutegel keinerlei Schmerzen bereitet, empfahl ich allen, die Kreaturen einfach zu ignorieren, bis wir in Siglis waren. Dort könnten wir dann eine Anti-Blutegel-Sitzung abhalten.

Die letzte Hälfte unseres Abstiegs führte uns von Reisfeld zu Reisfeld – eine Erleichterung nach dem steinigen Pfad, aber auf seine Weise ebenso ermüdend, da wir die meiste Zeit durch knietiefen Schlamm stapften. Jedes terrassierte Feld war ungefähr zwanzig Meter lang, zehn Meter breit und knapp einen Meter hoch. In den Dämmen befanden sich Trittsteine, die uns den richtigen Weg wiesen.

Wir waren immer noch fast einhundert Meter oberhalb des Flußbetts, als wir um eine Ecke bogen und vor uns Siglis sahen – eine winzige Häusergruppe unterhalb des Gipfels des nächsten steil abfallenden Berghangs. Luftlinie trennten uns schätzungsweise nicht mehr als drei Kilometer – zu laufen waren es gut zwölf.

Von hier erweiterte sich das Tal ein paar Kilometer in nördliche Richtung. Das Rauschen des breiten, schäumenden Stroms drang bis hierher. Zum Glück lag er nicht zwischen uns und unserem Ziel. Jetzt konnten wir auch das schmale Seitental überblicken, das uns vom Berg Siglis trennte. Der Wasserlauf, der hier reißend seinem großen Bruder entgegentobte, ließ die Tibetaner ein paar Gebete murmeln. Klug bemerkte ich, daß wir dort unten schon eine Stelle finden würden, an der wir den Strom leicht überqueren konnten. Aber ich sollte nicht recht behalten. Das Wasser erwies sich als viel zu tief, um es irgendwo zu durchwaten, und es dauerte sehr lange, bis wir eine Stelle gefunden hatten, an der wir den Fluß von Fels zu Fels springend queren konnten. Natürlich hatte Chimba die Stelle ausfindig gemacht. Da die fraglichen Felsbrocken alle rundgespült und ganz untergetaucht waren, fand niemand das Spring-Spiel besonders amüsant. In typisch westlicher Art – vorausschauend und geschäftig – war ich einen Moment versucht, mir vorzustellen, wieviel Wasser der Fluß morgen führen würde, und was das für die Sicherheit der Tibetaner hieß, wenn sie ihn mit ihren schweren Lasten überqueren mußten. Zum Glück aber ist meine Gemütsbeschaffenheit in mancher Hinsicht der östlichen näher als der westlichen, und da die Tibetaner ihrerseits offensichtlich überhaupt nicht so weit voraus dachten, ließ ich auch heute heute sein.

Mittlerweile stand keine einzige Wolke mehr am Himmel, und frühe Sonnenstrahlen füllten diese wilde, urwüchsige Gebirgswelt mit ihren reißenden Bächen und Flüssen, den rauhen Felsbrocken und frischem Grün. Wie gerne wäre ich hier allein gewesen, wenn ich mir aber Reisegefährten aussuchen hätte müssen, so hätte ich diese Tibetaner gewählt. Sie leben so im Einklang mit der Natur, daß sie mich nie wirklich stören, was ich sogar von den sympathischsten europäischen Mitreisenden nicht behaupten kann.

Ungefähr einen Kilometer vom Fluß entfernt stießen wir auf ein ärmliches Gurung-Bauernhaus, das auch als »Café« diente. Hier hielten wir an (wir hatten noch nicht gefrühstückt) und tranken ein paar Gläser Ingwertee, ehe wir den anstrengenden Aufstieg nach Siglis in Angriff nahmen. Das war mein erster Ingwertee. Er ist unter Nepalesen, die sich das Original nicht leisten können, sehr beliebt. Ich fand ihn recht erfrischend.

Anfangs lotste uns ein relativ bequemer Weg etwa einen Kilometer das Tal entlang. Direkt unterhalb von Siglis jedoch, das man jetzt nicht mehr sehen konnte, bog er nach links ab und wand sich hinauf, hinauf und weiter hinauf, bis wir uns wie Verdammte vorkamen, die ihre schmerzenden Leiber und knurrenden Mägen für den Rest der Tage einen Hang hochschleppen mußten. Aber es wartete eine Belohnung – zumindest auf mich –, die solche Anstrengungen lohnt. Sogar Nicht-Bergsteiger wissen um die unaussprechliche Freude, hoch hinauf zu gehen. Besonderes prikkelnd ist jedoch das Gefühl, wenn man irgendwo anhält, hinunterschaut und sieht, wieviel weiter weg das Tal schon ist, aus dem man kam. Warum dieses Hochgefühl sich eher einstellt, wenn man Fortschritte in senkrechter Richtung macht, weniger aber in horizontaler, kann ich nicht sagen. Den Psychologen fällt dazu bestimmt etwas ein – aber ich möchte die Gründe dieser besonderen Freude nicht unbedingt zum Gegenstand einer wissenschaftlichen Analyse machen.

Bezeichnenderweise kamen Chimba und ich – die einzigen gut ernährten Miglieder der Truppe – hier kurz nach elf an, eine Stunde vor den anderen. In Siglis leben etwa 4800 Gurungs. In den vergangenen Jahren gab es hier so etwas wie eine Schule. Sie ist mittlerweile aber geschlossen, da der Lehrer den Ort verlassen hat. Die Regierung hatte fünfzehn Monate lang vergessen, ihm sein Gehalt zu bezahlen. Und so etwas ist keine Ausnahme. In ganz Nepal schließen erst vor kurzem eröffnete Land-Schulen aus demselben Grund.

Es gibt nur ein einziges Geschäft im ganzen Ort, das Laden und Teehaus in einem ist. Hier kann man das Übliche kaufen: Stoffe, Zigaretten, Streichhölzer und glücklicherweise diese ekelhaften, indischen Kekse zu astronomischen Preisen. Als wir ankamen, verschlang ich sofort ein Pfund dieses verschimmelten Gebäcks (im wahrsten Sinn des Wortes), während Chimba sich auf der Feuerstelle des Ladenbesitzers einen Topf Reis kochte.

Meinen Keks-Marathon brachte ich am Rand einer Terrasse sitzend hinter mich – jede Straße hier oben liegt unweigerlich auf einer Terrasse – und überblickte dabei das Tal weit unter mir. Von hier oben kann man das Rauschen und Donnern des Flusses nicht mehr hören. Ich genoß diese einmalige Stille hier oben voll Dankbarkeit. Weit im Norden, am Ende des Tales, erhoben sich strahlende, schneebedeckte Gipfel über den nähergelegenen Bergen, und direkt gegenüber von Siglis – jenseits des Flusses – entdeckte ich ein weiteres kleines Dorf. Es sah täuschend nah aus, obwohl während des Monsuns zwischen den beiden Siedlungen sicherlich keinerlei Verständigung möglich sein wird.

Ich fühlte mich durch die Sonne fast ein bißchen geschwächt. Ihre Strahlen wirken in knapp dreitausend Meter merkwürdig stechend. Während wir unsere Reisportion verspeisten, zogen über dem Tal schwere, graue Wolken auf. Schon bald trennten sich dünne Fetzen des Dunstes von der Hauptmasse und sendeten ihre kühle Feuchtigkeit wirbelnd durch das Tal. Nachdem ich die erschöpften Tibetaner von ihren Blutegeln befreit hatte – sie kamen zu zweit oder zu dritt die Gassen herauf und machten sich über ihre Müdigkeit lustig – begann es auf einmal in Strömen zu gießen. Unser tüchtiger Chimba hatte sich jedoch bereits um eine Unterkunft für uns gekümmert. Wir konnten im hiesigen Panchayat-Hauptquartier, eine Terrasse unterhalb des Ladens, unterkommen und liefen schleunigst hinunter, um dem sintflutartigen Regen zu entkommen.

Dieses neue Gebäude ist ein ziemlich verunglückter Bau aus Holz, Steinen und Lehm mit einem undichten Wellblechdach. Solche Dächer gelten hier als Prestige-Symbol, denn jedes Wellblech mußte einzeln aus Indien auf dem Rücken eines Mannes hierher geschleppt werden. Sie sind ebenso unpraktisch wie häßlich – was in so einer herrlichen Gegend um so betrüblicher ist. Ich habe den Verdacht, daß sich in dieser qualitativ schlechten Arbeit politisches Unbehagen ausdrückt. Die Männer, die dieses Panchayat-Hauptquartier gebaut haben, waren beim Bau ihrer eigenen Häuser bestimmt ein bißchen wählerischer und umsichtiger. Das Panchayat-System geht von Katmandu aus, und die recht zufällige Konstruktion dieses Hauptquartiers zeigt zumindest Interesselosigkeit gegenüber dieser Neuerung – und kann genausogut ein bewußter, aber versteckter Protest gegen die Einmischung der Regierung sein.

Nach meiner verwanzten Nacht in Toprung, gefolgt von einem harten Marsch und einer schweren Mahlzeit, schlief ich jetzt fast im Stehen ein. Während die Tibetaner ihren wohlverdienten *Tsampa* zubereiteten, rollte ich mich in einer Ecke auf dem unebenen Lehmboden zusammen und schlief drei Stunden tief und fest.

Schon bei unserer Ankunft hatte Chimba die Neuigkeit in Umlauf gebracht, daß wir gekommen waren, Matten zu kaufen, aber zu dieser Jahreszeit sind die Bauern so beschäftigt, daß man tatsächlich niemand – weder Mann, Frau noch Kind – in der Zeit zwischen fünf Uhr morgens und halb acht abends in irgendeinem Dorf antrifft. (Wenn man acht-, neunhundert Meter hinunterklettern muß, um auf dem Feld zu arbeiten, kommt man zur Mittagspause nicht nach Hause!) Um halb sechs machten sich ein paar von uns auf den Weg durch das Dorf, aber wir trafen nur auf zittrige, zahnlose, völlig verwirrte Ur-Ur-Großväter, die längst vergessen hatten, was Bambusmatten überhaupt waren, und wir gaben es auf, die wilden Mastiffs, die vor jedem Haus an einem Pfahl angekettet waren, weiterhin so unerschrocken herauszufordern.

Siglis hat mit den hellen ockerfarbenen, strohgedeckten, niedrig gelegeneren Dörfern nichts gemein. Hier sin l die Häuser aus wuchtigen Steinen gebaut und mit braunem Lehm verputzt, und die meisten Dächer bestehen aus schweren Schieferplatten. Steile, holprige Treppen führen von einer Häuserreihe zur nächsten, und heute abend war jede dieser Treppen ein kleiner Wasserfall. Anfangs hatte ich mich gefragt – ziemlich dümmlich – warum die ersten Siedler sich ausgerechnet hier in dieser Höhe niedergelassen hatten, da ihnen doch der ganze Bergrücken offen stand, aber mittlerweile ist mir klar geworden, daß man sich auf dem felsigen Teil ansiedelte, weil dieses Land nicht bebaubar war.

Bei Einbruch der Dunkelheit borgten wir uns vom Ladenbesitzer eine Lampe und gingen wieder durch das Dorf. Die letzte halbe Stunde kamen ständig Leute von ihren Feldern zurück. Sie trugen altertümliche Holzpflüge auf ihren Schultern und trieben wohlgenährte, schwarze Ochsen vor sich her. Ich war fasziniert, wie behend diese großen Tiere die schmalen Treppen zwischen den Häusern hinaufkletterten. Unsere Mannschaft hatte großes, wenn auch nicht sehr freundschaftliches Interesse bei den Vorübergehenden erweckt. Obwohl es eine Menge Matten gab, waren nur wenige Dorfbewohner bereit, sie an Tibetaner zu verkaufen. Trotz Chimbas Warnung war ich ein wenig überrascht von so viel düsterer Feindseligkeit. Ob sie ohne die Autorität, die ich obskurerweise verkörperte, noch stärker ausgefallen wäre, ist schwer zu sagen. In meiner Funktion als Verbindungsoffizier hingegen war ich jedenfalls sehr hilfreich, wenn nicht sogar unentbehrlich und als ich das kooperative Dorfoberhaupt für uns gewonnen hatte, machten wir langsam Fortschritte. Am Ende versicherte er uns, daß uns alle Matten, die wir bräuchten, früh morgens gebracht würden. Wie groß sein Einfluß auf die Dorfbewohner tatsächlich ist, wird sich zeigen. Es ist jetzt fast zehn Uhr, und die Tibetaner um mich herum schnarchen selig. Ich hoffe bloß, daß die Wanzen in unserem Bettzeug bei der Kälte alle eingegangen sind, damit ich auch schlafen kann.

21. Juni, Toprung

Der Einfluß des Dorfoberhaupts erwies sich als so gewaltig, daß die Dorfbewohner bereits um vier Uhr morgens vor dem Panchay-at-Gebäude begannen, Schlange zu stehen, und gegen acht hatten wir achtzig Matten gekauft (aufgrund der schweren Regenfälle ging niemand früh auf die Felder). Dann ließ der Regen auf einmal nach und mit ihm der Nachschub, aber man versprach uns für heute abend vierzig weitere Matten. Ich beschloß, daß fünfzehn unserer Gruppe, einschließlich der Mädchen, schon heute zurückkehren und zehn morgen nachkommen sollten. Es wäre sicher interessant gewesen zu bleiben, aber Chimba mußte als Dolmetscher zurückbleiben, und einer von uns beiden mußte die fünfzehn begleiten. Also brach ich um halb elf, nach einem herzhaften Tsampa-Frühstück, mit der kleinen Gruppe auf.

Jeder Tibetaner trug fünf oder sechs Matten zusammengerollt auf dem Rücken. Ein breites Stoffband um die Stirn stützte die Last ab. Ich hatte ein furchtbar schlechtes Gewissen, weil ich gar nichts trug, aber es hat überhaupt keinen Sinn vorzugeben, ich könnte auf irgendeinem dieser Wege auch nur eine Matte tragen (sie messen zwei Meter auf knapp einen Meter). Es war eine Qual, allein den Tibetanern zuzusehen, wie sie sich diesen gräßlichen Fußweg mit diesen gräßlichen Gewichten auf dem Rücken hinunterkämpften. Ich persönlich fand den Abstieg auch ohne Bürde schon schwierig genug. Die Oberschenkelmuskulatur dient bei so einem Gefälle als einzige Bremse. Ich habe morgen bestimmt einen furchtbaren Muskelkater.

Bald nachdem wir Siglis hinter uns gelassen hatten, umhüllten dünne Wolken den Berg, und der kühle, feine, dahinziehende Nebel über dem grünen Gras und den grauen Felsen ließ Heimweh nach Irland in mir aufsteigen. Als wir das Gurung-Teehaus erreicht hatten, schüttete es wieder in Strömen. Wir legten eine kleine Pause ein und tranken von der Ingwerbrühe bis der Regen wieder nachließ. Unterwegs war die Sohle meines Segeltuchstiefels zum Teil abgegangen. Tsiring, mit sechzehn der jüngste unserer Gruppe, fiel diese unbedeutende Kleinigkeit auf. Er verlangte den Stiefel, zog eine lange Nadel und festen Zwirn aus der Tasche und flickte den Schuh fachmännisch, während wir Tee tranken. Wie gute Nomaden sind diese Tibetaner auch auf dem kürzesten Treck für solche Notfälle stets bestens gerüstet.

Ebenso rühmlich ist ihre Leidenschaft, Hühner und anderes Federvieh zu kaufen. In Siglis hatte jeder zumindest zwei Vögel erstanden, und jede Mattenrolle enthielt ihr Kontingent an Geflügel, das bei jeder Rast lautstark klagte zum Erstaunen der Hühner auf den Bauernhöfen der Gurungs.

Als nächstes kam der verdammte Fluß. Er war seit gestern so weit angestiegen, daß wir ihn nicht wie gestern von Fels zu Fels springend passieren konnten. Nach langer Suche stießen wir stromaufwärts auf eine Stelle, wo wir durch das Wasser auf einen Felsen hinaufklettern und dort von Stein zu Stein springend einigermaßen sicher überqueren konnten – allerdings nur ohne Matten. Alle legten ihr Gepäck ab. Ein paar machten sich auf den Weg ans andere Ufer, und jede Rolle wanderte von Hand zu Hand die Felsbrocken hinauf über das Wasser und die Felsen wieder hinunter auf die Erde. Diese Aktion kostete uns mehr als eine Stunde.

Da ich wußte, daß nun keine gefährliche Stelle mehr zwischen hier und Toprung lag, ging ich ein Stück voraus, dankbar, wenigstens ein paar Stunden allein zu sein. Der Himmel war mittlerweile wieder klar, und die Sonne strahlte über der funkelnden grünen Pracht. Nicht einmal Irland konnte dieses leuchtend grüne Kleid der Berge übertreffen. Seit gestern hatte der Regen dem Weg über den Reisfeldern verheerend zugesetzt, und irgendwo inmitten der kleinen Erdrutsche bog ich an der falschen Stelle ab. Nach ein paar vergeblichen Versuchen in verschiedene Richtungen – ich war zu weit nach unten abgekommen – gelangte ich schließlich doch noch zum Dorf.

Auf dem untersten Hang hatte ich mir ein wenig Zeit genommen, den Feldarbeitern beim Reispflanzen zuzusehen. Diese eine Woche im Jahr ist die kritischste Zeit für die nepalesischen Bauern, wenn das Umpflanzen nach dem Schießen der Setzlinge anfällt und die ersten Regenfälle die Terrassen bewässert haben.

In jedem Erdwall jedes kleinen Reisfelds befindet sich ein kleines Loch, durch das Wasser abfließen kann, bis es nur noch dreißig Zentimeter hoch steht. Dann wird diese Öffnung geschickt mit Lehm verstopft und das Pflügen beginnt. Als nächstes wird dieses Loch wieder geöffnet, damit überflüssiges Wasser ablaufen kann, und in den verbleibenden weichen Lehmboden werden nun die jungen Setzlinge gepflanzt, bevor ein weiteres Verschließen der Öffnungen den Wasserstand bei fünfzehn Zentimetern hält. Nie zuvor war mir bewußt geworden, wie flink und geschickt die Arbeiter hierbei sein müssen. Wenn man sieht, wie jedes einzelne kleine Reispflänzchen Halm für Halm von Hand gepflanzt werden muß, beginnt man zu verstehen, warum die Bevölkerung eines ganzen Dorfs vom Morgengrauen bis zur Dämmerung dafür schuften muß. Männer und Jungen pflügen auf einer Ebene, während die Frauen und Mädchen auf der darunterliegenden Terrasse stehen, sorgsam und geschwind die zarten Pflänzchen entwurzeln und auf die obere Terrasse werfen, wo andere Frauen sie wieder in fünfzehn Zentimeter Abstand mit unglaublicher Geschwindigkeit einpflanzen. Die Hände der Arbeiterinnen bewegen sich so schnell, daß man ihnen mit den Augen kaum folgen kann. Es ist tröstlich, daß man für eine Arbeit, die so viel Geschicklichkeit, Tempo und Feingefühl erfordert, kaum je eine Maschine erfinden kann.

Der Gesundheitszustand der Menschen in all den Dörfern ist im allgemeinen ziemlich schlecht – allerdings nicht so besorgniserregend wie in vielen indischen Dörfern. Heute morgen unterhielt ich mich mit dem Leiter der kleinen, sehr schlecht bestückten »Apotheke« in Siglis. (Außerhalb des Katmandu- und Pokhara-Tals findet man keine Krankenhäuser, Ärzte oder Schwestern, und sogar in diesen Tälern wird die medizinische Versorgung meist von Missionaren geleistet.) Der junge Mann, er stammt aus Katmandu, war der einzige Mensch in Siglis, der etwas Englisch sprach. Erfreulicherweise klagte er nicht über seine »primitive« Umgebung, wie die meisten aus Katmandu stammenden Beamten, die plötzlich in ein kleines Nest in den Bergen versetzt werden. Statt dessen machte er den Eindruck, als interessiere ihn seine Arbeit ernsthaft, obwohl er zugab, daß er aufgrund seiner mangelnden Erfahrung, seines begrenzten Wissens und der ungenügenden Versorgung mit Arzneimitteln nur sehr wenig tun konn-

te, das Leid um ihn herum zu lindern. Er meinte, Geschlechts-
krankheiten – entweder vererbte oder übertragene – wären Ursache für die Klagen der meisten Dorfbewohner. Er schätzte, daß
fünfundachtzig Prozent der Dorfbevölkerung an Geschlechts-
krankheiten litten und es deshalb so viele blinde, taube, entstellte
und schwachsinnige Kinder gäbe. Ob Siglis in dieser Hinsicht im
Vergleich mit anderen Dörfern eine Ausnahme ist, kann ich nicht
sagen, man kann es nur hoffen.

Jetzt aber ab in den Schlafsack – obwohl ich vermutlich wieder
nicht schlafen kann, allein wenn ich daran denke, wie ich mich
durch die vergangene Nacht in Toprung gequält habe.

22. Juni, Pokhara

Wie erwartet, war es eine höllisch verwanzte Nacht. Gegen halb
sechs morgens, als der Regen nachließ, brach ich allein auf und
überließ die Tibetaner ihren Frühstücksvorbereitungen. Normalerweise ist es hier nicht üblich, vor einer Tour zu frühstücken,
aber die Tibetaner, anders als die Nepalesen, sind gewohnt, kurz
nach dem Aufstehen etwas zu essen. Schon allein der körperliche
Zustand unserer Leute und dazu noch das schwere Gepäck lassen
es zudem ratsam erscheinen, daß sie vor dem Rückmarsch kräftig
frühstücken.

In den folgenden zwei Stunden erlebte ich etwas – merkwürdigerweise völlig losgelöst von der restlichen Welt – das man nur
in seltenen Augenblicken spürt, nämlich wenn höchste Sensibili-
tät mit seltener Schönheit der Umgebung zufällig zusammentref-
fen. Ich werde diesen Morgenspaziergang durch den Wald mein
Leben lang nicht vergessen. Diese frühen Stunden schienen wie
verzaubert, als existierte weit mehr, als wir mit unseren Sinnen
überhaupt erfassen können.

Einen Kilometer hinter Toprung wanderte ich durch dichtes,
hohes Grün, das die Menschheit nie berührt. Es war eine vollkommen einsame Welt in der geschmeidige, kriechende Nebelfetzen
zwischen mächtigen Bäumen hin und her zogen, als wären sie
gespenstische Lebewesen, eigenen Gesetzen gehorchend. Die
Stille der Morgendämmerung lag immer noch über den Bergen,
und durch diesen Mantel des Schweigen drang das Sprudeln und
Rauschen neugeborener Wasserläufe und das Gezwitscher melo-

discher Vogelstimmen. Weit unter mir schwebte bewegungslos ein dickes Wolkenkissen, das die Tiefe des Tals verbarg, und gegenüber zeichneten sich dunkelblaue Umrisse einmal scharf, dann wieder weich ab, während sich die Dunstschleier allmählich lüfteten, bis plötzlich die Sonne alles überstrahlte und die langen, weichen Linien der Gipfel frei in den blauen Himmel ragten. Und mit diesem goldenen Licht veränderte sich die ganze Szenerie. Als die Wärme langsam zunahm, spürte man förmlich die begierige Antwort der Erde. Überall entfalteten Sträucher ihre weißen, blauen und pinkfarbenen Blumenkelche und leuchteten prächtig vor dem dunkelgrünen Unterholz.

Erst als ich das »Marmor-Dorf« erreicht hatte und Pause machte, um mich von den Blutegeln zu befreien, erwachte ich allmählich aus meiner Trance. Der Weg zwischen diesem Dorf und der Talebene hatte sich aufgrund der schweren Regenfälle so verändert, daß ich mich zweimal verirrte, und mich schließlich gezwungen sah – ungefähr auf halbem Weg vor mir war ein Hangstück abgerutscht –, eine neue Marschroute zum Fluß hinunter zu suchen. Ich hinterließ Wegweiser – speziell angeordnete Stecken – für die Tibetaner, damit sie nicht die gleichen Fehler machten wie ich auf meiner optimistischen Suche nach Abkürzungen. Und es freute mich heute abend zu hören, daß diese Markierungen ihren Zweck erfüllt hatten.

Mein Umweg bedeutete einen Marsch durch einen unwegsamen Wald – wobei das Wörtchen »unwegsam« tatsächlich heißt, daß nicht einmal ein Trampelpfad existierte –, durch schlammige Reisfelder, einen hüfttiefen, reißenden Fluß, einen Hügel hinauf und einen anderen wieder hinunter (der mir zu dem Zeitpunkt wie ein gewaltiger Berg vorkam). All diese Manöver waren nötig, um eine Stelle am Fluß zu erreichen, von der aus man auf den Weg nach Pokhara zurückkehren konnte, von dem der Landrutsch mich abgeschnitten hatte.

Gegen halb fünf nachmittags war ich schließlich Zuhause, hungrig wie ein Wolf und die Stiefel voller Blut von den Blutegelbissen. In Nepal einen »Spaziergang« zu machen, das ist schon was Besonderes!

6.

Lebensgeister

Mein sich ständig vergrößernder Haushalt erweiterte sich gestern um mein Hundebaby Tashi, allerdings nur für kurze Zeit. Obwohl es ein glückliches und gesundes kleines Hündchen war, wuchs sie während der letzten Wochen kaum. Als Ngawang Pema darauf bestand, sie mir zu übergeben, bezweifelte ich sehr, daß sie schon alt genug war, ihr Heim zu verlassen. Die Tibetaner stillen ihre eigenen Kinder so lange bis die Mutterbrust wiederholt Bißwunden hat. Deshalb hielt ich es zu diesem Zeitpunkt für unwahrscheinlich, daß mein Hundebaby Tashi schon so weit sein sollte, ohne Mutter zu leben – und die nächsten vierundzwanzig Stunden gaben mir recht. Es war ängstlich, elend und trat in einen absoluten Hungerstreik. Sein erbärmliches Winseln war steinerweichend und so gab ich es heute morgen nach einer für alle Beteiligten schlaflosen Nacht mit den besten Wünschen ihrer Mutter wieder zurück.

Ich hoffe, der kleine Hund wird bald ein bißchen wachsen. Im Moment jedenfalls sieht es wirklich wie ein Kuschelteddy aus, so daß ich mir letzte Nacht, als sie sich ein paarmal plötzlich bewegte, wie im Delirium vorkam. Wenn es wenigstens religiöse Musik schätzen würde! Bis jetzt ist er allerdings ungeheuer allergisch dagegen, und die heilige Melodien des Lamas wirkten sich äußerst negativ auf ihn aus. Wann immer er mit einem neuen Glocken- und Trommelduett anfing, begleitete Tashi ihn. Dabei kam ein Krach heraus, der einen unweigerlich an das Gackern einer Henne erinnerte, die gerade ein Ei gelegt hatte. Tashi selbst macht auch schon Musik und zwar bei jeder Bewegung. Denn genau wie alle tibetanischen Hundebabys bekam es in dem Moment, in dem es die Augen öffnete, sieben zart klingende Glöckchen um den Hals gebunden. Dies hat zwei Gründe – einmal sollen die bösen Geister in Schach gehalten werden und zum anderen verirren die Kleinen sich nicht so leicht auf den Wanderungen der Nomaden.

Jetzt ist es bereits ein Uhr morgens, da wir heute abend einer unheimlichen Zeremonie im Lager beiwohnten – der Austreibung böser Geister durch Dawa, einem Mönch und Magier.

Als die Zeremonie begann, war es draußen schon dunkel, doch der Schuppen wurde von einem großen Holzfeuer hell erleuchtet, und außerdem flackerten einhundertacht Öllämpchen zur rechten des Mönchs, während er mit gekreuzten Beinen auf einem kleinen Berg von Yakfellen saß und nach Westen blickte, zusammen mit ungefähr zwanzig Verwandten und Freunden der »Besessenen« um ihn herum.

Während der ersten Viertelstunde sang Dawa schneller und schneller, wobei er seine Trommel und die Glocke immer rasender bearbeitete und dabei die Götter aufforderte, über ihn zu kommen und aus ihm zu sprechen. Nun begann er am ganzen Körper zu zittern – erst ganz leicht, und dann schüttelten ihn Anfälle, während er sich nach Norden Richtung Tibet wandte. In dem Moment packte mich Thupten Tashi am Arm und flüsterte: »Jetzt kommt der Gott!« Und während er sprach, überkam auch mich ein Hauch seiner furchtsamen Ahnung. Nun trat der Zeremoniengehilfe, Dawas junger Diener, einen Schritt vor und setzte seinem Meister eine bizarre, kokardengeschmückte Maske auf. Sie bestand aus schmutzigen Pfauenfedern und Fahnen von ebenso beschmutzten, farbigen Bändern. Dies zeigte an, daß der Gott nun von seinem Orakel Besitz ergriffen hatte, und mit einem Mal hörte der Mönch auf, ein vertrauter Nachbar zu sein, und die Tibetaner warfen sich vor ihm auf den Boden, wie vor einem Bildnis Seiner Heiligkeit.

Während der wenigen Augenblicke, in denen ihm der Kopfschmuck aufgesetzt wurde, geriet Dawa in eine zweifellos selbst herbeigeführte hypnotische Trance, und nun sprang er plötzlich auf die Füße, schüttelte sich die Bänder der Maske aus dem Gesicht und begann mit starren Augen zu sprechen, sehr zornig, laut und klar. In diesem Moment stockte mir doch der Atem, denn statt in seinem eingeborenen Dolpho-Dialekt sprach er nun plötzlich Lhasa-Tibetanisch, was noch weiter von unserer Lagersprache entfernt ist als BBC-Englisch vom breitesten Schottisch. Ich fragte Thupten, wo dieser ungebildete Mönch nur so ein reines Tibetanisch gelernt haben konnte. Die Antwort war, er hatte es nie gelernt, aber jedes Medium spricht es, wenn es besessen ist.

Bald stockte mir der Atem noch mehr, als Dawa vollkommen rasend wurde und tobend im Raum umherlief, heiser schreiend und wild mit den Armen fuchtelnd bis alle geflohen waren, außer Thupten und dem hochnäsigen Zeremoniengehilfen, dessen Aufgabe es war, den Gott zu besänftigen, indem er sich respektvoll niederwarf und schälchenweise Wasser und einige Hände voll Mehl in die Luft schleuderte.

Dawas wahnsinniges Umhertorkeln führte ihn schließlich in unsere Ecke. Da stand er nun und schwang mit ohrenbetäubendem Lärm Trommel und Glocke über uns und stieß dabei Verwünschungen aus. Der Schaum stand ihm vor dem Mund, der Schweiß tropfte von seinem Gesicht, und ich bemerkte ein wirklich erschreckendes Funkeln in seinen Augen. Er wandte sich nun von uns ab und trat heftig gegen den Altar aus Kartons, auf dem die geweihten Lämpchen brannten. In einer Bambushütte schien mir das für einen Gott ziemlich unbesonnen, aber zum Glück gingen die Lichter alle aus, als sie zu Boden fielen. Vielleicht gelingt es Göttern, ihre Wutanfälle mit Sicherheitsvorkehrungen zu verbinden.

Plötzlich brach Dawa zitternd auf seinen Yakfellen zusammen. Nachdem alle wieder vorsichtig zurückgeschlichen kamen, fragte ich Thupten, weshalb der Gott so zornig gewesen war. Er erwiderte, daß es sehr notwendig sei, gewisse Leute im Lager zurechtzuweisen, da sie böse Gedanken hegten, die bösen Geistern Eingang in die Gemeinschaft verschafften, was vielen schon das Leben gekostet hat. Auch andere Widrigkeiten im Lager wurden angeprangert, einschließlich der Unbotmäßigkeit gegen Anordnungen Seiner Heiligkeit, daß die Flüchtlinge selbständig sein und unsere Kinder sich nicht ständig im hiesigen Fluß baden sollten, da ein bedeutender Gott diese Verunreinigung nicht besonders schätzt. Der unverfälschte Geisterglaube, der der letzten Klage innewohnt, faszinierte mich besonders, und auch das verwirrende Konglomerat von Bön-po-Riten, überliefertem Zauber und praktischer Politik beeindruckte mich nachhaltig. Mit Schaudern stelle ich mir die Reaktion Seiner Heiligkeit auf derartigen Zeremonien vor. Aber zumindest gedachte man seiner, wenn auch nur in der Rolle als irdischer Führer der Flüchtlinge.

Als nächstes wurden die bösen Geister und Dämonen der Leidenden ausgetrieben. Dawa war dabei wieder völlig normal.

Obwohl ihm theoretisch noch eine Gottheit innewohnte, waren alle Anzeichen von Trance verschwunden. Seine erste Patientin war Droma, ein heranwachsendes Mädchen. Sie klagte über arge Schmerzen in Brust und Rücken. (Momentan ist sie bei Kay wegen einer akuten Magen-Darm-Verstimmung in Behandlung.) Das junge Mädchen saß ungefähr zehn Minuten mit fest geschlossenen Augen und erschrockenem Gesichtsausdruck vor dem Mönch – was mich nicht verwunderte, da sie schon allein aufgrund der furchterregenden Schilderung des Dämons, der sich ihrer bemächtigt hatte, völlig am Boden zerstört war. Dann streifte sie ihre *Chuba* ab, wobei sie ihre Brüste mit ungewöhnlicher Sittsamkeit bedeckt hielt; sie ist nämlich noch unverheiratet, und Dawa lebt im Zölibat. Nun reichte der Zeremoniendiener seinem Meister eine untertassengroße Kupferscheibe, die aufrecht in einer heiligen, blumengeschmückten Schale gestanden hatte. Damit klopfte ihr Dawa kräftig auf den Rücken, wobei er laut bellte, um den Dämon einzuschüchtern und zu verjagen. (Wäre ich der Dämon gewesen, hätten mich diese Laute bestimmt vertrieben.) Als nächstes bespuckte er ihren Körper, wobei er zwischen jedem Spucken Beschwörungen murmelte – damit war die Austreibung vorbei. Als Droma sich dreimal demütig vor dem Zeremoniengehilfen auf den Boden warf, ehe sie ihm vier Mark gab, war ich ein bißchen enttäuscht, irgendwie erwartet man von Dämonen, daß sie ihr Reich nicht ganz so unspektakulär räumen.

Die nächsten zwei Patienten waren Babys, deren schwere Ruhr Kay behandelte, die aber nicht genesen waren, da ihre Mütter weiterhin darauf bestanden, sie zu stillen.

Dawas zweite Trance fiel noch leidenschaftlicher aus als die erste, obwohl der Einzug des Gottes diesmal nicht von verbalen Ausbrüchen begleitet war. Er torkelte in der Hütte herum, wirbelte Trommel und Glocke durch die Luft und traf mich dabei einmal seitlich am Kopf. Indes floh bei diesem göttlichen Zornausbruch keiner, aber alle duckten sich und hielten die Hände vors Gesicht, wenn das Medium sich ihnen näherte. Sicherlich ist es die gesprochene Botschaft, die die Leute so erschreckt – und die auch mir am meisten Furcht einjagte, wenn dieser Ausdruck nicht ein wenig übertrieben ist für dieses fröstelnde, unbehagliche Gefühl, das mich beschlich. Nach zehn Minuten setzte sich Dawa auf einmal urplötzlich hin. Als sich sein unheimlicher Schüttelfrost und sein unfreiwilliges Stöhnen gelegt hatten, begann er, bei den Babys die bösen Geister auszutreiben.

Das erste erfuhr dieselbe Behandlung wie Droma, aber das andere, das schon sehr geschwächt war, wurde einem langen und komplizierten Ritual unterzogen. Bis jetzt war Dawas Gesicht dauernd hinter einer Maske verborgen gewesen – außer wenn er Patienten bespuckte –, aber jetzt, als die völlig verschreckte Mutter das nackte Baby vor ihm hinlegte, schüttelte er die Bänder zurück und enthüllte eine unmenschliche, Zähne fletschende Fratze, deren grausamer Ausdruck durch das flackernde Licht des Feuers nicht gerade gemildert wurde. Plötzlich beugte er sich ruckartig nach vorne, als wäre er ein wilder, knurrender Hund und biß das Baby zwischen die Schulterblätter.

Die nun folgenden Rituale waren äußerst verworren. Mit seiner Linken drückte Dawa dem Baby die Enden der schmutzigen Bänder, die gewöhnlich die Trommeln der Prediger zieren, auf den Rücken, während er mit der anderen Hand die Trommel festhielt und kräftig dort an den Bändern saugte, wo sie unter der Trommel verknotet waren. Nach jedem Saugen spuckte er in eine kleine Messingschale, die ihm sein Diener reichte, und dann schien er etwas Wasser aus einer anderen Messingschale zu trinken – ich meine, er behielt das Wasser im Mund, um genügend Flüssigkeit für die nächste Spuckladung zu haben. Diesen Vorgang wiederholte er elfmal. Danach erschreckte er den Dämon wieder mit der Kupferscheibe, wie bei Droma, beugte sich anschließend tief über das Kleine und legte seinen Kopf auf dessen Bauch. Plötzlich fuhr er ruckartig hoch, schleuderte seine Maske zurück, spuckte noch einmal in die Messingschale, und mit dem Gehabe eines äußerst selbstzufriedenen Beschwörers verkündete er, die Ursache der Krankheit läge nun für alle gut sichtbar in der Schale. Diese Verkündigung begleitete ein anerkennendes, bewunderndes Gemurmel, und alle drängten sich nach vorne, um in die Schale zu starren, während die Mutter das Kleine in ihren Armen wiegte und erleichtert lachte. Ich aber fühlte mich wieder wie jemand, dem man einen Strich durch die Rechnung gemacht hatte. Es ist schon desillusionierend, wenn ein böser Geist wie ein toter Wasserkäfer aussieht.

Schließlich machte sich Dawa daran, sich wieder von dem Gott zu befreien. Einem bewegungslosen, komaartigen Trancezustand folgten Beschwörungen und Musik, die sich zum wahnsinnigsten Creszendo des Abends steigerte – auf einmal warf Dawa Glocke und Trommel zu Boden, und auch er stürzte nieder und wand sich ächzend und stöhnend in Krämpfen wie jemand, der eine herkulische Heldentat vollbringen muß. Nach einem letzten, fürchterlichen Gurgeln entspannte sich sein Körper und er lag still da. Seine Augen wanderten in der Hütte mit dem leicht benommenen Ausdruck eines müden Mannes umher.

Auf einmal war der Bann gebrochen, und der Zeremoniengehilfe, nun in sein normales Dienerdasein zurückgekehrt, schenkte uns allen Tee ein. Als unter den Anwesenden ein aufgeregtes Geplapper anhub, zog Dawa sich langsam auf seinen Sitz zurück. Höflich nickte er Kay und mir zu, obwohl er uns vorher kein Zeichen des Erkennens gegeben hatte.

Ich kann nicht sagen, daß diese Vorführung mir wie ein religiöses Ritual vorkam, doch bin ich sehr froh, dabeigewesen zu sein. Erst vor kurzem haben unsere wahren Lamas viel für kranke Kinder oder Erwachsene gebetet, und diese Zeremonien sind sehr eindrucksvoll. Normalerweise funktionieren die Lamas eines ihrer Zelte zu einem Tempel um. Sie verwenden einfach eine der amerikanischen Lebensmittelkisten als Altar und darauf stehen so viele Öllämpchen, wie sich die Familie des Patienten leisten kann, ferner einige kleine Schüsselchen mit Hahnenblut, Reis und Mehl sowie Götterfiguren – hier waren sie aus Teig, anstatt traditionellerweise aus Butter – und schließlich noch die unvermeidlichen konischen *Tormas*. Im rechten Winkel zum Altar sitzen dann zwei oder drei Lamas und psalmodieren, gestärkt von Tee mit Butter, den ganzen Tag ehrfürchtig aus den Schriften und spielen schaurige Melodien mit ihren Trommeln, Glocken und Trompeten aus menschlichen Oberschenkelknochen. Diese Sitzungen werden manchmal durch die Niederschriften von Predigten auf die Haut der Leidenden beendet, und zwar auf den befallenen Körperteil, wobei sie dazu die hölzernen Druckstöcke verwenden, mit denen auch die Predigtfahnen bedruckt werden.

Obwohl Dawas Vorstellung nicht besonders erbaulich war, sollte man sie nicht als blanken Schwindel abtun. Seine Trancezustände waren zweifellos echt, und was er während seiner »Predigt« sagte, verriet ein aufrichtiges, wenn nicht sogar sehr feinfühlendes Interesse am guten Klima im Lager. Zugegeben, sein medizinischer Hokuspokus wies für uns Westler alle Kennzeichen eines augenfälligen Betrugs auf, mit dem man Leute einschüchtern und somit beherrschen kann und darüberhinaus noch unehrliche Pennys verdient, aber in diesen Fällen ist es nie sehr weise anzunehmen, daß das, was für westliche Augen offensichtlich scheint, auch schon die ganze Wahrheit ist. In seinem Buch »Adventures of the Mind« stellt Dr. Arturo Castiglioni fest, daß »die Stimme des Zauberers in Wirklichkeit nichts anderes ist als das Echo der Stimme der Hoffnungen und Wünsche der Menschen… ihre Tricks (die der Zauberer) sind dazu da, ihre Macht und ihren Erfolg zu vergrößern. (Tricks sind oft notwendig, um überhaupt Erfolg zu haben, und sogar in der modernsten medizinischen Arbeit spielen Tricks auf der suggestiven Ebene keine unwesentliche Rolle.) Vertrauen jedoch ist unbedingt notwendig; nur die Sicherheit, ein gewünschtes Ergebnis auch zu erreichen, garantiert den Erfolg. Menschen mit kritischem und weit entwickeltem Geist sind nie gute Zauberer… nur Vertrauen in den Erfolg, das entweder aus eigener Kraft stammt oder den übernatürlichen Kräften geschuldet ist, von denen sie ihre Macht haben, kann den Bann ausüben, der das Volk überwältigt.« Deshalb sind vorschnelle Beschuldigungen der Scharlatanerie, von fremden Beobachter bereitwillig erhoben, kaum fair. Zauberer wie Dawa benutzen ihre besonderen Fähigkeiten tatsächlich, um Geld damit zu verdienen; aber das tun auch Harley Street-Spezialisten. Führt ein Zauberer Menschen nicht absichtlich hinters Licht, kann man ihn nicht dafür tadeln, daß er bezahlt werden will. Wenn ich mir die Vorstellung des heutigen Abends noch einmal ins Gedächtnis rufe, hat er sich sein Geld jedenfalls ziemlich hart verdient.

3. Juli

Gestern kam ich von einem hektischen Vier-Tage-Trip aus Katmandu zurück. Ich weiß nicht, was anstrengender war, die ganzen Sachen für die Flüchtlinge zu erledigen oder der exzessive Alkoholkonsum, der vier Tage lang die allabendliche Geselligkeit prägte.

Nach sieben Wochen in Pokhara kam mir diesmal Katmandu wirklich wie eine richtige Hauptstadt vor, ganz anders als bei meiner Ankunft. Jetzt, nach Beginn der Regenzeit ist das ganze fruchtbare Tal zu neuer Schönheit erblüht. Das Wetter erinnerte mich an warme Hochsommertage in Irland, wenn milde Regenschauer niedergehen und ein sanfter Wind unzählige weißgraue Wolken gemächlich über den strahlendblauen Himmel treibt. Überall grünte und blühte es, die Menschen sprühten vor Lebensfreude, und die Luft war herrlich klar. Allerdings hat die Regenzeit auch ihre unangenehmen Seiten: Jetzt stinkt die ganze Stadt noch widerlicher nach Kloake als vorher schon. Doch das vergißt man sofort, wenn man dieses goldene Licht erlebt, das schräg zwischen den Wolken durchbricht und die zart knospenden Bäume, die üppig blühenden Sträucher, die liebevoll gepflegten Reisfelder, die rotbraunen Häuser und die polierten Pagodendächer in den schönsten Farben widerscheinen läßt.

Ich hatte meinen Rückflug für den 1. Juli gebucht, doch an diesem Morgen peitschte der Monsun so wild, daß ich den ganzen Vormittag mit Schreiben verbrachte und am Nachmittag im Tal hinter Jawalkhel spazieren ging.

Hier fiel mir auf, daß die Newari, die eine der bedeutendsten Kulturen Asiens hervorgebracht haben und den meisten anderen nepalesischen Stämmen als Bauern weit überlegen sind, seltsamerweise ihre Felder immer noch mit den gleichen kurzen, schaufelartigen Eisenhacken bestellen wie ihre Vorfahren vor fünf- oder sechstausend Jahren. Dagegen benutzen sie auch einen Holzpflug, der von einem Ochsen gezogen wird und der für dieses hügelige Gelände hier geradezu ideal ist, und so wundert es mich, daß dieses Gerät nicht auch auf den weiten, flachen Feldern im Tal von Katmandu zum Einsatz kommt. Kaum weniger verblüffend ist auch, daß in diesem Tal so ziemlich alle Arten von Früchten und Gemüse angebaut werden, die in gemäßigten und subtropischen Zonen gedeihen, während man im übrigen Nepal, auch in ähnlich fruchtbaren Gebieten, kaum eine dieser Feldfrüchte findet.

Ich kam gestern morgen in aller Frühe zurück und beschloß nach dem Mittagessen, mich zunächst einmal ausgiebig Tashi zu widmen. Da ich ihr nach reiflichem Überlegen den Flüchtlingsstatus zubilligen mußte – denn sie ist ja schließlich die Tochter von Exiltibetanern –, verbrachte ich den Rest meines freien Tages damit, diesen ganz besonderen Flüchtling mit seiner neuen Umgebung vertraut zu machen. Sie saß die meiste Zeit auf meinem Schoß, während ich Briefe schrieb, und es vergingen Stunden, bis sich ihr kummervoller, ängstlicher Gesichtsausdruck langsam legte. Dann, gegen Abend, ging endlich in Erfüllung, was ich mir gewünscht hatte: sie wedelte mit dem Schwanz! Zugegeben, es war nur eine kurze, unsichere Bewegung, aber es war immerhin ein erstes Wedeln, und dieses Zeichen des Vertrauens erfüllte mich mit großer Freude.

Ich war sogar darauf gefaßt, daß sie auch diese Nacht wieder die ganze Zeit winseln würde, doch kaum hatte ich mich auf meiner Strohmatte zur Ruhe gelegt, kam sie schon mit tapsigen Schritten angewackelt, krabbelte mit einiger Mühe auf meinen Bauch und rollte sich dort behaglich zusammen, um kurz darauf einzuschlafen.

Dies war ein unmißverständlicher Beweis, daß sie mich akzeptiert hatte – und daß ich diese Nacht nicht ganz so fest schlief wie sie, war ja nicht unmittelbar ihre Schuld.

Vor Tashis Ankunft hier hatten mich die Ratten selten mehr als ein- oder zweimal aufgeweckt, doch in dieser Nacht ließ mich die grauenhafte Vorstellung nicht los, daß dieser süße, pummelige Welpe mit Sicherheit eine willkommene Abwechslung auf deren kargem Speiseplan sein würde, und so betrachtete ich es als meine Pflicht, mich die ganze Zeit irgendwie wach zu halten, um Tashi im Ernstfall aus den Klauen dieser gefräßigen Nager retten zu können. Es schaut also ganz so aus, als ob ich in Zukunft nachts so lange kein Auge zutun werde, bis Tashi mindestens so groß wie eine Ratte ist.

Sie ist einfach noch viel zu klein und zu hilflos, um sie in der neuen Umgebung allein zu lassen. Heute morgen winselte sie beispielsweise so herzzerreißend, als ich nur für ein paar Minuten hinaus aufs Feld ging, daß ich sie in eine von diesen Stofftaschen packte, die man hier überall an der Schulter trägt, und sie den ganzen Tag mit mir herumschleppte. Alle Leute im Lager und im Dorf waren von dem Anblick entzückt: Aus dem Beutel, der vor meinem Bauch baumelte, lugte ein winziges schwarzbraunes Köpfchen mit zwei strahlendblauen, neugierigen Äuglein hervor. Als ich Kay besuchte und ihr sagte, daß ich mir wie ein Känguruh vorkäme, antwortete sie prompt: »Du siehst auch genauso aus!«

Gestern war das ganze Lager fieberhaft mit den Vorbereitungen für die Geburtstagsfeier Seiner Heiligkeit beschäftigt, die heute 30 Jahre alt wird. Überall wurde *Chang* gebraut, was es normalerweise im Lager nicht gibt. Schon seit dem frühen Morgen war es bedeckt und unerträglich schwül gewesen – zum ersten Mal in dieser Jahreszeit –, und um vier Uhr nachmittags kam dann der Regen. Es schüttete wie aus Kübeln, und das war wirklich ein elendes Pech, denn man hatte aus dem Khamba-Hauptquartier im Basar bereits ein riesengroßes Portrait-Foto von Seiner Heiligkeit ins »Annapurna« gebracht, und jedermann zog sich schnell um, wenn er bei der *Chang*-Zubereitung mal zwischendurch kurz Zeit hatte um ins Hotel zu gehen und vor dem Bildnis zu beten.

Heute regnete es bis nach zehn Uhr. Die Feierlichkeiten sollten um sieben Uhr morgens beginnen, aber als ich um halb sieben ins Lager ging, um zu schauen, wie die neuen Hütten ihren ersten Belastungstest überstanden hatten, sah ich, daß die Vorbereitungen, die gestern wegen des Regens unterbrochen worden waren, immer noch auf vollen Touren liefen und noch lange nicht abgeschlossen waren.

Entlang der unbefestigten Straße, die mitten durch das Lager führt, hatte man weiße Steine sorgfältig ausgelegt, um den Weg zu markieren, auf dem später das Bildnis Seiner Heiligkeit entlanggetragen werden sollte. Auf kleinen Steinhaufen standen Schalen mit Weihrauch, die man zu seinen Ehren entzünden wollte. Aber die beiden großen Zelte, die man von der indischen Armee gemietet hatte – das eine sollte als Tempel, das andere als Küche dienen –, waren noch gar nicht aufgestellt. Trotzdem waren in dem größten von unseren Lagerzelten die gastronomischen Aktivitäten bereits voll im Gang. Hunderte der kleinen, runden tibetanischen Teigfladen schwammen in riesigen Kochkesseln mit siedendem Baumwollsamenöl, aus denen sie nach ein paar Minuten mit langen, vorne gegabelten Stöcken wieder herausgefischt wurden. Wenn man die Stöcke gerade nicht brauchte, stellte man sie am Boden ab, sehr zur Freude der herumstreunenden Hunde, die sie begierig abschleckten.

Als der Regen nachließ, machte sich das ganze Lager auf den Weg zum Pardi-Basar. Eine Stunde später kamen sie alle wieder zurück, angeführt von den vier Lagerchefs, die eine aus Teekisten gebastelte Sänfte mit einem grellbunten Portrait-Foto Seiner Herrlichkeit unter einem Stoffbaldachin in traditionellem Orange trugen. (Ein glücklicher Zufall wollte es, daß die von der letzten japanischen Bergexpedition zurückgelassenen Zelte genau die Farbe hatten, die die Mahayana-Schule für solche Zeremonielle vorschreibt.) Man hatte erst gar nicht den Versuch unternommen, die tibetanische Flagge zu malen, denn ihr Emblem ist äußerst kompliziert. Aber immerhin flatterte an der Spitze des Zugs ein zerlumptes Banner in den Farben Rot, Blau und Gelb an einer langen Bambusstange. Das Ganze entbehrte nicht einer gewissen Komik, denn alle versuchten verzweifelt aber erfolglos, im Gleichschritt zu marschieren und schmetterten ihre stolze Nationalhymne aus voller Brust, jedoch grauenhaft falsch.

Als wir das Lager betraten, schlug uns der Geruch von Weihrauch entgegen. Da es schwül war und sich kein Windhauch regte, stand der Qualm in dichten Schwaden in der Luft und legte sich beißend auf die Schleimhäute. Ich sagte zu Kay, daß ich den Duft eigentlich gern mochte, doch sie antwortete nur kurz: »Ich hasse ihn!« Ich fand diese Reaktion sehr bezeichnend. Mir ist schon öfter aufgefallen, daß jemandem, der katholisch erzogen ist, es offenbar wesentlich leichter fällt, tibetanische Rituale zu »verstehen«. Viele nicht-katholische Christen sehen darin nur ein lächerliches Brimborium, bei dem man Weihrauch abbrennt, Gebete murmelt, auf die Knie fällt, unverständliche Gesänge psalmodiert und sonstigen Hokuspokus treibt, wie beispielsweise geweihtes Wasser zu verspritzen, vor religiösen Bildern Räucherstäbchen zu entzünden oder ähnliches. Wenn man buddhistischen Ritualen beiwohnt, merkt man erst, wie verwandt der Katholizismus dem Osten ist. In unserer Zeit der Annäherung zwischen den Religionen ist der Schritt der katholischen Kirche auf diese Richtung in gewisser Weise viel näher als für andere christliche Konfessionen. Es ist traurig, daß die meisten nichtkatholischen Christen Nordeuropas das Christentum zu einer so öden, sterilen Veranstaltung gemacht haben und sich von allen Quellen des Mysteriums und des »heiligen Schauders« losgesagt haben. Menschen, die in dieser Tradition des nüchternen »Alltags-Christentums« groß geworden sind, fühlen sich oft bei solchen Zeremonien sehr unwohl, weil die all diesen unbekannten und geheimnisvollen Elementen

Raum geben, die doch der eigentliche Kern jeder Religion sind. Solche Zeitgenossen sind dann oft sehr schnell bereit, diesen »ganzen Quatsch« abzulehnen, doch damit zeigen sie nur, wieviel Angst sie haben, daß die Dinge vielleicht doch nicht so simpel sein könnten wie sie gemeinhin annehmen.

Die sechs Lamas des Lagers, die unter anderem die Nyingmapa, die Gelugpa und die Sakyapa vertreten, empfingen die Sänfte im Tempelzelt mit Musik und religiösen Gesängen. Dann wurde das Portrait auf dem Altar abgestellt, und Kessang brachte Seiner Heiligkeit ein Schriftband, eine Schale Reis, ein wuchtiges *Torma* und eine von einer Dorje-Statue gekrönte Glocke dar. Als nächstes gab man Kay und mir je eine Handvoll Reiskörner und bedeutete uns, sie auf das Portrait zu werfen. Dann legten zuerst die Lamas, die anderen Gäste und schließlich jeder Mann, jede Frau und jedes Kind einen weißen Schal vor dem Bild nieder und verbeugten sich danach ehrerbietig. Offensichtlich hatte keiner unserer Nomaden bisher an so einer offiziellen Feier teilgenommen, denn obwohl sie durchaus voller religiöser Inbrunst waren, benahmen sie sich doch in einer Weise, die der ganzen Situation einfach nicht angemessen war. Kessang tat mir wirklich leid, denn er war als Zeremonienmeister schließlich dafür verantwortlich, daß das ganze Ritual in einer gewissen Ordnung und feierlichen Atmosphäre ablief. Die meisten Männer, die zum Altar gingen, um Seiner Heiligkeit zu huldigen, trugen Bärenfelle und gewaltige Hüte, die wie Cowboy-Hüte aussahen, was für sich schon ziemlich daneben war. Besonders ungehalten wurde Kessang jedoch, als vielen von ihnen in den entscheidenden Momenten des Rituals diese Riesenhüte vom Kopf fielen, was jedesmal schallendes Gelächter hervorrief. Als die Frauen an die Reihe kamen, versuchten viele von ihnen, ihren kleinen Kindern einen besonderen Segen zukommen zu lassen, indem sie sie auf die Schals vor dem Portrait setzten, von wo aus sie Seine Heiligkeit berühren konnte. Diesem Bruch der Etikette begegnete Kessang jedoch mit weit mehr Nachsicht. Er räusperte sich nur mißbilligend, ohne jedoch einzugreifen. Zum Schluß kam das Schönste: Scharen winziger Tibetaner kamen mit ihren Schals nach vorne, legten sie dort nieder und verbeugten sich danach feierlich mit gefalteten Händen, bevor sie wieder abmarschierten.

Während dieses ganzen Rituals waren die sechs Lamas und die

vier Mönche (einschließlich unseres Zauberers Dawa) die ganze Zeit mit liturgischen Gesängen, Trommelschlagen, Hörnerblasen und Glockenklingeln beschäftigt. Nur hin und wieder nahm der eine oder andere einmal einen Schluck Tee oder eine Handvoll von dem gekochten süßen Reis zu sich – um nur eine der zahlreichen aufregenden Köstlichkeiten zu nennen, die am heutigen Festtag gereicht wurden. Erst nachdem der Allerletzte seinen Schal vor dem Altar ausgebreitet hatte, legten sie ihre Instrumente nieder und begaben sich zum Festmahl, an dem sogar mein asketischer Untermieter teilnahm, wenn auch mit deutlich mehr Zurückhaltung als die übrigen Gäste. Tashi hatte die ganze Zeit mucksmäuschenstill in ihrem Beutel gelegen – ein Beweis dafür, daß dieser winzige Welpe bereits über eine verblüffende Musikalität verfügt.

Nach dem üppigen Mahl wurden hölzerne Krüge mit *Chang* aufgefahren, deren kunstvolle Messingbeschläge zur Feier des Tages glänzend poliert waren. Kay nahm die Gelegenheit wahr, schnell ein paar Entschuldigungen zu murmeln und in Würde abzutreten. Ein paar Stunden später trat ich ebenfalls ab, wenn auch deutlich weniger würdevoll, dafür um so fröhlicher nach dem Genuß von vier oder fünf halben Litern jenes Getränks, das James Morris einst so treffend »eine Art alkoholischen Haferschleim« genannt hatte.

Im Laufe des Nachmittags war der Regen wieder stärker geworden. Doch das tat der Festtagsfreude keinen Abbruch. Als ich meinen abendlichen Rundgang durchs Lager machte, waren alle begeistert dabei, um tibetanisches Geld zu würfeln – und so klang dieser Tag froh und heiter aus.

12. Juli

Die medizinische Statistik, die Kay führt, beweist, daß dieses Klima für Tibetaner absolut ungeeignet ist: Vom 1. Januar bis 27. Mai gab es nur drei Todesfälle, aber seitdem sind 18 Menschen gestorben, die meisten von ihnen an der Ruhr.

Heute ist wieder ein Baby bereits auf dem Weg ins Shining-Hospital gestorben. Seine Eltern, die es dorthin gebracht hatten, kamen gleich wieder zurück und standen mit dem winzigen Leichnam in den Armen weinend mitten auf der Straße unter meinem Fenster. Als ich zu ihnen herunter kam, hielt die Mutter das tote Kind immer noch an ihre entblößte Brust, als wolle sie einfach nicht wahrhaben, daß es tot sei. Ich versuchte, ihr schonend beizubringen, daß ihr Kind nicht mehr am Leben sei und daß sie doch sein kleines Gesicht mit einem Tuch bedecken solle, um die Fliegen zu vertreiben, die darum kreisten. Da warf sich der Vater der Länge nach in den Schlamm und schluchzte einfach herzzerreißend. Ich nahm sie zu mir hoch in mein Zimmer und schenkte ihnen erst einmal einen anständigen Whisky ein, der ihnen jedoch offensichtlich überhaupt nicht schmeckte. Vielleicht hat er ihnen aber wenigstens über den ersten Schock hinweggeholfen. Die beiden haben bereits vier Kinder, und dennoch beweinten sie ihr totes Baby, als wäre es ihr einziges gewesen. Ich glaube allerdings, daß sie ihren Kummer bald vergessen haben werden. Die meisten dieser einfachen Tibetaner empfinden solche Gefühle äußerst intensiv, doch nur für eine kurze Zeit, und dann erholen sie sich überraschend schnell wieder von ihrem Schmerz.

Die allgemeine Verschlechterung des Gesundheitszustandes im Lager während der vergangenen Wochen ist wirklich niederschmetternd. Selbst die Kräftigsten leiden inzwischen an Rheumatismus, Ruhr, Furunkeln, Abszessen, Skorbut (Vitamin-C-Mangel), Wasserbeinen (Vitamin-B-Mangel) und an verschiedenen Arten von Würmern. Selbst ich bin nicht immun: Was ich für zwei entzündete Wanzenstiche an meinem rechten Bein hielt, sind in Wirklichkeit erste Symptome von Skorbut, und meinen Allerwertesten zieren eine ganze Reihe von Furunkeln, die zwar nur klein, aber beim Sitzen äußerst schmerzhaft sind.

Als ich heute morgen (unter Qualen) mit dem Fahrrad ins Militärkrankenhaus fuhr, sah ich das Grauenhafteste, das ich je gesehen habe: ein zweijähriges Gurung-Mädchen in einem derartig fortgeschrittenen Zustand von Unterernährung, daß es völlig entstellt aussah. Seine Mutter litt seit fünf Monaten unter einer Brustentzündung, und man hatte das Kind offensichtlich nicht abgestillt. Die Familie lebt fünf Tagesmärsche entfernt. Heute morgen erst waren Mutter und Tochter in einem großen *Dokar* ins Krankenhaus gebracht worden – der Vater hatte die beiden den ganzen weiten Weg auf seinem Rücken ins Tal geschleppt. Die Brüste der Mutter waren in einem entsetzlichen Zustand. Es ist absolut unbegreiflich, warum sie nicht schon vor Monaten in Behandlung gekommen ist. Die Haut des Säuglings war wie die einer Greisin: Gelb, trocken und faltig hing sie von den spitzen Knochen herab. Riesige, glasige Augen, die ins Leere starrten, quollen aus dem winzigen Schädel. Ich konnte die grauenhafte Vorstellung nicht loswerden, daß das Kind schon längst tot war, obwohl es sich hin und wieder noch schwach bewegte. Der Gedanke der Euthanasie ist mir zutiefst zuwider, doch heute ertappte ich mich bei dem Wunsch, dieses kleine Mädchen von seinem Leiden zu erlösen.

In dieser Gegend hängen auffällig viele Betrunkene herum, manche liegen wie bewußtlos am Boden, unverkennbar umnebelt von *Rakshi*-Schwaden. Oft torkeln und stolpern sie auch die Straße entlang, verfolgt von den mißbilligenden Blicken strenggläubiger Brahmanen, wohingegen tolerantere Zeitgenossen sich lediglich über sie lustig machen.

Im Krankenhaus erzählte mir der Arzt, daß Magengeschwüre, hervorgerufen durch exzessiven *Rakshi*-Genuß, zu den weitverbreitetsten Krankheiten hier in der Gegend zählen. Ich persönlich hätte ja gedacht, daß schon wenige Gläschen davon ausreichen würden, jedem Magen den Garaus zu machen, denn dieses nepalesische Tröpfchen ist in der Tat ein noch mieserer Fusel als mein »edler« Ananas-Wein, vor dem mich der Arzt ebenfalls warnte, da er zu vollständiger Blindheit führen kann.

Heute abend goß es wieder in Strömen. Als ich nach dem Abendessen bei Kay zu mir nach Hause ging, mußte ich in totaler Finsternis knietief durch reißende Sturzbäche waten. In solchen Nächten ist ein Regenschirm ein ziemlich nutzloses Utensil, und selbst wenn so ein Gerät irgend etwas bewirken würde, wäre zumindest *mein* Modell, ein indisches, äußerst ungeeignet, da es an zahlreichen Stellen leckt. Dafür gibt meine Sturm-Laterne (ebenfalls ein indisches Modell) schon beim leisesten Windhauch ihren Geist auf. Ich hoffe nur, daß wenigstens das Dach meines Hauses nicht noch mehr undichte Stellen bekommen hat. Zur Zeit regnet es nur an drei oder vier Stellen herein, was für hiesige Verhältnisse durchaus noch passabel ist.

16. Juli

Tashi liefert täglich mehr Beweise, daß sie eine echte Tibetanerin ist. Am dritten Tag unseres gemeinsamen Lebens wollte ich wissen, ob sie bereits in der Lage ist, bei Fuß zu gehen, und prompt folgte sie mir brav auf den Fersen, wenn auch in grotesken, akrobatischen Sprüngen.

Vor einer Woche ist sie zum ersten Mal geschwommen. Ich badete im See und hatte eigentlich gar nicht vor, sie ins Wasser zu locken. Doch als der arme kleine Knirps am Ufer stand und sah, wie ich immer weiter hinausschwamm, jaulte sie erst verzweifelt und stürzte sich dann, nach kurzem angstvollen Zittern, todesmutig in das feuchte Element. Ihr verrückter, kleiner, aufgestellter Ringelschwanz ragte steil und trocken aus dem Wasser und sie fing rührend an, damit zu wedeln, als ich umkehrte und ihr entgegenschwamm, um mich für solche Treue gebührend zu bedanken.

Inzwischen sind die Würfel gefallen. Es ist einfach absurd, mir weiter etwas vorzumachen und mir einzubilden, daß ich vor meiner Abreise aus Pokhara schon irgendwo ein Plätzchen für Tashi finden würde und die Sache mit einem zärtlichen »Adieu« erledigt wäre. Ich werde mich also die nächste Zeit mit Quarantäne-Vorschriften, internationalen Hunde-Impfpässen, Verordnungen über Ein- und Ausfuhr lebender Tiere sowie »Bestimmungen betreffs des Tranports von Haustieren zu Lande, zu Wasser und in der Luft« herumschlagen müssen. Mit einem Wort: Ich hab es so gewollt – und das Ganze für nur sechs Mark!

Doch auch jetzt schon gibt es immer wieder Probleme. Zum Beispiel besteht Tashi darauf, ihr Geschäft ausschließlich auf Gras zu erledigen, und so weigert sie sich hartnäckig, die eigentlich dafür vorgesehene Kiste mit Lehm zu benutzen. Welpen müssen nun mal am laufenden Band »aufs Töpfchen«, und so bin ich die ganze Zeit damit beschäftigt, mit ihr die Leiter rauf- und runterzusteigen, damit sie dem Ruf der Natur folgen kann. Sogar nachts, wenn sie an meiner Nase knabbert, um mich aufzuwecken, will sie partout hinunter auf die andere Straßenseite, um sich dort in die Büsche zu schlagen, anstatt vernünftigerweise im Schutz der Veranda ihre Notdurft zu erledigen. Bei den jetzigen Wetterverhältnissen bedeutet das, daß ich die halbe Nacht damit zubringe, sie wieder trockenzurubbeln.

Ihre Fähigkeit, einen Raum in kürzester Zeit in ein Trümmerfeld zu verwandeln, ist ebenso verblüffend. Da mein Zimmer hierzu wenig Gelegenheit bietet, begibt sie sich zu diesem Zweck mit besonderer Vorliebe in Kays Zimmer. Dort hinterläßt sie eine Spur der Verwüstung auf kostbaren, eigens aus London geschickten Kleenex-Tüchern, auf heißgeliebten Kaktustöpfen, die unter großen Anstrengungen den weiten Weg von Mysore hierhergekarrt wurden, auf lebenswichtigen Dokumenten sowie auf unersetzlichen Plastiktüten, die im Umkreis von 1000 km nicht wieder zu beschaffen sind. Kays Geduld in solchen Fällen ist einfach umwerfend – ihr einziger Kommentar ist regelmäßig: »So sind kleine Hunde eben!« Ich dagegen bin da etwas altmodischer und versohle ihr bei diesen Gelegenheiten jedesmal anständig ihr süßes kleines Hinterteil, da ich der Meinung bin, daß ein wenig Disziplin auch jungen Hunden gut ansteht. Sie hält das Ganze aber jedesmal für eine lustige Balgerei, was meine Konsequenz auf eine harte Probe stellt. Wenn sie sich dann auf den Rücken rollt, frech zu mir heraufblinzelt und die rechte Vorderpfote in ihr Maul steckt, wird auch die strengste Zuchtmeisterin irgendwann schwach.

Insgesamt betrachtet, ist Tashi jedoch ausgesprochen folgsam. Heute allerdings hat sie sich in aller Öffentlichkeit etwas derartiges geleistet, daß ich in meiner Verlegenheit so tat, als würde ich diesen Hund nicht kennen. Eine ihrer Leidenschaften sind nämlich Schnürsenkel. Sie weiß, daß diese zugebunden gehören, und so ist es natürlich ihr höchster Genuß, sie sooft es geht wieder aufzuziehen. Gelegenheiten, dieser Lust zu frönen, bieten sich jedoch selten in einem Land, in dem die meisten Menschen barfuß herumlaufen. Und so erfüllte es sie denn auch mit größter Begeisterung, als wir heute auf dem Flughafen einer Delegation äußerst korrekt gekleideter chinesischer Kommunisten begegneten (woher oder wohin sie delegiert wurden, habe ich nie erfahren). Als das Flugzeug gelandet war und die zwölf Genossen die Gangway herunterschritten, waren natürlich jede Menge hochoffizieller Persönlichkeiten aus Pokhara zur Stelle, um sie zu begrüßen, sowie ein riesiges Polizeiaufgebot, um sie zu beschützen (vor den Tibetanern?), außerdem wimmelte es von Pressefotografen aus Katmandu und Peking, die Gruppenfotos arrangierten, um zu demonstrieren, wie sehr sich doch die Chinesen und Nepalesen lieben.

Während dieser Vorbereitungen hatte Tashi ein paar Freunde begrüßt – von denen einer Schuhe anhatte! – und war dann angesprungen gekommen, um sich zu vergewissern, ob ich noch da wäre. Die Fotografen hatten inzwischen ein perfektes Bild arrangiert – chinesische Arme um nepalesische Schultern, Solidaritätslächeln auf allen Gesichtern – als es Tashi plötzlich dämmerte, daß dort ja eine ganze Reihe unbewegter Paar Schuhe auf sie wartete. In extatischer Verzückung stürmte sie los und lief die Reihe auf und ab – bis sie sich des Protokolls besann und, wie es sich gehört, beim Delegationsleiter anfing. Das Ergebnis war, daß, als die Kameras klickten, auf dem wichtigsten chinesischen Gesicht kein Solidaritätslächeln, sondern ein ärgerliches Stirnrunzeln stand.

Besonders grotesk an diesem »Höflichkeitsbesuch« war seine Länge. Es dauerte ganze 17 Minuten, bis die Delegierten, ohne überhaupt die Landebahn verlassen zu haben, wieder in ihrem Flugzeug saßen und zurück nach Katmandu entschwanden. Wahrscheinlich war es den Verantwortlichen von Pokhara doch zu unsicher erschienen, ihre »Freunde« auf einen Bummel durch den Basar einzuladen. Denn dort treiben sich immer irgendwelche bewaffneten Khamba-Guerilleros aus dem Grenzgebiet herum, und diese tibetanischen Soldaten hätten natürlich nichts mehr im Sinn als bei dieser seltenen Gelegenheit ein paar Überstunden zu machen.

Als ich diesen letzten Absatz schrieb, streckte ein netter junger Mann aus der Nachbarschaft seinen Kopf zu meiner Tür herein, dessen Ruhrerkrankung ich letzte Woche erfolgreich kuriert hatte. Einen Augenblick später stand der schon im Zimmer, gefolgt von seiner Mutter, die über qualvolle Schmerzen an ihrer rechten Brust klagte. Sogar im trüben Licht der Lampe sah ich sofort, daß sie einen schweren, offensichtlich viel zu lange unbehandelten Abszeß hatte. Wohl um sicher zu gehen, daß ich die Tragweite der Infektion auch erkannte, spritzte die gute Frau mir eine Ladung Eiter aus der Brustwarze voll ins Gesicht – eine Demonstration, auf die ich gut und gerne hätte verzichten können. Ich gab ihr drei Aspirin, riet ihr dringend, morgen sofort ins Shining-Hospital zu gehen und erklärte ihr, daß ich ihr ansonsten nicht weiterhelfen könnte. Leider glauben die meisten Nepalesen und Tibetaner, daß man, wenn man weiße Haut hat (oder hatte, als man nach Pokhara kam), medizinische Wunder vollbringen kann.

Heute morgen sagte mir Krishna, mein Vermieter, daß ich demnächst in das Nachbarzimmer umziehen müßte, in dem bisher Thupten Tashi wohnte. Meine beiden Räume werden von Krishnas frischverheirateter Schwester und ihrem Mann benötigt, der unten im Erdgeschoß einen kleinen Laden eröffnen wird – wahrscheinlich einen der üblichen Pardi-Lädchen, in denen man Zigaretten, Streichhölzer, Reis, Seife und Kekse erstehen kann.

24. Juli

Heute früh im Morgengrauen wurde ich durch gellende Schreie und markerschütterndes Heulen aus dem Schlaf gerissen. Das Geschrei kam aus dem Anbau meines Hauses, einer armseligen Hütte mit einfachem Lehmboden, Strohdach und Bambus-Wänden, in der eine fünfköpfige Schneiderfamilie haust. Offenbar war jemand gerade dabei, einen anderen umzubringen oder aber durchzudrehen – beides durchaus alltägliche Schicksale hier. Da ich aber in keinem der beiden Fälle irgend etwas hätte tun können, schlief ich gleich wieder ein. Als ich ein paar Stunden später gerade beim Frühstück saß, hörte ich wieder die schaurigen Schreie. Ich schaute hinunter und sah ein paar Dorfbewohner, die auf der Straße stehengeblieben waren und mit teilnahmslosen Gesichtern in die Hütte stierten. Als ich mich zu ihnen gesellte, erkannte ich die alte Mutter des Schneiders, die tatsächlich durchgedreht war und nur mit Mühe von ihrem Sohn und ihrer Schwiegertochter ferngehalten werden konnte, während in der Ecke auf einem Haufen dreckiger Lumpen das Baby lag und jämmerlich schrie. Dann plötzlich war der Anfall vorüber. Die alte Frau japste zwar gewaltig nach Luft, leistete jedoch keinen Widerstand mehr und blieb reglos am Boden liegen, woraufhin sich die Dorfbewohner wieder zerstreuten.

Viele derartige Szenen, die sich in der Öffentlichkeit abspielen und in westlichen Ländern Aufruhr und Empörung hervorrufen würden, werden hier nur mit einem Achselzucken quittiert. Vor ein paar Tagen sah ich auf der Straße eine Mann seine Frau verprügeln. Er steigerte sich in eine solche Raserei, daß er schließlich nach einem schweren Stein griff, um ihr endgültig den Garaus zu machen. Ihr ungefähr zwölfjähriger Sohn warf sich jedoch dazwischen und versuchte verzweifelt, den Vater zurückzuhalten, und schließlich ging der Kampf zugunsten der Mutter und des Sohnes aus. Am Nachmittag desselben Tages kam ich wieder die

Straße entlang und stellte zu meiner grenzenlosen Verblüffung fest, daß Mann und Frau, wie wenn nie etwas geschehen wäre, einträchtig vor ihrer Haustür saßen und Maiskolben schälten. In unseren Breitengraden hätte ein solcher Ehestreit dazu geführt, daß der Vater ins Gefängnis, die Mutter unter Schock ins Krankenhaus und der Sohn in ein Kinderheim gebracht worden wäre.

Am Anfang schämte ich mich richtig, daß ich auf solche Szenen so teilnahmslos reagierte, hätte ich doch von mir erwartet, daß ich wenigstens erschrecken oder sonstwie die Fassung verlieren müßte. Aber es ist wirklich unglaublich, wie schnell man sich unbewußt an seine Umgebung anpaßt – und in Asien nimmt man nun einmal die Schattenseiten des Lebens schicksalsergeben hin und sieht sich auch nicht genötigt, sich in die Angelegenheiten anderer Leute einzumischen.

Letzte Woche habe ich am eigenen Leibe gespürt, wie dicht unter der Oberfläche des nepalesischen Alltags die Gewalt sitzt. Ich war in den Basar gegangen und hatte mir als Träger einen netten 14jährigen Jungen mit Namen Pema mitgenommen. Ich feilschte gerade um den Preis von Dal für mein Mittagessen, das hier ja jeder Tibetaner vom Staat garantiert bekommt, als ich lautes Geschrei und höhnisches Gelächter hörte. Ich drehte mich um und sah, daß Pema mit ungefähr zwanzig kleinen nepalesischen Jungen in ein Handgemenge verwickelt war. Erst nahm ich die Sache nicht weiter ernst, weil ich sie für eine der üblichen Balgereien zwischen Jungs hielt. Doch als Pema am Ende auf dem Rücken im Straßengraben lag und die anderen anfingen, ihn mit Steinen zu bewerfen, stellte ich entsetzt fest, daß sich diese Rauferei zu einem handfesten kleinen Rassenkonflikt auswuchs und Pemas Leben in Gefahr war (die Tibetaner sind aus verständlichen Gründen hier im Tal nicht sonderlich beliebt). Ich rannte also aus dem Laden und lief um ein dazwischen stehendes Haus herum, um die Bande von hinten zu überrumpeln. Ich schnappte mir ihren Anführer und wollte ihm gerade eins überbraten, als schreiend und tobend eine Furie von Frau auf mich losstürzte. Mit einer Hand versuchte sie, den Griff zu lockern, mit dem ich ihren zu Tode erschrockenen Sohn in Schach hielt, mit der anderen schlug sie mit einem leeren *Dokar* auf meinen Kopf ein. Im Nu hatte sich eine dichte Menschenmenge um uns versammelt, die mit amüsierten, neugierigen Blicken das Geschehen verfolgte, sich allerdings, soweit ich es beurteilen konnte, relativ neutral verhielt. Die Hauptsache schien zu sein, daß hier ein kostenloses Spektakel geboten wurde. Ich hatte der Frau schnell den *Dokar* entrungen und in die Menge geschleudert, doch die gute Mama, obwohl jetzt unbewaffnet, war dadurch in keinster Weise zu bremsen. Sie schien jetzt erst richtig über sich hinauszuwachsen, überschüttete mich kreischend mit den wildesten Beschimpfungen, zerrte an meinem Arm und krallte ihre Nägel hinein, so daß ich jetzt als Souvenir eine 10 cm lange tiefe Kratzwunde habe. Obwohl sie sich wie eine Tigerin, die ihr Junges verteidigt, in den Kampf stürzte, gelang es mir dennoch, ihrem kleinen Tyrannen mit meiner Fahrradpumpe vier satte Hiebe zu versetzen, bevor ich ihn losließ.

Dummerweise war auch kein Dolmetscher in der Nähe, der den Umstehenden hätte erklären können, daß, wenn es zwanzig kleine Tibetaner gewesen wären, die einen nepalesischen Jungen verprügelt hätten, ich mich genauso wütend auf die Tibetaner gestürzt hätte. So war der ganze Vorfall äußerst schlecht für die irisch-nepalesischen Beziehungen. Doch auch das Ansehen der hiesigen Missionare hat dadurch schwer gelitten. Im Basar ging die Geschichte natürlich wie ein Lauffeuer herum, und als ich nur eine Stunde später Pokhara verließ, wurde mir erzählt, eine Ordensschwester aus dem Shining-Hospital hätte einen kleinen, hilflosen Jungen fast zu Tode geprügelt, weil sie sich geärgert hätte, daß er sie um Geld angebettelt hatte. Ich für meinen Teil hätte wirklich nicht gedacht, daß man mich für eine Ordensschwester halten könnte!

Gestern bin ich umgezogen – die ganze Aktion dauerte nur fünfzehn Minuten. Eigentlich hätte der Umzug schon vor vier Tagen stattfinden sollen, aber zur Zeit werden die Reispflanzen gesetzt, und da werden alle Hände gebraucht, so daß auch Krishna seinen Laden die ganze letzte Woche zugesperrt hatte. Auch gestern morgen schaute er nur kurz vorbei, um mir den neuen Schlüssel zu geben.

Die Unterschiede zu meiner alten Behausung sind: (1) ein roter Lehmboden (frisch gestampft von Krishnas Mutter, nachdem Thupten ausgezogen war), (2) ein winziges Fenster nach hinten hinaus, das man sogar aufmachen kann und (3) acht Löcher im Blechdach statt vieren – (3) wird jedoch durch (1) und (2) mehr als wettgemacht! Wenn man beide Fenster offen läßt, bleibt der Raum angenehm kühl, und der neugelegte, weiche Boden ist ein deutlich bequemeres Bett als die holperigen Dielen von vorher. Allerdings liegt der Fußboden nun ungefähr 30 cm höher, so daß ich mit dem Kopf fast an die Decke stoße. Heute habe ich die Löcher im Dach mit Kerzenwachs abgedichtet, und so glaube ich denn, daß dieses Unternehmen ganz gut über die Bühne gegangen ist.

Tashi ist natürlich fest davon überzeugt, daß der schöne Boden extra für sie gelegt worden ist, damit sie darin herumbuddeln kann – was sie auch gleich mit großer Begeisterung tat, kaum daß ich sie für einen Moment allein gelassen hatte. Wenn ich eine nepalesische Hausfrau wäre, wäre dies an und für sich kein Problem – die Frauen hier legen jede Woche einen neuen Boden –, doch dem ist nicht so, und deshalb müssen Tashis Ausgrabungen mit aller Härte unterbunden werden, sonst leben wir hier bald mitten in einer Schutthalde.

Kleidung ist eine der wenigen wichtigen Sachen, die man hier wirklich günstig erstehen kann. Vor kurzem habe ich mir über 6 Meter braunen Baumwollstoff für 5 Mark gekauft. Mein Nachbar, der Schneider, hat mir daraus für nur 3 Mark ein Paar Shorts und zwei Hemden genäht, so daß ich nun drei neue Kleidungsstücke habe, die mich insgesamt nur 8 Mark gekostet haben. Kay meinte, daß ich in dieser gelbbraunen Montur wie ein Sträfling aussehe – aber wen stört das schon?

31. Juli

Gestern kam bei mir eine akute Ruhrinfektion zum Ausbruch, so daß ich schon früh zu Bett gegangen bin. Da meine neuen Nachbarn gerade eingezogen sind, war diese Bettruhe jedoch alles andere als erholsam. Ich habe mich ihnen noch nicht persönlich vorgestellt und weiß deshalb nicht, wie viele Personen es genau sind, aber meine Ohren sagen mir bereits jetzt, daß zu dieser Familie ein alter, bronchitischer Großvater (oder Großmutter?) gehört, ein quengeliges Kleinkind mit durchdringendem, nervtötendem Organ sowie mehrere gereizte Erwachsene, die offensichtlich bei den allermeisten Themen, die zur Diskussion stehen, unterschiedlicher Meinung sind. Dazu kam noch, daß Tashi in regelmäßigen Abständen durch schrilles Kläffen ihren Unmut über ihre Vertreibung aus der alten Wohnung kundtat. Ich versuchte, ihr zu erklären, daß wir kein Recht mehr auf die Nachbarwohnung hätten, aber sie machte keinerlei Anstalten, dies auch nur ansatzweise zu begreifen, und so gab sie die ganze Nacht lang keine Ruhe. Dafür schlief ich heute den ganzen Tag, denn es regnete wieder so heftig, daß an Arbeit nicht zu denken war. In dieser Zeit jetzt, wo der Monsun so unerbittlich aus allen Kübeln schüttet, kommt hier jedes Alltagsleben zum Erliegen.

7.
Unterschiedliche Sichtweisen

21. August, Pokhara

Die letzten drei Wochen waren von Krankheit und Regen gezeichnet. Am 7. August hatte ich eigentlich nach Katmandu fliegen wollen, aber am 6. August fiel Pokhara für zehn Tage in den seligen Dornröschenschlaf zurück, in dem diese Stadt geschlummert hatte, als es hier noch keinen Flughafen gab – vielleicht letztlich ein Glück für mich, denn ich wurde während dieser Zeit von einem Darminfekt heimgesucht, der mir die letzten Kräfte raubte.

Hätte ich *gewußt*, daß zehn Tage lang kein Flugzeug landen würde, wäre dieser Dornröschenschlaf vielleicht ganz angenehm gewesen. Aber wenn man dringend weg muß und dauernd zum Himmel starrt, für den Fall, daß plötzlich doch wider Erwarten ein Flieger auftaucht, dann wird die ewige Warterei zur Zerreißprobe. Dabei war ich insofern noch in einer günstigen Lage, als ich ja direkt neben dem Flughafen wohne. Noch schlimmer waren die anderen Passagiere dran, die die ganze Zeit deprimiert und genervt im »Annapurna« herumhingen, wo die saisonbedingte Lebensmittelknappheit sogar Kessangs geniale Improvisationskünste zum Scheitern verurteilte.

Bis zum 8. August waren es insgesamt neun Ausländer, die hier sehnlichst auf den Flieger nach Katmandu warteten. Alan Mac-William saß die ganze Zeit wie auf Kohlen, denn er mußte wegen dringender Besprechungen nach Delhi. Peter Johnson hing trübsinnig in der Ecke herum und sah zu, wie ihm die Tage zwischen den Fingern zerrannen, wo er sich nach achtzehn Monaten Peace-Corps-Arbeit in einem abgeschiedenen Bergdorf doch so sehr darauf gefreut hatte, seine vierzehn Tage Urlaub im glitzernden Großstadt-Getümmel von Kalkutta zu verbringen. Ein indischer Ingenieur, der an Diabetes litt, lag auf seiner Bettstatt und war in Panik, daß seine Insulin-Vorräte zu Ende gehen könnten – was am Ende auch tatsächlich eintrat. Eine amerikanische Missionarin, die hier auf Besuch war, ging die ganze Zeit auf der Veranda auf und ab und jammerte, daß die schmale Kost ihr ihre letzten Lebenskräfte raubte – obwohl ihre körperliche Konstitution eigentlich das Gegenteil bewies. Und dann gab es noch eine deutsche Familie, die die gereizte Stimmung fast zum Überkochen brachte, denn außer den drei gelangweilten und dementsprechend quengeligen Kindern gerieten auch die Eltern – sie hatten in der Nähe Bodenforschungen vorgenommen – immer mehr in Rage und zeterten am laufenden Band, daß diese Warterei ein typisches Beispiel für die ganze Ineffizienz des nepalesischen Wirtschaftssystems wäre. Am Ende dieser zehn Tage war die Atmosphäre im »Annapurna« dermaßen geladen, daß es gefährlich war, irgendeinen der wartenden Passagiere nur anzuschauen oder gar anzusprechen, und nur ein Tibetaner wie Kessang konnte in dieser Situation noch seine innere Ruhe bewahren.

Während dieser Zeit lag das gesamte Tal unter Wasser, und das Bild dieses träge dahinfließenden Flusses bildete einen eigenartigen Kontrast zu dem üblichen geschäftigen Hin und Her, das hier normalerweise schon im frühen Morgengrauen beginnt. Die meiste Zeit war unsere Pardi-»Straße« von kniehohen, braunen Wassermassen überschwemmt, und im Nu begann Gras auf dem Erdboden in meinem Eingangsflur zu wachsen – zur hellen Freude von Tashi, die sich nun nicht mehr in die Fluten zu stürzen brauchte, um zu ihrem angestammten, grasbewachsenen Pinkelplatz auf der gegenüberliegenden Straßenseite zu gelangen.

Als ich am 16. August in Katmandu ankam, buchte ich als allererstes den Rückflug für den 20. August. Aber weder gestern noch heute ist von Katmandu aus ein R.N.A.C-Flieger gestartet, und nur durch die Hilfe von drei Schweizern bin ich heute nachmittag in einem winzigen Pilatus Porter wieder nach Hause gekommen.

Als die drei Schweizer und ich um neun Uhr vormittags zum Gaucher-Airport kamen, erfuhren wir, daß schlechte Wetteraussichten bestünden, und so verbrachten wir die nächsten Stunden im sogenannten »Restaurant«, von dem aus der Pilot in regelmäßigen Abständen kleinere Expeditionen unternahm, um draußen den Himmel einer eingehenden Prüfung zu unterziehen. Um halb zwei Uhr nachmittags meldete das Radio schönes Wetter in Pokhara, doch da Katmandu immer noch unter einer dunklen Wolkendecke lag, dachte ich mir, daß es wohl besser wäre, bis morgen zu warten. Der Pilot war jedoch guter Dinge und meinte, man sollte den Versuch wagen, schließlich könnte man ja immer noch wieder umkehren, wenn sich die Lage verschlechtern sollte.

In einem Pilatus Porter kommt man sich vor wie in einem Auto mit Flügeln. Man sitzt ganz vorne und sieht die Welt unter sich, die Menschen, die dort unten auf den Hügeln arbeiten, im wahrsten Sinne des Wortes aus der Vogelperspektive. Für mich jedoch war der Flug ein wahrer Horror-Trip. Als wir über der Stadt hochstiegen, war ich nicht in der Lage, die schmale Gebirgsschlucht auszumachen, die der einzige Ausweg aus dem Katmandu-Tal nach Pokhara hinüber ist. Nachdem wir dieser Dampf-Hölle entkommen waren, war die Sicht eine Viertelstunde lang klar – eine Atempause, die ich bitter nötig hatte –, doch dann schob sich uns wieder eine bedrohliche Wolkenwand genau in den Weg. Als wir mitten drin waren, dachte ich nur noch an meine Lieben daheim, während der Pilot mit gellender Stimme nach Katmandu funkte: »Vielleicht kehren wir um, stop. Schauen erst mal, wie weit es geht, stop. Bleib mal zwei Minuten dran, stop. Warnung an Pokhara, stop.« Das alles hörte sich für mich an wie die »berühmten letzten Worte« – stop! Nach diesen zwei (elend langen!) Minuten hatte das Schicksal ein Erbarmen mit uns – langsam lichteten sich die Wolkendecke, und Katmandu erhielt die Nachricht, daß nun alles in Ordnung sei. Als nächstes wurde nach Pokhara gefunkt, daß sie nun ohne Probleme ein Flugzeug zurückschicken könnten, so daß ich, als wir zehn Minuten später in die nächste Wolke eintauchten, wie gelähmt war von der Vorstellung, wir würden jetzt gleich mit der entgegenkommenden Dakota zusammenstoßen. Zum Glück aber war über dem Tal von Pokhara kein einziges Wölkchen, und so landeten wir glücklich um halb drei Uhr nachmittags im strahlenden Sonnenschein.

Meine Nachbarn im Pardi-Basar empfingen mich zu meiner Überraschung mit warmer Herzlichkeit. Offenbar haben sie mich doch schließlich akzeptiert, genauso, wie sie den heiter lächelnden, blinden Bettlerjungen akzeptiert haben, der allein im Tal herumstreift, oder den zerlumpten, geisteskranken Inder, der blendendes Oxford-Englisch spricht und stundenlang in Teehäusern

herumsitzt, in hitzige »Debatten mit sich selbst verwickelt über die
Beziehungen zwischen Hinduismus und Christentum.

31. August

Letzten Monat entdeckte ich, daß Bhupi Sherchan, ein junger
Freund von mir aus Pokhara und Nepals bekanntester Dichter, das
Buch *Drei Jahre in Tibet* von Ekai Kawakuchi besitzt. Es ist eins
der ungewöhnlichsten Veröffentlichungen über Tibet, und ich
habe lange erfolglos die Buchläden in Großbritannien und Indien
auf der Suche nach einer englischen Ausgabe dieses Buches
durchstöbert, das im Jahre 1906 bei der Theosophischen Gesellschaft in Madras erschienen ist. Am Anfang schien es mir ebenso
unerklärlich wie sensationell, daß zu dem dürftigen Bestand an
englischsprachiger Literatur in diesem Tal ausgerechnet ein Kawakuchi zählt, doch dann klärte mich Bhupi auf, daß dieses
Exemplar seinem Großvater vom Autor persönlich geschenkt
wurde zum Dank für die vielfältige, freundliche Unterstützung,
die er von dem mächtigen Sherchan-Clan, einer der reichsten
Familien in Nepal, auf seiner Reise durch Tibet erfahren hatte.

Am Anfang dieses Monats, als wegen des heftigen Monsuns
hier jegliche Geschäfte zum Erliegen kamen, verbrachte ich viel
Zeit damit, Kawakuchi zu lesen und schloß diesen ungewöhnlichen, mutigen und tief religiösen japanischen Buddhisten-Mönch,
der eine hingebungsvolle Bereitschaft zu lernen mit rührend kind-
lichen Schwächen vereint, tief in mein Herz. Er lernte die tibetanische Sprache, bis er sie perfekt beherrschte, verkleidete sich
dann als Lama und reiste im Jahre 1900 unter Lebensgefahr illegal
nach Tibet, um die Religion dieses Landes zu studieren. Nachdem
er viele gefährliche Abenteuer glimpflich überstanden hatte, fuhr
er wieder nach Hause und schrieb dann diesen unübertroffenen
Bericht über das Leben in Tibet um die Jahrhundertwende. Dieses
Buch begeistert mich dermaßen, daß ich hier einige der schönsten
Passagen zitieren möchte, bevor ich es schließlich – widerstrebend – Bhupi zurückgeben muß.

Im März 1899 kam Kawakuchi durch dieses Tal und schrieb
darüber folgendes: »Pokhara wirkte auf mich wie eine Kleinstadt
mit hübschen Landhäusern bei mir daheim. Der Platz für diese
Siedlung wurde sicherlich wegen seiner landschaftlichen Schön-

heit gewählt. Von Bambuswäldern überzogene Schluchten, blumenübersäte Anhöhen, üppig sprießendes Grün überall, durchzogen von einem rauschenden Strom, ein malerisches Städtchen mitten im Hochgebirge – das war mein Eindruck von Pokhara. Das Wasser des Flusses war milchig weiß, wahrscheinlich, weil es Tonschlamm aus den Bergen mit sich führte. Auf keiner meiner Reisen durch den Himalaya habe ich jemals eine solch hinreißend schöne Landschaft gesehen wie hier in Pokhara. Bemerkenswert an diesem Ort war außerdem, daß hier alles billig war wie nirgendwo sonst in Nepal.«

All dies (außer dem letzten Satz) kann ich nur aus vollem Herzen bestätigen. Und da der Preisanstieg und der Flugplatz wirklich das einzige sind, was sich in Pokhara seit 1899 verändert hat, kann man davon ausgehen, daß Kawakuchi, würde er heute an diesen Ort zurückkehren, sein »hinreißendes Tal« sicherlich sofort wiedererkennen würde.

Ein wenig später beschreibt er im selben Kapitel seine Eindrücke, als er nach Tsarang kommt, den Heimatort vieler Tibeter aus unserem Lager:

»Was Dreck anbetrifft, so gehören die Tibetaner sicherlich zu den schmutzigsten Völkern dieser Erde, doch die Einwohner von Tsarang übertreffen sie hierin noch bei weitem. In Tibet wäscht man sich nur gelegentlich, in Tsarang praktisch überhaupt nicht. In dem ganzen Jahr, das ich hier verbrachte, sah ich nur zweimal, wie sich jemand wusch, und auch da beschränkte sich die Säuberung nur auf Gesicht und Hals. Die Haut der Menschen hier hat einen abstoßenden, eigentümlichen Glanz von poliertem Dreck. Aber was sollen sie auch machen, wo es doch hier üblich ist, Leute, die sich anständig das Gesicht waschen, auszulachen und ihr Verhalten als glatte Provokation zu betrachten? Nicht nur in ihrer Erscheinung, sondern in einfach allem, was sie tun, demonstrieren die Einheimischen hier, daß sie offensichtlich nicht die geringste Vorstellung von Reinlichkeit haben. Daß sie einem eine Tasse Tee zubereiten mit denselben Fingern, mit denen sie eben noch in der Nase gebohrt haben, ist nur ein sehr dezentes Beispiel für ihre Unsauberkeit. Doch ich möchte mich hier wirklich nicht weiter darüber auslassen, was sie alles sonst noch tun, denn wer es nicht mit eigenen Augen gesehen hat, der glaubt es einfach nicht, und mich bloß daran zu erinnern, ruft schon einen solchen

Ekel in mir hervor, daß ich fürchte, mich übergeben zu müssen. Die Einheimischen hier leben mit ihren animalischen Instinkten: sie haben nichts anderes im Sinn als Essen, Trinken und Schlafen. Ansonsten dreht sich in ihrem Kopf alles nur um das Thema ›körperliche Liebe‹. Gelegentlich hören sie am Abend der Predigt eines Lamas zu, aber wirklich nur gelegentlich. Sie wechseln ihre Kleidung vielleicht einmal im Jahr, und wer es fertigbringt, seine Sachen zwei Jahre lang anzubehalten, der steigt in ihrem Ansehen. Und da sie ihr Zeug auch niemals waschen, starrt es entsprechend vor fettglänzendem Dreck. Doch so gleichgültig ihnen auch ihre äußere Erscheinung ist, so wichtig ist ihnen die Zubereitung ihrer Speisen und eine möglichst komfortable Gestaltung ihres Schlaflagers. Und das, was Jung und Alt am meisten bewegt und beschäftigt, ist die Fleischeslust. Wie alle primitiven Völker sind sie äußerst abergläubisch. Ein Lama ist für sie allmächtig, er kann alle Krankheiten heilen und die Zukunft voraussagen.«

Dem allem kann ich größtenteils nur zustimmen – wenn ich auch den Eindruck habe, daß die hiesigen Leute aus Tsarang der »Fleischeslust« eher distanziert gegenüberstehen.

Auf jeden Fall ist unserem japanischen Freund das Thema »Sex« wohl überhaupt ein Dorn im Auge und aus diesem Grunde die tibetanische Ausprägung des Buddhismus insgesamt. Am Ende desselben Kapitels kann er sich über Padma Sambhama und die Nyingmapa die folgenden bissigen Bemerkungen nicht verkneifen: »Seine Lehre ist die reinste Parodie des Buddhismus und versucht, die Sexualität des Menschen von jeglicher Sünde freizusprechen. Alle wichtigen Passagen und Lehren der Heiligen Texte interpretiert er vom Standpunkt der körperlichen Liebe aus, und auch in der Tibetanischen Rhetorik, in der ich mich unterweisen ließ, fand ich diese abscheulichen, unkeuschen Gedanken wieder.« Spätestens an dieser Stelle fragt man sich langsam, ob der japanische Mönch – alias der tibetanische Lama – nicht in Wirklichkeit ein verkleideter presbyterianischer Geistlicher ist!

Als ich heute morgen um sechs Uhr mit dem Fahrrad zum Basar hochfuhr, war der Himmel wolkenlos – was für ein überwältigender Anblick waren doch die Berge in diesem frühen, klaren Sonnenlicht! Wenn man sie so viele Wochen lang nicht sehen konnte, lernt man sie erst wirklich zu schätzen. Sie *sind* einfach majestätisch, und es ist mir schlicht egal, ob das vor mir schon einmal jemand gesagt hat. Dieses Adjektiv ist das einzige, das annähernd den Eindruck vermittelt, von dem man überwältigt wird, wenn man vom Pardi-Basar hochradelt, direkt auf den Machhapuchhare zu, diesen König aus Schnee und Eis, der groß und mächtig über die übrigen schneebedeckten Gipfel emporragt in das strahlende Blau des Himmels.

3. September

Heute hatte ich meinen ersten Konflikt mit einer hiesigen Behörde. Eigenartigerweise komme ich in privaten Beziehungen mit Asiaten hervorragend zurecht, auf der Ebene beruflicher Kontakte jedoch, wo kulturelle Unterschiede so oft aufeinanderprallen, erleide ich immer wieder Schiffbruch. Es ist wirklich enorm schwierig, in einer solchen Situation eine Lösung für ein Problem zu finden, die praktischen Erfolg verspricht und es gleichzeitig beiden Beteiligten ermöglicht, ihr Gesicht zu wahren. Mein gesunder Menschenverstand und mein Respekt vor Andersdenkenden gebieten mir ein gewisses Maß an Flexibilität und Toleranz, und in weniger wichtigen Fragen bin ich durchaus bereit, in mühevoller, nervenaufreibender Kleinarbeit einen Kompromiß auszuhandeln. Doch irgendwann kommt dann immer ein Punkt, an dem mir sehr viel liegt, und dann will ich mich nicht mehr anpassen und muß einfach meinen eigenen Kopf durchsetzen. Wenn ich mich dann auflehne und den Vorstellungen der Nepalesen hartnäckig widersetze, fühlen die sich natürlich völlig brüskiert. Vielleicht ist es ja ein Fehler, *überhaupt* Kompromisse einzugehen, und sei es nur in belanglosen Dingen, doch mit einer derart konsequenten Haltung wäre hier im Osten jegliche Arbeit zum Scheitern verurteilt. Wenn ich mich in solchen Situationen weigere, weiter herumzulavieren, tue ich das nicht aus nüchternem Kalkül, sondern aus einem spontanen Instinkt heraus: Ich sehe, wie sich die Dinge entwickeln, die Richtung paßt mir nicht, und dann muß ich mich einfach wehren. Und von diesem Punkt an bin ich so sehr davon überzeugt, im Recht zu sein, zumindest gemessen an *meinen* Maßstäben, daß kein Kompromiß mehr möglich ist.

Das ganze Problem dreht sich letztlich um die Frage, wieweit wir das Recht haben, unsere eigenen Wertvorstellungen fernöstlichen Menschen überzustülpen. Eigentlich bin ich der Meinung, daß wir dazu nicht im mindesten berechtigt sind, und ich ergreife auch sofort Partei für die Nepalesen, wenn sie von anderen an westlichen Maßstäben gemessen werden. Wenn sich andererseits fernöstliche Länder dazu verführen lassen, das westliche Wirtschaftssystem zu kopieren – das meines Erachtens für ihre Gesellschaft gänzlich ungeeignet ist – und von uns fordern, ihnen dazu die nötige finanzielle und personelle Hilfe zur Verfügung zu stellen, dann denke ich allerdings schon, daß man auch eine gewisse Anpassung an westliche Normen erwarten kann. In den meisten Fällen ist diese Erwartung jedoch gänzlich unrealistisch, und deshalb meinen inzwischen viele westliche Entwicklungshelfer, die sich in diesen Fragen viel besser auskennen als ich, daß man mit der gesamten Entwicklungshilfe auf der Stelle aufhören und sie entweder für immer vergessen oder aber nach ganz anderen Prinzipien von Grund auf neu aufbauen sollte.

Es war heute nachmittag sofort klar, daß die Nepalesen unsere »Offenheit« als absoluten Fauxpas, als Inbegriff des schlechten Benehmens empfunden hatten. Wenn man das Kind beim Namen nennt, reagieren sie geschockt, verletzt und beleidigt, und nach diesem Eklat heute halten sie mich sicherlich für eine Barbarin aus irgendeinem primitiven Stamm von Höhlenmenschen – was ich in vielerlei Hinsicht auch tatsächlich bin, verglichen mit ihnen. Dabei hatte ich ihnen zuliebe meine eigene Aggressivität sogar noch ziemlich im Zaum gehalten und mich äußerst höflich ausgedrückt, beileibe nicht so, wie es sonst meine Art ist.

Auf jeden Fall hat diese offensive »Direktheit« ihnen wenigstens einen kleinen Einblick in unsere Art zu denken gegeben – wohingegen wir bei unseren Bemühungen, die Nepalesen auch nur annährend zu begreifen, wahrscheinlich ewig im Dunkeln tappen werden.

Nur ein einziges Mal hat mir ein Hindu ernsthaft seine Vorstellung von Ehrlichkeit erläutert, doch diese Erläuterung war alles andere als erhellend. Ich wohnte damals zusammen mit einem englischen Ehepaar in Uttar Pradesh, und sie hatten einen jungen Brahmanen zum Abendessen eingeladen. Er war ein ausgesprochen angenehmer Mensch, warmherzig, höflich, geistreich und gebildet, und meine Freunde, die schon etwas älter waren, hatten ihn in den vergangenen zwei Jahren so ins Herz geschlossen, daß sie ihn wie ihren eigenen Sohn behandelten. Schon nach kurzer Zeit waren wir in eine heftige Diskussion über den uralten Vorwurf verwickelt, daß die Inder unehrlich seien. Der junge Mann war leidenschaftlich bemüht, uns seinen Standpunkt klarzumachen und meinte: »Sehen Sie – ich bin ein wohlerzogener Brahmane und ein sehr guter Freund dieser Familie. Doch ich sage Ihnen: Wenn ich hierher käme und das Haus leer wäre, und ich sähe dort hundert Rupies auf dem Schreibtisch liegen, so würde ich sie mit ziemlicher Sicherheit stehlen. Wenn ich allerdings wüßte, daß die hundert Rupies im Schreibtisch verschlossen wären, würde ich sie *niemals* stehlen, auch wenn ich das Schloß leicht aufbrechen und absolut sicher gehen könnte, nicht erwischt zu werden.«

Aus verständlichen Gründen wurde dieses drastische Beispiel mit einem äußerst gequälten Lächeln zur Kenntnis genommen, woraufhin der junge Mann ungeduldig die Stirn runzelte und fortfuhr: »Sie wollen mir offenbar nicht glauben, aber das ist die reine Wahrheit. Die Schuld an diesem Diebstahl trüge derjenige, der das Geld so leichtfertig hätte herumliegen lassen. Ich hätte zwar das Gefühl, etwas Verbotenes getan zu haben, aber ich wäre der Meinung, daß man von mir nicht hätte erwarten können, einer solchen Versuchung zu widerstehen. Die Schuld des Besitzers, so achtlos gewesen zu sein, würde meine Schuld aufwiegen, und somit hätte ich mir nichts mehr vorzuwerfen.«

An diesem Punkt der Diskussion angelangt, waren die Gastgeber so fassungslos, daß ich hastig das Thema wechselte, obwohl ich es eigentlich gerne weiter vertieft hätte.

Der letzte Rest von Anstand, der aus dieser Schilderung spricht, ist das Eingeständnis des jungen Mannes, daß er doch ein gewisses Gefühl von Schuld empfunden hätte, wenn er es auch gleich im Keim ersticken würde. Möglicherweise beruht das Unbehagen, das viele Hindus in Zusammenhang mit Europäern empfinden, zum Teil auf einem Gefühl moralischer Unterlegenheit, einem Gefühl von Neid auf die Werte, die wir hochhalten und deren Mißachtung wir mit unserem Gewissen viel schwerer in Einklang bringen können. Dem einzelnen Hindu kann man keinen Vorwurf machen, denn er handelt ja nur nach seinem traditionellen Moralkodex. Doch wenn dieser Kodex in derartigem Widerspruch nicht nur zur christlichen Moral, sondern auch zu einem allgemein gültigen Naturgesetz steht, dann braucht sich der Hindu nicht zu wundern, wenn unsereins es nicht begreift, wie man so leicht sein Gewissen beruhigen kann.

Hier im Osten kann man immer wieder erleben, wie die unterschiedlichen kulturellen Wertvorstellungen von Ost und West aufeinanderprallen. Heute jedoch habe ich zum ersten Mal richtig begriffen, *wie* unfähig die Nepalesen sind, ein Problem organisatorisch in den Griff zu bekommen – eine Erfahrung, die mich völlig entmutigt hat. Erst wenn man längere Zeit lang hautnah erlebt hat, was sich im Kopf eines Nepalesen abspielt, kann man den fundamentalen Unterschied ermessen zwischen einem Volk, das auf eine Tradition logischen Denkens zurückblicken kann und einem anderen, das diese Tradition nicht kennt. Und das ist es, was die Zusammenarbeit bei allen Projekten so ungemein erschwert. Normalerweise setzen wir bei einem erwachsenen Menschen ein gewisses Maß an Logik automatisch voraus. Jeder halbwegs intelligente Mensch der westlichen Welt ist in der Lage, ein gegebenes Problem zu analysieren und auf dieser Basis Methoden zu entwickeln, mit denen er die Lösung des Problems in Angriff nehmen kann. Aber selbst dem gebildetsten und intelligentesten Nepalesen ist diese Vorgehensweise fremd. Seine Theorien mögen schlüssig und seine verschiedenen Pläne für die praktische Lösung durchaus vernünftig sein. Doch was völlig fehlt, ist die Koordination der Theorien oder der praktischen Pläne, und gegen diesen Mangel hilft nur ein größeres Wunder und kein westlicher Experte. Anstatt das Problem zunächst als Ganzes zu betrachten und dann die einzelnen Teilprobleme in Beziehung zum Gesamtproblem zu setzen, geht der durchschnittliche Nepalese so vor, daß er jeden Teilaspekt als eigenes Problem behandelt, zu dessen Lösung er die verschiedensten Entscheidungen trifft, die, wenn sie umgesetzt würden, sich aber alle gegenseitig blockieren oder in der Wirkung aufheben würden – und so ist es vielleicht ein glücklicher Umstand, daß Entscheidungen in Nepal selten oder nie in die Tat umgesetzt werden. Doch es zermürbt auch den begeistertsten Idealisten, sich mit solchen Dingen Tag für Tag herumschlagen zu müssen, und so wundert es mich nicht, daß so viele westliche Entwicklungshelfer einfach aufgeben.

Diese westlichen Fachleute reagieren aus ihrer Enttäuschung

heraus dann oft so, daß sie die Nepalesen einfach als gigantische, rettungslose Vollidioten abtun – eine sehr ungerechte Vereinfachung. Wir haben es hier nicht mit Menschen zu tun, die eine minderwertige Denk-Maschine haben, sondern nur eine, die einen anderen Treibstoff braucht, auf einer anderen Spurbreite und in eine andere Richtung läuft. Und es kann gut sein, daß die unlogischen Nepalesen sich schon in allzu naher Zukunft über uns totlachen werden, wenn sie – glücklich wie eh und je – sehen, daß unsere Zivilisation gescheitert ist und sich beim Wettlauf mit dem Fortschritt das Genick gebrochen hat.

5. September

Es ist ein interessantes Phänomen, daß viele angesehene Bürger von Pokhara sich zum Kommunismus bekennen. Heute morgen unterhielt ich mich länger mit einem von ihnen, der mir offen seine Sympathie zu China bekundete, und vor ihm habe ich schon vier andere getroffen, die genauso denken. Keiner von ihnen ist arm, drei gehören sogar zu den reichsten Männern im ganzen Tal und haben auch unter dem jetzt herrschenden Regime ein gutes Auskommen. Ihre politische Einstellung kann ihre Ursache also nicht in wirtschaftlicher Not haben. Bezeichnenderweise haben aber alle fünf diese fatale Halbbildung genossen, die sich unkritisch an westlichen Denkmustern orientiert und sie ihrer traditionellen geistigen Wurzeln beraubt, ohne sie andererseits mit dem intellektuellen Rüstzeug zu versehen, auch fremdem Ideologien gegenüber eine kritische Distanz zu bewahren. Mit ihren Solidaritätserklärungen an den chinesischen Kommunismus wollen sie lediglich ihre progressive Haltung zur Schau stellen und demonstrieren, daß sie sich von westlichem politischen Druck nicht beeinflussen lassen. Dies ist meines Erachtens auch der Hauptgrund für ihren fanatischen Haß auf Amerika. Sie argumentieren, mehr oder weniger logisch, immer gleich: »Amerika haßt China, doch wir wehren uns gegen die Versuche der Amerikaner, uns auf ihre Seite zu ziehen. Wir lassen uns nicht einkaufen, auch wenn sie noch so sehr mit Dollars um sich schmeißen.« Dieser zweifellos naive, wenn auch verständliche Anti-Amerikanismus ist die Grundhaltung jedes nepalesischen Kommunisten, und man fragt sich, wieso diese Entwicklung nicht schon vor Jahren vorhergesehen wurde. Auf der einen Seite stehen die Amerikaner, voller Mitleid mit den Armen in der Dritten Welt, voller kindlicher Begeisterung, helfen zu wollen, mit jeder Menge Dollars in den Taschen, mit einem krankhaften Chinesen-Haß und einem totalen Unverständnis für die Nepalesen. Einfach nur Geld in ein Land zu pumpen, ist nach der Vorstellung dieser »Wohltäter« die einzige Möglichkeit, ein Land zu »retten«, auch wenn die Nepalesen offensichtlich nicht geneigt sind, immer nur brav den Dollars hinterherzulaufen. Auf der anderen Seite stehen die Chinesen, die auf ihre nepalesischen »Brüder« weniger realen politischen Druck ausüben als daß sie geschickt agitieren, indem sie ihnen vorführen, wie sie sich aus dem gleichen Zustand der Unterentwicklung, in dem sich auch die Nepalesen befinden, aus eigener Kraft hocharbeiten. Dazu predigen sie, daß das Ganze nur möglich wird durch den Kampf gegen den Kapitalismus, von dem die Nepalesen lediglich wissen, daß es in Amerika vorherrscht. Und so dringt diese Propaganda immer mehr in die asiatische Gedanken- und Gefühlswelt ein. Es ist nur zu verständlich, daß diejenigen Nepalesen, die davon überzeugt sind, daß ihr Land Reformen braucht, auf der Suche nach Unterstützung nach Nordosten blicken.

In Katmandu gibt es viele Buchhandlungen, die von pekingtreuen Nepalesen geführt werden und eine breite Auswahl an chinesisch-kommunistischer Propaganda-Literatur auf Nepalesisch, Hindi und Englisch anbieten. Viele der Bücher sind prächtig gebunden und von allerbester Papier- und Druckqualität, doch die Preise werden künstlich niedrig gehalten. Bücher, die 8–10 Mark kosten würden, wenn sie aus dem Westen importiert wären, kann man hier für zwei oder drei Mark erstehen. Kürzlich habe ich für nur eine einzige Rupie (40 Pfennig) eine wunderschöne, gebundene Ausgabe mit Gedichten von Rewi Alley mit dem Titel *Wer ist der Feind?* gekauft. Der Band ist letztes Jahr bei New World Press in Peking erschienen. Der Klappentext beginnt mit folgenden Worten: »Rewi Alley ist Bürger von Neuseeland und Weltbürger zugleich. Er hat nun schon seine ersten vier Jahrzehnte in China verlebt.« Woraufhin sich der interessierte Leser fragt, ob dem chinesischen Kommunismus eine geheimnisvolle Kraft innewohnt, einem ein besonders langes Leben zu bescheren, so daß sich Rewi Alley nun auf seine zweiten vier Jahrzehnte in China freuen darf. Im Schlußsatz des Klappentextes heißt es, daß diese

Gedichte »ungeheuer politisch« sind, was leider nur allzusehr zutrifft, denn sie sind meilenweit von dem entfernt, was man gemeinhin unter »Lyrik« oder »Poesie« versteht. Einige sind von einer derart höhnischen, geradezu obszönen Blasphemie gezeichnet, daß man sie als westlicher Leser wie einen Schlag ins Gesicht empfindet. Viele der Gedichte, besonders die über den Vietnam-Krieg, haben jedoch durchaus ihren Reiz. Sie haben eine ganz eigene Schönheit, denn sie sind von glühender Leidenschaft für die Wahrheit durchdrungen, und nur ein besonders gefühlloser Leser könnte sie als reine Propaganda abtun. Auf jeder Seite spürt man die kompromißlose Parteinahme des Schriftstellers für die armen Bauern Asiens und seinen unerschütterlichen Glauben daran, daß der Kommunismus sie von ihrem Leiden erlösen wird. Man spürt die Kraft und die Wärme von Alleys Mitgefühl, das auch durch die pathetischsten Phrasen hindurchklingt. Zu oft sehen wir den Kommunismus als eine kalte, menschenverachtende Ideologie, die nur Unterwerfung oder Tod kennt und das Individuum rücksichtslos der reinen Lehre opfert. Doch die Schriften von Rewi Alley und vieler anderer seiner »Genossen« beweisen, daß wie jede andere politische Theorie in der Geschichte der Menschheit auch der Kommunismus zutiefst menschlich ist. Durch dieses kleine Büchlein hört man sein empörtes, verwirrtes und kämpferisches Herz schlagen, und man merkt, daß viele dieser Menschen, und seien sie auch noch so irregeleitet, sich wirklich ernsthaft für die Armen dieser Welt einsetzen wollen, auch wenn die Folgen ihres Hasses auf die »Imperialisten« noch so grausam sind.

Gestern abend kamen wir Bewohner vom Pardi-Basar in den Genuß westlich geprägter Propaganda, als die Britische Botschaft auf einer Freilichtbühne eine Film-Show vorführte, um die Einheimischen über das »Leben im modernen England« aufzuklären. Die Filme waren dermaßen ungeeignet und grotesk, daß man sich fragte, ob die zuständigen Veranstalter restlos den Verstand verloren hätten. Aber immerhin verbrachte ich auf diese Weise einen herrlich amüsanten Abend, denn ich betrachtete mir das ganze Spektakel natürlich mit den Augen eines nepalesischen Bauern.

Das Leben der Menschen in London wurde mit Bildern der Königlichen Fahnenparade demonstriert, so daß das Publikum annehmen mußte, daß eine Stadt der Inbegriff der Zivilisation sein müßte, wo die Mehrheit der männlichen Bevölkerung prunkvolle Uniformen trägt und auf dem Rücken glitzernd geschmückter Pferde einherstolziert – allerdings unbegreiflicherweise immer nur in militärischer Formation. Als nächstes sahen wir eindrucksvolle Bilder aus einer *Macbeth*-Aufführung an den Klippen von Cornish in elisabethanischen Kostümen. Ein schaurig-blutiger Dolch war mitten im Geschehen in Großaufnahme zu sehen, ein Detail, das sicherlich die freundschaftlichen Beziehungen zwischen den Gurkhas und dem britischen Volk endgültig besiegelt hat. Danach folgten Ausschnitte aus der 400-Jahr-Feier in Stratford-on-Avon mit Scharen von Bürgermeistern aus ganz England in vollem Ornat. Als nächstes wurden wir nach Eisteddfod entführt, wo wir Tänzer aus aller Herren Länder in ihren Nationaltrachten bewundern durften – Schwärme von verkleideten Druiden hüpften dazu im Vordergrund herum. Schließlich, als grandioses Finale, waren wir live bei den Highland Games dabei: die Schottenröckchen flogen und die Dudelsäcke quiekten, was das Zeug hielt. So also schaut für uns hier im Tal von Pokhara heutzutage das Leben in England aus. Zweifellos werden von nun an meine Nachbarn denken, daß die Kleider, die westliche Touristen hier tragen, ausschließlich für den Gebrauch in den Tropen gedacht sind, und sie werden überzeugt sein, daß es in England genauso viele gesetzliche Feiertage gibt wie in Nepal.

8. September

Heute abend war ich an der Reihe, das Abendessen zu machen. Als Kay um halb acht kam, hatte sie ihr Transistorradio, das sie sonst nur selten benutzte, unter dem Arm und war völlig außer Atem vor Aufregung. Im ersten Moment, nachdem sie mich informiert hatte, daß zwischen Indien und Pakistan Krieg ausgebrochen war, dachte ich voller Entsetzen »Jetzt ist es passiert!«, aber je mehr sie mir erzählte, desto klarer wurde mir, daß es nur eine der üblichen Schießereien an der Grenze war, wenn auch in etwas größerem Umfang. Ohne Zweifel wird es wieder unzählige sinnlose Tote auf dem Schlachtfeld und auch hier in Pokhara wieder die einen oder anderen Unbequemlichkeiten geben, aber dennoch ist das kaum als ein Krieg im herkömmlichen Sinne zu bezeichnen.

Der Preis für Kerosin ist im Basar bereits auf 4,50 Mark pro Liter gestiegen, und es ist sehr wahrscheinlich, daß bald sämtliche Inlandsflüge der R.N.A.C. gestrichen werden, da Nepal auf die Benzinlieferungen aus Indien angewiesen ist. Die letzten zwei Stunden haben wir unter großen Mühen versucht, Bruchstücke von englischsprachigen Nachrichten aufzuschnappen. Die Lage wurde jedoch jeweils äußerst unterschiedlich beurteilt, je nachdem, ob die Informationen aus Pakistan, Indien, Nepal, China, Amerika oder England stammten. Aus Peking kommen noch wildere Töne als sonst schon – Amerika wird jetzt als »tückischer Wolf« und als »wütendster Aggressor, den die Menschheit je gesehen hat« beschimpft. Amerika nimmt auch kein Blatt vor den Mund, wenn es sich auch etwas »feiner« ausdrückt, und auch aus den übrigen Ländern hört man die erwarteten Kommentare. Die ganze Sache läßt einen echt verzweifeln. Ich persönlich bin der Meinung, daß Pakistan ein moralisches Recht auf Kaschmir hat, und als einer der »irischen Kampfhähne« würde ich ihnen nur allzu gerne »Viel Glück!« wünschen, wenn ich nicht wüßte, daß die pakistanische Armee nicht die geringste Chance hat, dieses Recht mit Gewalt durchzusetzen. Doch dieses nutzlose Scharmützel wird diesen beiden von Armut geschüttelten Ländern letztlich nur noch mehr Elend bringen.

Am meisten bedaure ich jedoch das arme, kleine Nepal, das jetzt, eingeklemmt zwischen China und Pakistan auf der einen und Indien und Amerika auf der anderen Seite, vor Angst am Zittern ist. Die englischsprachigen Kommentare aus Katmandu waren krampfhaft um Neutralität bemüht, wenn auch eine leise Parteinahme für China nicht zu überhören war, vielleicht zum Teil auch deshalb, weil zur Zeit eine nepalesische Gesandtschaft in Peking weilt und die Familien der Delegierten sie sicher gern wiedersehen würden. Wie dem auch sei, für uns hier besteht keine Gefahr. Selbst wenn der Konflikt so eskalieren würde, daß auch China Indien den Krieg erklären würde, ist es höchst unwahrscheinlich, daß Nepal in irgendwelche Kampfhandlungen hineingezogen würde.

Kay ist heute abend verständlicherweise sehr besorgt. Sie hatte vorgehabt, Ende dieses Monats ihren Jeep nach Südindien zu überführen, doch bis dahin wird es für zivile Zwecke wohl keinen Treibstoff mehr geben. Sie wird deshalb schon in ein paar Tagen aufbrechen.

Kay ist am 11. September abgefahren und ist nun irgendwo auf dem Rajpath. Jill Buxton ist außer Kay die einzige alte Dame, die ich kenne, die es fertigbrächte, einen 21 Jahre alten Jeep ganz allein von Katmandu nach Mysore zu fahren, noch dazu durch Kriegsgebiet. Was immer man auch über den englischen Export sagen kann, was alte Damen anbetrifft, stehen die Briten nicht schlecht da.

Heute ist der Krieg schon eine ganze Woche alt, doch Pekings Störsender arbeiten derartig erfolgreich, daß zu uns aus der großen weiten Welt bisher keine Nachrichten durchgesickert sind. Das ist auch ganz gut so. Irgendwelche drastischen Berichte würden nur unnötige Unruhe auslösen, sogar bei den Nepalesen.

Im Basar blüht der Schwarzmarkt. Offensichtlich sind nepalesische Kaufleute die geborenen Profiteure – sie brauchen nur von fern einen Krieg zu wittern, und schon wird über Nacht alles zur Mangelware. Theoretisch hat die Regierung zwar einen Preisstop verhängt, aber in der Praxis haben in Pokharas Alltag Gesetze aus Katmandu herzlich wenig zu sagen.

Heute morgen war ich unterwegs, um russische Dosenmilch für die achtzehn Tibetaner aufzukaufen, die unter Mangelerscheinungen leiden und seit Kays Abfahrt nun jeden Morgen in aller Frühe zu mir kommen, um sich ihre Eierflips zu holen. Ich habe insgesamt vierzig Ein-Pfund-Dosen aufgetrieben, doch die werden nicht sehr lange reichen, und so habe ich zusätzlich dreißig Dosen indischer Milch gekauft, die allerdings qualitativ wesentlich schlechter als die russische ist und noch dazu mehr kostet.

Im Moment bin ich etwas erschüttert, denn ich habe gerade miterlebt, wie draußen auf der Straße ein tollwütiger Hund getötet wurde. Ich kam gerade von meinem Abendrundgang durch das Lager zurück, als ich plötzlich gellende, jaulende Schreie hörte, die mir durch Mark und Bein gingen. Dann sah ich, wie eine wilde Büffelherde über das Feld direkt auf mich zu galoppiert kam. Die Leute stürzten voller Panik in alle Richtungen auseinander, und einen Augenblick später sah ich einen ausgesprochen hübschen Hund, der einem der Händler hier gehört. Er rannte wie wild im Kreis herum und stieß dabei diese gräßlichen Schreie aus. Sofort suchte ich nach Tashi, doch die spielte sorglos im Hintergrund bei den Zelten mit ein paar anderen tibetanischen Hunde herum. Ich sprang zu ihr hin, schnappte sie mir und beobachtete, was nun passieren würde. Ich brauchte nicht lange zu warten: Drei junge Männer, bewaffnet mit scharfkantigen Ziegelsteinen, stiegen auf das Dach eines der Häuser, und binnen kurzem war die grausige Exekution vorüber. Die arme kleine Kreatur war einer von Tashis besten Freunden gewesen, und das beunruhigt mich jetzt sehr.

Tashi ist inzwischen zu einer ausgesprochen eleganten jungen Dame herangewachsen. Ihr Fell ist jetzt nicht mehr wild und wuschelig, sondern glatt und seidig. Ihr Körperbau erinnert an den eines Dackels, dessen elterliche Gene etwas am Ziel vorbeigeschossen sind. Sie hat einen witzigen Ringelschwanz mit langen, braunen Haaren, den sie stolz über ihrem Rücken trägt, und mit ihrer gleichmäßigen schwarz-weißen Zeichnung sieht sie einfach süß aus.

Über die delikate Frage, welche Rasse Tashi denn nun sei, streiten sich die Geister. Als sie zwei Monate alt war, behauptete ein hiesiger »Experte« steif und fest, sie sei ein tibetanischer Glatthaar-Terrier, doch ich habe diese Diagnose stets stark bezweifelt. Ein paar Wochen später meinte ein Inder, der hier zu Besuch war und offensichtlich einiges von östlichen Hunderassen verstand, sie sei ein himalayischer Zwerg-Schäferhund, eine These, die durch die Tatsache gestützt wird, daß ihr ehemaliges Herrchen ein Schafhirte ist. Ich für meinen Teil bin jedoch der Überzeugung, daß Tashi eine reinrassige tibetanische Promenadenmischung ist. Doch wenn man derartig verrückt ist, sich die Tortur und die Kosten aufzuhalsen, einen Hund von Nepal nach Irland transportieren zu wollen, dann muß man wenigstens behaupten, schon allein um sein Gesicht zu wahren, daß der fragliche Hund ein Exemplar einer seltenen, exotischen zentralasiatischen Rasse ist, denn nur dann ist er auch ein angemessenes Statussymbol. Und deshalb steht nun stolz in dem Formular, das ich heute abend ausgefüllt und mit dem ich den dornenreichen Weg beschritten habe, Tashi zur irischen Staatsbürgerschaft zu verhelfen, daß sie ein himalayischer Zwerg-Schäferhund ist.

Seit einer Woche ist jedoch die Idylle ein wenig getrübt, von einem in Nepal geborenen Hund als Frauchen auserwählt worden zu sein. Ich habe vor, im Dezember wieder daheim zu sein, und so hatte ich eine Anfrage an die irische Botschaft in Delhi geschickt, die mir postwendend eine lange Liste von fürchterlich komplizierten Antragsformularen für die verschiedensten Dokumente schickte. Offensichtlich reagiert unser Landwirtschaftsministerium ausgesprochen allergisch auf ausländische Vierbeiner und hat sich deshalb all diese gräßlichen seitenlangen Bestimmungen ausgedacht, um irgendwelche Anflüge von Zuneigung, von denen irische Bürger im Ausland überwältigt werden könnten, sofort im Keim zu ersticken. Doch ein irisches Ministerium sollte eigentlich wissen, daß es aussichtslos ist, einem Iren etwas ausreden zu wollen, was er sich einmal in den Kopf gesetzt hat. Mein schüchterner Wunsch, ein »Haustier der Spezies Hund aus einem Ort im Ausland ins Inland zu importieren« reifte zum felsenfesten Entschluß, als ich alle diese entsetzlichen Zwangsreglementierungen las. Selbst wenn ich eine starke Abneigung gegen Tashi empfinden würde, hätten die Oberen mich jetzt erst recht dazu aufgestachelt, diesen Hund »eingeschlossen in einem geeigneten Deckelkorb, Lattenverschlag, einer Kiste oder sonstigen beiß- und kratzsicheren, ohne Heu, Stroh oder Torfstreu ausgestatteten Behältnis« nach Irland einzuführen. Ich war ziemlich wütend, als ich das Antragsformular ausgefüllt hatte und die dazugehörigen Antragsschreiben an die »zugelassene Quarantäne-Station« und die »zugelassene Transportspedition« aufsetzte. Tashi lag derweil selig schlummernd zu meinen Füßen und ahnte nichts davon, daß in den nächsten paar Monaten ein Riesenaufgebot von Amtspersonen einen Riesenwirbel um einen winzig kleinen Hund veranstalten würden.

8.

Der Dieb und die Göttin

23. September, Katmandu

Vor zwei Tagen kam ich hierher nach Katmandu. Außer im Umfeld der indischen Botschaft und im Hotel Royal ist nichts davon zu merken, daß unser südlicher Nachbarstaat im Krieg mit Pakistan liegt. Das Royal wirkte wie ausgestorben, denn die Scharen reicher Touristen, die auf ihren Rundflügen um die Welt zu dieser Jahreszeit auch eine Stippvisite in Nepal vorbeizukommen pflegen, waren wegen des Kriegs ausgeblieben, und so schaute der arme Boris recht deprimiert drein. Seine Warmherzigkeit ist ja sprichwörtlich, und so hat er es auch diesmal nicht übers Herz gebracht, das riesige Hotel einfach zu schließen. Alle anderen Hoteliers haben den größten Teil ihrer Angestellten entlassen, doch Boris argumentiert so: »Es ist nicht die Schuld meiner Leute, daß in Indien Krieg herrscht. Sie arbeiten hart und stehen mir treu zur Seite, wenn ich sie brauche – wie könnte ich sie dann jetzt einfach vor die Tür setzen?« Kein Wunder, daß sie so einem Chef treu zur Seite stehen!

Heute morgen war ich am Flughafen drei Stunden lang damit beschäftigt, eine Lieferung von Fertignahrung aus den Bergen von Frachtsendungen auszugraben, die sich hier inzwischen auftürmen. Kurioserweise hat die aktuelle Krise dazu geführt, daß aus Kalkutta mehr Waren hierher eingeflogen werden als je zuvor. Die meisten Passagierflüge sind storniert worden, und so ist die R.N.A.C. dazu übergegangen, das in Kalkutta zum Versand bereitliegende Frachtgut mitzunehmen, um die Kosten aufzufangen, die durch die mangelnde Auslastung der Flugzeuge entstehen. Und so quillt nun der Flughafen hier über von Ballen, Kisten, Behältern und Kartons mit allen möglichen Inhalten. Die 150 Dosen Fertignahrung haben am Flughafen von Kalkutta schon sieben Wochen auf ihren Abtransport gewartet, und sie wären da wahrscheinlich noch sieben Monate liegengeblieben, wenn nicht die lukrativeren Passagierflüge ausgefallen wären.

24. September

Heute habe ich neun Stunden auf dem Flughafen verbracht, um auf »einen Abflug« zu warten, der nie stattfinden sollte. Die Wetterlage für den Flug nach Pokhara war günstig, und so hieß es seit acht Uhr morgens, daß wir jeden Moment starten würden – wenn nicht laufend etwas dazwischen gekommen wäre. Und so gab es immer wieder irgendeine Verzögerung – bis um 17.20 Uhr der Flug schließlich abgesagt wurde.

Dann ging wieder der Kampf los, mit meinen Massen von Flüchtlingsgepäck heil zurück nach Jawalkhel zu kommen. Die Ladung, die ich diesmal zu schleppen hatte, bestand aus drei Kisten Trockenmilch, von denen jede 27 Kilogramm wog, sechs Dosen Fertignahrung zu je 18 Kilogramm und zwei Kisten mit Medikamenten zu je 9 Kilogramm – plus ein *Dokar* vollgepackt mit frischem Gemüse für das Shining-Hospital mit 13 Kilogramm und eine Stofftasche mit meinen persönlichen Sachen, die 1 Kilogramm wog. Es ist keine leichte Sache, mitten in dem Chaos am Flughafen von Katmandu so viele Gepäckstücke neun Stunden lang zu bewachen. Die einzige Möglichkeit ist, alle Sachen zu einer Pyramide aufeinanderzuschichten und sich dann wie die Göttin der Geduld oben drauf zu setzen und auf jede weitere Verzögerung nur noch mit einem gütigen Lächeln zu reagieren. Natürlich war es im Grunde ein Irrsinn, das ganze Zeug wieder nach Hause zu transportieren, um es am nächsten Morgen in aller Herrgottsfrühe ächzend wieder zurück zum Flughafen zu schleppen. Aber es gab nun einmal keine offizielle Gepäckaufbewahrung, weder am Flughafen selbst noch beim R.N.A.C.-Terminal in der New Road.

Um halb sechs versuchte ich, von einem Freund ein Auto aufzutreiben, doch in dem Bezirk, wo er wohnt, war das Telefonnetz zusammengebrochen. Um Viertel nach sechs kam endlich der Flughafenbus angerattert, man half mir, mein Gepäck aufzuladen und lieferte mich samt meinen Kisten um zehn vor acht am Büro vom Terminal wieder ab. Dort versuchte ich, Sigrid anzurufen, jedoch ohne Erfolg, und so rief ich mir ein Taxi, verstaute alles erneut und kam schließlich hier um Viertel nach acht an. Ich war fix und fertig.

25. September

Das Leben wird immer leichter: heute brauchte ich nur sechs Stunden am Flughafen zu warten.

Heute, Sonnabend, war Sigrids freier Tag, doch sie war so edel und quälte sich zu nachtschlafender Zeit aus dem Bett und fuhr mich mit meinem verfluchten Gepäck in die New Road, wo wir freudestrahlend die Nachricht empfingen, daß der Flughafenbus nicht um acht, sondern erst um zehn Uhr abfahren würde. Ich sagte ihr wieder einmal eines meiner provisorischen Adieus. Sie hat einfach eine Engelsgeduld – ihre stoische Gelassenheit angesichts der Tatsache, daß ich laufend abreise, um kurz darauf zurückzukommen und ihr zu verkünden, daß ich leider noch nicht abfahren konnte, ist einfach unglaublich. Als ich gestern abend wieder in Jawalkhel ankam, freute sie sich so sehr, daß ich *noch nicht* nach Pokhara abgeflogen war, daß es mir nach der ganzen Tortur mit einem Schlag wieder gut ging!

Der Bus spuckte mich samt meinem Gepäck vormittags um halb zwölf am Flughafen aus. Ich baute mir wieder meine Pyramide, hockte mich oben drauf und wartete dort bis nachmittags um halb sechs, als meine Geduld mit der Lautsprecherdurchsage belohnt wurde, daß der Flug nach Pokhara aus nicht näher bezeichneten Gründen storniert worden sei. Ich machte mich also wieder daran, mein Gepäck hin- und herzuwuchten, worin ich inzwischen schon richtig Routine habe, und erfuhr dann am Büro vom Terminal, daß ich mich am nächsten Morgen um halb sieben dort wieder melden sollte. Man war sogar so großzügig, mir einen Sitzplatz zu garantieren – was man natürlich *nicht* garantieren konnte, war, daß *überhaupt* ein Flieger nach Pokhara starten würde.

26. September

Vielleicht ist heute tatsächlich ein Flugzeug nach Pokhara geflogen, doch es war mir nicht beschieden, zu den glücklichen Passagieren zu gehören. Ich habe es geschafft, mir zum zweiten Mal in einem Bus zwei Rippen zu brechen, wenn auch zum Glück nicht dieselben, die ich mir vor ein paar Jahren in einem afghanischen Bus gebrochen habe. Ich sollte mir das aber nicht zur Gewohnheit werden lassen…

Das Unglück passierte gestern auf der Heimfahrt vom Flughafen, doch wie so oft bei Rippenbrüchen, habe ich das Ausmaß der Verletzung nicht gleich erkannt. Der Bus hatte in der Tat eine deutliche Ähnlichkeit mit afghanischen Bussen. Das gesamte Gepäck der Fahrgäste war in der Mitte des Wagens zwischen den beiden schmalen Holzbänken aufgetürmt. Der Fahrer fuhr wie ein Geisteskranker, und als plötzlich hinter einer Reihe von Trägern, die riesige Heuhaufen schleppten, ein heiliger Bulle auftauchte, war der Bus viel zu schnell, um mit dieser im Grunde alltäglichen Verkehrssituation fertig zu werden. Der Fahrer machte eine Vollbremsung, die mich heftig gegen eine Blechdose von dieser gottverdammten Fertignahrung schleuderte. Im Moment tat es zwar fürchterlich weh, doch im weiteren dachte ich nicht mehr an diesen Zwischenfall, bis ich um Mitternacht, eine Stunde, nachdem ich zu Bett gegangen war, von stechenden Schmerzen geweckt wurde.

Sigrid war noch außer Haus auf einer Bridge-Party – wie üblich wußte sie nicht, ob ich nun endlich abgereist oder wieder einmal zurückgekommen war –, doch kurz darauf kam sie heim. Sie kümmerte sich rührend um mich, deckte mich mit Laken gut zu, verabreichte mir drei Codein-Tabletten und einen guten Brandy und überzeugte mich schließlich, daß alles nur halb so schlimm sei. Ich überlegte, ob es ratsam sei, das obere Bett zu benutzen, doch dann legte ich mich wieder auf meinen tibetanischen Teppich neben den äußerst mitfühlend dreinschauenden Puchare und schlief sofort ein.

Dr. Gyr schickte mich heute morgen ins Nepal T. B. Centre, um seine Diagnose »Rippenbruch« durch eine Röntgenaufnahme bestätigen zu lassen. Doch als ich nach einer qualvollen Schütteltour in einem Auto dort ankam, erfuhr ich, daß man erst morgen wieder Röntgenaufnahmen machen könnte, da heute ein gesetzlicher Feiertag sei. Jetzt hoffe ich, bis Dienstag wieder so fit zu sein, daß ich dann nach Pokhara fliegen kann.

28. September

Harmlose Rippenbrüche haben die Tendenz, jeden Tag weniger harmlos zu werden. Der Unfall ist jetzt schon eine ganze Woche her, und inzwischen habe ich solche Schmerzen, daß ich auch ohne den ausdrücklichen Rat von Dr. Gyr, jegliche Reisen in allernächster Zukunft zu unterlassen, den für heute gebuchten Flug nach Pokhara abgesagt hätte.

Gestern morgen erschien ich pünktlich um halb zehn zu meinem Termin im T. B. Centre, wo man mir jedoch mitteilte, daß der Generator ausgefallen war und vorraussichtlich nicht vor ein Uhr mittags wieder funktionieren würde. Um dreiviertel drei war es dann schließlich so weit, und ich wurde von einem freundlichen, aber grenzenlos unfähigen jungen Radiologen behandelt. Als die Aufnahme fertig war, stierte er ganze fünf Minuten darauf, obwohl sogar ich auf den allerersten Blick erkannte, daß die von Dr. Gyr bezeichneten Rippen überhaupt nicht abgebildet waren.

Gestern nacht hatte ich starke Schmerzen, doch inzwischen tut es kaum mehr weh, nachdem ich den ganzen Tag im Garten faul in der Sonne gelegen und gelesen habe.

Wenn Sigrid im Büro ist, verwandelt sich ihre Wohnung in einen Club, in dem sich Donbahadur und seine Freunde treffen, um zu singen, die große nepalesische Trommel zu schlagen und sich gegenseitig witzige Ausdrücke auf Englisch und Deutsch beizubringen, ungeniert mit anderleuts Frauen zu flirten, Tee zu trinken und ausgiebig über ihre jeweiligen Chefs zu tratschen. Oder sie verbringen, wie heute, Stunden im Garten damit, Drachen für die kommenden Wettbewerbe zu bauen.

Die Drachen-Saison beginnt jetzt nach dem Monsun: überall im ganzen Tal sieht man abgestürzte Drachen traurig in den Bäumen oder von den Elektrizitätsleitungen herabhängen. Gestern schaute ich bei zwei Duellen zu, die beide gleichzeitig hoch droben in der Luft ausgefochten wurden. Es war einfach faszinierend, die kunstvollen Flugmanöver dieser Luftpiraten zu beobachten, die in die Höhe steigen, flatternd schweben, um sofort wieder wie ein Raubvogel herabzuschießen. Die Besitzer der Drachen sind ebenso wie die Schnüre nicht zu entdecken, so daß man glaubt, daß jeder Drachen von einem kleinen eingebauten Motor gesteuert wird.

Donbahadur ist einer der besten Drachenbauer hier in der Gegend. Heute war er damit beschäftigt, seinen Drachen für einen wichtigen Wettkampf zu präparieren, der morgen stattfinden soll, sofern die momentane leichte Brise andauert. Die über 90 Meter lange Drachenschnur hat er oberhalb der ersten vier bis fünf Meter mit einer dichten Paste überzogen, die Glassplitter enthält und die Schnüre seiner Gegner zerschneiden sollen. Das Ganze war eine äußerst langwierige Prozedur, doch Donbahadur schien jede Minute zu genießen. Sein Freund Tulbahadur, der Milchmann, half ihm, die Schnur in ganzer Länge auszurollen, indem er sie straff um Bäume und Sträucher wickelte. Donbahadur hatte in Sigrids bestem Kochtopf eine Mixtur aus Mehl, Wasser und grober Kristallmasse gekocht. Mit dieser Paste bestrichen sie vorsichtig die ganze Schnur und prüften dann sorgfältig, als die Sonne sie getrocknet hatte, ob die winzigen Glassplitter auch fest in dem gebackenen Mehl saßen. Dann rollten sie die kostbare Schnur wieder auf die Winde, und ich hatte das bescheidene Vergnügen, den Kochtopf zurück ins Haus zu tragen und im Bad alle Spuren dieser tödlichen Paste wieder zu beseitigen.

30. September

Dieser Tag war der schwärzeste meines ganzen Aufenthalts in Nepal.

Ich saß gerade gemütlich beim Frühstück, als ich von oben einen grauenhaften Schrei hörte und kurz darauf Sigrid totenbleich in der Tür erschien. »Ich bin ausgeraubt worden« keuchte sie. »Alles ist weg – Schmuck, Kameras, Filme, einfach alles.« Im gleichen Moment spürte ich, wie mir der kalte Schweiß ausbrach, nicht nur, weil ich ihren Schrecken teilte, sondern weil mir mit einem Schlag klar wurde, daß dieses Unglück einzig und allein *meine* Schuld war.

Gestern abend war ich am Wohnzimmertisch gesessen und hatte geschrieben, als ich mit einem Ohr Schritte direkt über mir hörte. Ich dachte nur »Sigrid muß wohl heimgekommen sein, als ich gerade auf der Toilette war«, kümmerte mich nicht weiter darum und schrieb weiter. Einen Augenblick später hörte ich hinter mir, wie etwas von außen an die Hauswand schlug, doch auch dieses Geräusch nahm ich nur am Rande wahr und schob den Gedanken daran gleich beiseite, so wie man sich gegen alle störenden Einflüsse von außen abschirmt, wenn man sich konzentrieren möchte. Meine Ohren hatten mir zwar eindeutig gesagt, daß entweder direkt über oder hinter mir jemand gewesen sein mußte, aber ich war wohl doch so geistesabwesend, daß ich auch gar nicht verwundert war, als Sigrid dann erst viel später nach Hause kam, vielleicht deshalb, weil es einfach so unwahrscheinlich war, daß da oben jemand hätte gewesen sein können. Auf jeden Fall war mein Verhalten absolut idiotisch und unentschuldbar, doch die gute Sigrid, wie sie nun einmal ist, meinte nur, ich solle mir nichts dabei denken, es sei alles ihre Schuld, weil sie nie die Schränke abschließt und immer die Fenster weit offen läßt. Ich würde mich heute abend um einiges besser fühlen, wenn sie nicht so großmütig gewesen wäre, sondern mich so behandelt hätte, wie ich es verdient habe.

Als Donhabadur die schlechte Nachricht erfuhr, war er fast genauso verzweifelt wie wir. Tulbahadur war in der Küche (er frühstückt hier immer öfter), und so fuhren wir sofort alle in Sigrids Auto nach Patan.

Die Polizeistation gehört zu den ältesten und schönsten Newari-Häusern von Patan. In einer Wandnische am Haupteingang steht eine Skulptur von Hanuman, dem Affengott, und diese antike Statue wird von den Gläubigen gern mit roten und gelben Farben oder Farbpulver angepinselt. Die Dachrinne des Gebäudes ruht auf Säulen, und die Tür- und Fensterrahmen sind mit Schnitzereien geschmückt, die äußerst naturgetreu nackte Götter und Göttinnen mit allen Details darstellen – eine Art von Kunst, die immer wieder als obszön gegeißelt wird. Ich für meinen Teil finde das eher witzig und überhaupt nicht anstößig. An einer europäischen Polizeistation würde eine derartige Verschönerung sicher etwas unpassend wirken, doch die Nepalesen haben sich zum Glück einen Blick für die humorvolle Seite der menschlichen Sexualität bewahrt, und das verdient meines Erachtens eher Komplimente als Kritik.

Im Innern des Hauses führte eine wackelige Treppe hinauf ins Obergeschoß zum Büro des Polizeichefs. Ein ebenso wackliger Tisch stand in einer Ecke neben dem Fenster, dessen kunstvoll geschnitzte Fensterläden am Tag aus den Angeln gehoben und im Zimmer an den niedrigen Dachsparren eingehängt waren. Der Polizeibeamte selber war schon etwas älter, ziemlich dick und pockennarbig, mit rasiertem Schädel und einer Nickelbrille auf der Nase. Als wir eintraten, starrte er uns an, ohne irgend etwas zu sagen, doch seinem Gesichtsausdruck war zu entnehmen, daß ihm nichts so zuwider war wie ausgeraubte Memsahibs. Dann sagte er etwas zu Donbahadur, der uns daraufhin mitteilte, daß wir auf den Polizei-Dolmetscher warten müßten, und der käme, wenn überhaupt, erst nach Mittag zum Dienst.

Wir setzten uns also alle vier auf eine Bank am Fenster und warteten. Doch bereits nach einer Stunde kam, ganz zu unserer Überraschung, Lal Rana, ein junger Dolmetscher, dessen relative Pünktlichkeit mich vermuten ließ, daß der diesbezügliche Pessimismus seines Chefs nur ein Trick gewesen war, um uns ungeduldige Ausländer wieder zu verscheuchen. Lal Rana war ausgesprochen liebenswürdig, doch hoffnungslos unfähig. Als Sigrid den Versuch unternahm, den Diebstahl zu Protokoll zu geben, interessierten sich er und seine Kollegen weniger für den Tathergang als für ihr und mein Alter, unsere Berufe, Reisepaß-Nummern, Heimatadressen und nächsten Angehörigen. Dann verkündete der Dolmetscher stolz, daß die Polizei eine »Liste der ortsansässigen Diebe« hätte, die sie jetzt der Reihe nach verhören würden, woraufhin Sigrid leicht ungehalten anmerkte, daß sie bei diesem Vorhaben womöglich um einiges erfolgreicher sein würden, wenn sie erst einmal einen Augenblick zuhören würden, welche Gegenstände denn überhaupt gestohlen worden wären. Sofort waren sich alle einig, daß es in der Tat äußerst nützlich wäre, eine Liste der gestohlenen Sachen anzulegen. Lal Rana fühlte sich jedoch offensichtlich auf den Schlips getreten und bemerkte beleidigt, daß sie sehr wohl auch in der Lage wären, Fingerabdrücke zu nehmen und sauste davon, um den entsprechenden Apparat zu holen. Sie hatten ihn letzten Monat von der Lucknower Polizei gekauft, die sich entschlossen hatte, ihn durch ein neueres Modell zu ersetzen, und als ich das Gerät sah, mußte ich feststellen, daß dieser Entschluß keineswegs verfrüht war.

Schließlich machten wir uns mit vier weiteren Polizeibeamten zu Fuß auf den Weg zu uns nach Hause. Zwei von ihnen hatten schäbige Uniformen, die beiden anderen buntgestreifte Pyjamas an. Ich konnte nicht herausfinden, welches Paar die ranghöheren Beamten waren. Man könnte es als Privileg für Höherrangige interpretieren, im Dienst einen Pyjama tragen zu dürfen oder aber auch als Ausdruck einer untergeordneten Position, nicht einmal eine anständige Uniform verpaßt zu bekommen. Wie dem auch sei, ich hatte nicht den Eindruck, daß überhaupt irgendeiner von den vieren den anderen übergeordnet war. Auf jeden Fall stürzten sie sich am Tatort alle begeistert ins Getümmel, stiegen mit grotesk übertriebener Vorsicht in Sigrids Schlafzimmer herum und umwickelten sich die Hände mit Handtüchern, bevor sie die Wollvorhänge anfaßten. Dennoch war es Sigrid, der das einzig überraschende Detail auffiel, nämlich mehrere abgebrannte Streichhölzer auf den Brettern im Schrank und am Fußboden, obwohl weder sie noch ich – geschweige denn die Polizisten – sich daraus einen Reim machen konnten.

Als nächstes gingen wir nach draußen, um die Einstiegsstelle zu besichtigen, von der mit großem Aufwand zahlreiche Fotos mittels einer überdimensional großen Kamera gemacht wurden. Dann verabschiedeten sich die Polizisten, um »weitere Ermittlungen anzustellen«, wie es der Dolmetscher ausdrückte; aber sie waren so offensichtlich außerstande, auch nur irgendwelche vernünftigen Schritte in dieser Hinsicht zu unternehmen, daß Sigrid die Sache selbst in die Hand nahm und einen einflußreichen nepalesischen Freund anrief – woraufhin wir umgehend eine neue Vorladung auf die Polizeistation erhielten.

Dort erwartete uns bereits ein junger, äußerst strammer Polizeioffizier in prächtiger Uniform, der eigens vom Polizeihauptquartier in Singha Durbar hierher abgeordnet worden war, um sich des Falls anzunehmen. Seine bloße Anwesenheit hatte die Atmosphäre schlagartig verändert. Er brauchte nur mit dem Finger zu schnippen, und schon durchfuhr sämtliche anwesenden Polizisten eine Reihe krampfhafter Zuckungen, was womöglich die hiesige Art ist, Haltung anzunehmen und zu salutieren. Dennoch kann ich nicht unbedingt behaupten, daß diese ganze Inszenierung irgendwelche praktischen Ergebnisse gebracht hätte. Immerhin wurden uns die Fingerabdrücke abgenommen, was ja vielleicht schon ein Schritt in die richtige Richtung war. Dann wurden wir alle gefragt, was wir gestern gemacht und getan hätten, und unsere Prächtige Uniform saß vor uns, hörte uns schweigend zu und richtete hin und wieder drohende Blicke auf seine Untergebenen.

Mittlerweile wurde es offenkundig, daß die örtliche Polizei von der Anwesenheit Seiner Durchlaucht etwas genervt war und schnell einen Täter präsentieren wollte, um den Fall abzuschließen, und dazu hatten sie sich Donbahadur ausgesucht. Sigrid und ich kochten vor Wut, als sie beständig versuchten, ihm ein Geständnis zu entlocken. Wir hätten eher noch uns gegenseitig verdächtigt als Donbahadur, der den ganzen Tag den Tränen nah war, weil »Memsahibs schöne Sachen weg« waren. Doch unsere zornigen Interventionen nützten herzlich wenig, und so mußten wir uns damit begnügen, empörte Blicke auf die Beamten und mitfühlende auf ihr Opfer zu werfen.

Es war fast fünf Uhr nachmittags, als wir die Polizeiwache verließen. Seine Durchlaucht hatte uns entlassen, wie wenn wir zwei Dienstanwärter wären, die wenig Aussicht auf Anstellung hätten. Donbahadur meinte sofort, wir sollten einen hinduistischen Wahrsager aufsuchen, der ganz in der Nähe wohnt, und wir waren uns einig, daß dies mindestens so hilfreich sein würde, wie zur Polizei von Patan zu gehen. Nach einer verwirrenden Fahrt durch viele enge Gassen hielten wir vor dem Eingang zu einem unordentlichen Hof mit vielen Schreinen. Wir fanden den Brahmanenpriester mit gekreuzten Beinen in der Ecke seines Zimmers im ersten Stock sitzen. Vor ihm stand ein niedriger Tisch, auf dem geometrische Figuren gezeichnet waren. Als Donbahadur ihm kurz unser Problem geschildert hatte, nahm er eine Handvoll trockenen Sands, streute ihn über den Tisch, schaute in ein Buch mit vielen Eselsohren, das neben ihm auf dem Boden lag und begann dann, mit einem zehn Zentimeter langen Glaszylinder in dem Sand zu zeichnen oder zu schreiben. Währenddessen schüttelte eine alte Frau, die in einer anderen Ecke des Raumes am Reisdreschen war, die Körner in ihrem Sieb, ohne uns weiter zu beachten, und die untergehende Sonne ließ die Wolke von Spreu golden erstrahlen.

Ich schaute auf Donbahadur, der in der Nähe des Wahrsagers stand und mußte dabei an einen Europäer denken, der mit einem kleineren Wehwehchen zum Arzt geht, seine Symptome beschreibt und dann vertrauensvoll wartet, daß ihm der Arzt ein Rezept verschreibt. Das hier war Magie in Aktion, wenn auch die Atmosphäre eher prosaisch war.

Der Brahmane brauchte nicht länger als vier oder fünf Minuten für seine Berechnungen. Dann legte er den Zylinder nieder und klärte uns auf, daß die gestohlenen Sachen noch nicht verkauft waren, sondern im Hause des Diebes versteckt wären, der in Patan wohnte. Er fügte hinzu, daß ein junger Mann, der gewöhnlich schwarze westliche Hosen trägt und gelegentlich Sigrids Büro aufsucht, in den Diebstahl verwickelt wäre. Und er beschloß seine Rede mit der Ankündigung, daß dieser Mann morgen mittag in aller Offenheit in Sigrids Büro erscheinen würde. Donbahadur zahlte eine Rupie, folgte uns dann die Treppe hinunter und übersetzte uns, als wir in den Hof traten, was der Brahmane gesagt hatte. Auch er mußte zugeben, daß diese Konsultation uns nicht sehr weit gebracht hatte.

2. Oktober

Gestern um 12 Uhr mittags kam ein junger Mann in einer schwarzen Hose in Sigrids Wohnzimmer mit einer Nachricht für sie. Und er war auch tatsächlich früher schon hin und wieder geschäftlich in Sigrids Büro gewesen, nie jedoch vorher bei ihr in ihrer Wohnung. Als er in der Tür erschien, glaubte ich für einen Moment an Gespenster, denn schwarze westliche Hosen sind hier wirklich ein äußerst seltener Anblick. Donbahadur, der aus der Küche gerufen wurde, um die Nachricht in Empfang zu nehmen, konnte nur mit Mühe seine Erregung verbergen. Das Dumme war bloß, daß man niemanden verhaften lassen kann auf der Basis eines solchen »Beweises«.

Ansonsten hatte sich bis heute nachmittag nichts Neues in der Angelegenheit ergeben. Da heute Samstag war, verbrachte Sigrid den Tag auf dem Basar, um als Privatdetektivin eigene Erkundungen anzustellen. Als ich im Garten lag und las, kam auf einmal Lal Rana aufgeregt angerannt. Als er hörte, daß Sigrid vor dem Abend nicht zurück sein würde, erklärte er hastig, daß es einen Verdächtigen gäbe, der draußen auf der Straße gleich vor dem Eingangstor herumlungerte, und er meinte, ich sollte mir ihn unbedingt sofort ansehen, denn er wollte wissen, ob ich ihn in letzter Zeit in der Nähe des Hauses oder des Gartens gesehen hätte. Wie elektrisiert sprang ich auf und eilte mit rasendem Herzen vors Tor – und tatsächlich, da war sie wieder, die Schwarze Hose! Ich war dermaßen perplex, daß ich nicht in der Lage war, einen klaren Gedanken zu fassen. Obwohl der junge Mann mich überschwenglich begrüßte, hatte ich den Eindruck, daß irgendwas an seinem Verhalten nicht stimmte. Doch dann zwang ich mich, wieder auf den Boden zu kommen und sagte mir, daß ich mir das womöglich nur einbildete. Also kehrte ich in den Garten zurück und berichtete dem Dolmetscher, daß der junge Mann gestern bei uns gewesen war und einen relativ harmlosen Eindruck gemacht hatte. Daraufhin verabschiedete er sich, meinte aber, er würde später wiederkommen, um sich noch einmal mit Sigrid zu unterhalten.

Seit die Schwarze Hose gestern mittag bei uns in Erscheinung getreten ist, ist Donbahadurs Vertrauen in den Wahrsager hundertprozentig wiederhergestellt. Gestern abend ging er noch zweimal zu ihm, um sich eine höhere Dosis verabreichen zu lassen, mit dem Ergebnis, daß der Fall jetzt der magischen Totalbehandlung unterzogen wird. Gestern hat er aus Teig ein eigenartiges Bild gebacken, und heute ist der Brahmanenpriester damit beschäftigt, über diesem Bild irgendwelche obskuren Beschwörungsformeln zu psalmodieren. Das Ganze hat den Zweck, den Dieb in ein unablässiges, heftiges Angstzittern zu versetzen, so daß man ihn daran erkennt und verhaften kann. (Selbstverständlich hat Donbahadur die Polizei darauf angesetzt, auf stark zitternde Personen zu achten). Doch selbst wenn Schwarze Hose der Täter sein sollte, muß irgendetwas schief gegangen sein, entweder mit dem Backen oder mit dem Psalmodieren, denn heute nachmittag konnte ich nicht das leiseste Zucken an ihm entdecken.

Der andere Teil der magischen Behandlung findet bei uns hier zuhause statt. Den ganzen Tag schon brennt in Sigrids Schlafzimmerschrank eine große Schale duftenden Weihrauchs vor sich hin, und Donbahadur hat sowohl über der Schrank- als auch über der Zimmertür eigentümlich beschriftete Zettel an die Wand geheftet. All dies ist wirklich der Gipfel kindischen Aberglaubens, doch um ehrlich zu sein, übt die ganze Atmosphäre auch auf Sigrid und mich eine verblüffend magische Wirkung aus, und wir nehmen diese *Puja* insgeheim viel ernster als wir vor uns selbst geschweige denn voreinander zugeben würden.

Auch über den Stand der polizeilichen Ermittlungen hat sich inzwischen dieser eigenartige Schleier von Unwirklichkeit gelegt, der das ganze Leben hier in Nepal überzieht. Wenn die Lage nicht so ernst wäre, könnte man sich einfach nur aus Herzenslust amüsieren über dieses groteske Kaleidoskop von unvorstellbaren Polizeiwachen, Detektiven, die im Schlafanzug oder in lächerlichen Operetten-Uniformen herumlaufen, über Wahrsager, die erschreckend genau die Zukunft vorhersagen, über museumsreife Apparate, kindische Begeisterungsausbrüche, himmelschreiende

Korruption und gnadenlose Unfähigkeit, und sei es nur, einen Dieb zu schnappen.

Zur Zeit ist das Wetter in Katmandu der einzige Lichtblick. Nachts ist es schon recht kühl, und jeden Morgen liegt dichter grauer Nebel über dem Tal, der an den Herbst in Europa erinnert. Den ganzen Tag aber ist das Licht von strahlender, heiterer Klarheit, und besonders gegen Abend ist es wunderschön. Heute um halb sieben, als es im Tal schon dunkel war, standen im Osten zwei riesige, aufgetürmte Wolken am Himmel, die immer noch in tiefem Rot erglühten, und hinter ihnen, in weiter Ferne thronten die höchsten schneebedeckten Gipfel der Erde blaßrot vor dem Hintergrund eines von Sternen übersäten, königsblauen Himmels.

4. Oktober

In der vergangenen Woche wurde im ganzen Land das »Dasain«-Fest (auch »Durga Puja« genannt) gefeiert, und auch wir Ausländer sind inzwischen ganz aus dem Häuschen. Das Hauptpostamt hat seine Pforten geschlossen, vor drei Tagen ist das Stromnetz zusammengebrochen, und es hieß, daß es bis zum 6. Oktober dauern würde, bis man es wieder repariert hätte. Die Stadt Singha Durbar hat alles dicht gemacht und sogar verschiedene internationale Verhandlungen auf höchster Ebene einfach ausgesetzt, und das zu einem Zeitpunkt, wo es für die politischen Geschicke äußerst ungünstig ist. Fast alle Bediensteten, Boten und Chokidars sind *chuti*, so daß die Kommunikation extrem erschwert wird – jetzt merkt man erst, wie abhängig man von den Boten ist, durch die man jemandem schnell irgendeine Nachricht vermitteln kann, wenn die Telefone mal wieder nicht funktionieren. Alles ist wahnsinnig aufregend, und ich finde es überwältigend, mitzuerleben, wie das Hauptpostamt einer wichtigen Großstadt einfach tagelang zumacht, nur um den Leuten Gelegenheit zu geben, ihre Gebete zu sprechen. Ich weiß nicht, ob es irgendeine andere Großstadt auf der Welt gibt, die sich mit einer solchen Selbstverständlichkeit den Zwängen des modernen Lebens entzieht.

Meine höllischen Rippenschmerzen wollten während der letzten Tage überhaupt nicht mehr aufhören. Am Anfang biß ich noch die Zähne zusammen und meinte, ich hätte es nicht nötig, irgendwelche Schmerztabletten zu nehmen, aber inzwischen bin ich schon lange von diesem hohen Roß herunter und verschlinge sie gierig alle drei Stunden. Heute morgen um halb sechs nahm ich eine doppelte Dosis und brach dann mit Sigrid und Donbahadur auf, um das jährliche Durga-Opfer bei Kot mitzuerleben. Ich merkte jedoch bald, daß ich diese Tabletten gar nicht gebraucht hätte, denn die Opfer-Zeremonie, mit der die Schwarze Göttin der Zerstörung besänftigt werden soll, ist das wirksamste Schmerzmittel überhaupt.

Die Arbeitsweise der Nepalesen hat eine ganz eigene Art, die ich mit Worten nur sehr schwer beschreiben kann. Sie ist von Zufälligkeit, Heiterkeit, liebenswertem Chaos und wunderbarer Spontaneität gekennzeichnet – eine Mischung, die bei westlichen Beobachtern gern ein herablassendes Lächeln hervorruft. Ich empfinde das überhaupt nicht so, denn trotz allem ist diese Arbeitsweise einfach *angemessen*. Die Nepalesen sind keine Menschen, die irgend etwas versuchen und dann scheitern, denn sie versuchen erst gar nichts. Man gewinnt den Eindruck, daß ihnen alles irgendwie egal ist, und daß sie daraus eine große Freiheit gewinnen, die sie heiter stimmt – nichts läuft nach Plan, aber Pläne sind einfach unwichtig, also wen kümmert es?

Der Platz für das Druga-Opfer wirkte unerwartet trist. Der Kot, ein Militärgelände, ist an drei Seiten von neu errichteten Betonbarracken umgeben, die mit den gleichen erbärmlichen Wellblechdächern gedeckt sind, die das Stadtbild von Katmandu an so vielen Stellen verschandeln. Wir saßen auf einem dieser Dächer und schauten hinüber zu dem alten, verfallenen Gebäude, das den rechteckigen Platz abschließt. Sein Ziegeldach ist im Laufe der Zeit zur Hälfte eingebrochen, nichtsdestotrotz drängte sich im ersten Stock eine ungeduldige Menschenmenge. Zu unserer Linken vor der langen Veranda standen auf einer schäbigen, gestreiften Matte ein Sofa und zwei Sessel, die mit einem ausgesucht häßlichen Chintz bezogen waren, als wären sie direkt aus dem Strandhotel eines schicken Badeorts hierher entführt. Neben ihnen hatte man drei schlichte Allerweltstische aufgestellt, auf deren polierten Platten je ein pfauenblauer Blechaschenbecher stand. Auf beiden Seiten dieser Möbelgarnitur reihten sich einfache Holzstühle. Das ganze Arrangement war für Seine Majestät den

König und ausgewählte Mitglieder der Königlichen Familie vorgesehen, die jeden Augenblick erscheinen mußten.

Zwölf Soldaten standen nicht gerade ordentlich in einer Reihe herum und warteten auf die königlichen Gäste. Jeder von ihnen hatte ein Signalhorn, dem er hin und wieder auch irgendwelche Töne entlockte, die entfernt an Signale erinnerten, doch tat sich daraufhin nie irgend etwas. Das Ganze war eigentlich eine militärische Veranstaltung, doch außer diesen Soldaten und einer Militärkapelle, die sich auf dem Flachdach zu unserer Rechten postiert hatte, waren alle Anwesenden in Zivil.

Gegen sieben Uhr wurde das Opferritual auf dem Exerzierplatz eröffnet. Unzählige junge Kälber und munter hüpfende Zicklein wurden in die Arena geführt oder getragen, und viele dieser Opfertiere wurden zärtlich gestreichelt, um sie zu beruhigen, und mit Grünzeug gefüttert, um ihnen ihre letzte Stunde zu versüßen. In Abständen von ungefähr 20 Metern standen Fahnenmasten mit eingerollten Flaggen, um die herum rätselhafte Kreidezeichen auf den Boden gemalt waren. Götterstatuen oder sonstige religiöse Symbole fehlten eigenartigerweise, und man konnte sich des Eindrucks nicht erwehren, als würden die Tiere den Fahnenmasten geopfert. Massive Opferpfähle waren in ungefähr einem Meter Abstand von den Fahnenreihen im Boden verankert. Neben ihnen waren Haufen von trockenem Lehm aufgeschichtet, um später damit den vom Opferblut glitschigen Boden zu bestreuen. Außer uns bevölkerten noch andere Ausländer unser Blechdach, und die Frauen fingen an, sentimental das Schicksal dieser armen kleinen Zicklein zu beklagen, die jetzt gleich so grausam geschlachtet würden. Wie kann man nur so sehr die Augen vor der Realität verschließen! Ich bin sicher, daß keine einzige von ihnen jemals einen Teller mit guten gegrilltem Lammfleisch abgelehnt hat.

Dann kamen Männer und legten vor den Fahnenmasten Schalen mit Früchten, Gemüse, Eiern, Brot, Getreide, Blumen, Blättern, kleinen Häufchen von rotem und gelbem Farbpulver und manchmal ein wenig Erde, aus der zarte Reispflänzchen sprossen, auf dem Boden. Es waren Männer aus allen Schichten, zerlumpte Bettler und Bauern, die mit mageren Blechschälchen antraten, und wohlhabende Kaufleute und hochrangige Regierungsbeamte, deren riesige Messingtröge fast zu schwer waren, um sie allein zu tragen.

Donbahadur hatte uns gesagt, daß um sieben Uhr der König selbst die Zeremonie mit der Opferung eines weißen Kalbes eröffnen würde, doch als um halb acht immer noch nichts geschehen war, gingen wir davon aus, daß Seine Majestät offenbar eine andere Verabredung vorgezogen hatte. Inzwischen hatten drei einfache Soldaten im Unterhemd und blauen Shorts damit begonnen, mit einem Schwert, das größer und weniger geschwungen als ein gewöhnliches Kukri war, die Kälber neben ihren Opferpfählen zu enthaupten. Einer hielt die Tiere, die an den Pfahl gebunden waren, am Kopf fest, während der andere sie am Hinterteil packte. Ich hätte ganz schön Angst gehabt, wenn ich den Kopf hätte halten und zuschauen müssen, wie diese furchterregende Waffe haarscharf an meinem eigenen vorbeisaust. Doch bei den über fünfzig Opferungen kam es zu keinem einzigen Fehlschlag, jeder Kopf wurde mit einem einzigen gekonnten Streich vom Körper getrennt. Nachdem die Köpfe zu Boden gefallen waren, wurden sie vor die Fahnenmaste geworfen, wo sie ein paar Augenblicke lang noch heftig mit den Ohren wackelten und mit den Mäuler schnappten – ein Anblick, den ich anfangs nur schwer ertragen konnte, da ich es nicht gewohnt bin, Opferritualen beizuwohnen. All die toten Tierkörper wurden in einem großen Kreis unter Fontänen von Blut einmal um einen Fahnenmast und dann wieder zurück zum Opferpfahl geschleift, wo man sie neben dem Lehmhaufen aufeinander warf. Viele dieser Kadaver bewegten sich noch überraschend lange, und sie zuckten nicht nur, sondern schlugen so wild mit den Beinen aus, daß es schwierig war, mit ihnen die rituelle Runde zu drehen. Mich hätte interessiert, wie weit so ein Tier noch weiterlaufen würde, wenn man es nach der Enthauptung auf den Beinen stehen ließe. Früher habe ich diesen Geschichten von kopflosen Körpern, die noch herumlaufen, bevor sie zusammenbrechen, nie ganz geglaubt, doch jetzt könnte ich mir das durchaus vorstellen.

Kurz bevor das große Schlachten begonnen hatte, hatten die Hornisten und die Blaskapelle zur gleichen Zeit zwei verschiedene Melodien angestimmt. Man konnte mit einiger Mühe erkennen, daß es zwei bekannte europäische Märsche waren, die sie da in Grund und Boden trompeteten. Die Musiker jedoch wanden sich beinah extatisch, so stolz waren sie auf ihre Darbietung.

Um ungefähr dreiviertel acht, als die drei Soldaten so richtig auf

Touren gekommen waren und das Blut in Strömen floß, kam auf einmal irgendeine prominente Person mit Hornbrille und gutmütigem Lächeln ganz allein in die Arena marschiert. Mit einem Schlag wurde das Schlachten abgebrochen, und alles begann wie wild zu salutieren, als ob plötzlich ein Heer von Zinnsoldaten durchgedreht wäre. Ungefähr zwanzig Männer in der gewöhnlichen nepalesichen Tracht mit umgehängtem Dolch, die bisher in der Zuschauermenge untergegangen waren, traten nun heraus und zogen wild fuchtelnd ihre Schwerter aus der Scheide. Als sie sich in einer krummen Reihe aufstellten und stolz ihre Waffen in die Luft hielten, sah man, daß sie schon lange nicht mehr glänzten und an einigen Stellen deutlich verrostet waren. Dann brach die Musik ab, die Hornisten bliesen eine Fanfare, und der Prominente schaute ein wenig verlegen drein, als sie sich feierlich zu dem leeren Sofa und den leeren Sesseln wandte und davor salutierte. Als die Hornisten ihre verunglückte Fanfare zu einem glücklichen Ende gebracht hatten, gingen die Schwerter herunter, der Prominente zündete sich eine Zigarette an und schlenderte herüber, um sich mit ein paar Leuten direkt unter uns zu unterhalten.

Jetzt ging das Schlachten wieder weiter, doch das Tempo beschleunigte sich atemberaubend, immer mehr Tiere wurden in die Arena geführt, die Kukris zischten nur so durch die Luft, die blutbeschmierten Männer gingen nicht mehr, sie rannten im Schweinsgalopp mit ihren Kadavern um die Fahnenmaste, die hinter den aufgetürmten Bergen von Opferschalen fast verschwanden. Dann, um die Spannung auf den Höhepunkt zuzutreiben, tauschten zwei Mitglieder der Kapelle ihre Instrumente gegen altertümliche Musketen ein, mit denen sie unter ohrenbetäubendem Knallen in die Luft schossen, während ihre Kollegen und die Hornisten um die Wette spielten, bis uns die Trommelfelle fast platzten.

Festliche Ereignisse sind in Nepal stets von einer Unmenge von Gerüchen begleitet, und so roch es auch heute wieder nach den unterschiedlichsten Dingen. Als wir am Kot ankamen, stank es nur wie überall nach abgestandenem Urin. Doch dann fing man an, auf hohen Bronzepodesten neben jeder Fahnenreihe Weihrauch anzuzünden, und bald fragten wir uns, was schlimmer war: Uringestank oder Uringestank vermischt mit Weihrauch. Dann, als die Musketen krachten, wurden unsere Nasen von Wolken beißenden Kanonenpulvers umnebelt, und je weiter die Zeremonie voranschritt, desto mehr stieg zu uns der Geruch der dampfenden Blutlachen empor. Doch eigenartigerweise wirkte dieser Geruch ausgesprochen appetitanregend.

Ein alter Rana-Offizier saß neben mir und schaute recht melancholisch drein. Als ich ihm gegenüber meine Begeisterung über die ganze Szenerie zum Ausdruck brachte, meinte er nur kurz, daß diese Zeremonie schon lange nicht mehr das war, was sie früher einmal gewesen war. Unter der Herrschaft der Rana hatte jeder Bürger Katmandus die Pflicht, zu Ehren der Göttin Durga *irgend etwas* zu opfern, und sei es nur eine Taube oder ein Spatz, doch jetzt hätten sich diese zersetzenden Ideen von Demokratie breit gemacht, und der König hätte bekanntgegeben, daß nur der wirklich zu opfern bräuchte, der meinte, daß er die Göttin besänftigen müsse. Womöglich ist sie deshalb ein wenig beleidigt, denn es werden jetzt schätzungsweise nur ein Viertel der Menge an Tieren geopfert wie noch in der Zeit vor 1951. Doch wahrscheinlich wird sie wissen, daß dies nicht mangelnde Ehrerbietung ist, sondern das Ergebnis des rasanten Preisanstiegs. 1950 kostete ein Huhn noch zwanzig Pfennig, heute dagegen bekommt man für dreißig Pfennige gerade noch ein Ei, und ein Huhn kostet inzwischen fünf und sechs Mark.

Als wir um neun Uhr den Kot verließen, war das Schlachten immer noch in vollem Gange – die ersten drei Soldaten waren inzwischen durch drei andere ausgetauscht worden –, und Donbahadur meinte, daß das ganze Ritual noch stundenlang weitergehen würde. Doch irgendwie war die festliche Stimmung verflogen, und man hatte den Eindruck, daß der Rest nur noch reine Routine war, fast wie in irgendeinem Schlachthof.

Donbahadur erklärte, daß er nun ein Huhn kaufen wollte, um damit die *Puja* für Memsahibs Auto zu vollziehen. Alle Autos im ganzen Tal würden heute ebenfalls in die Opferhandlungen mit einbezogen, um zu verhindern, daß Durga sie im kommenden Jahr als Instrumente ihrer Zerstörungswut mißbraucht. Wenn man überlegt, daß es erst seit kurzem überhaupt Autos in Katmandu gibt, wird einem bewußt, wie verblüffend schnell der nepalesische Hinduismus in der Lage ist, sich an die moderne Zeit anzupassen. Wir kauften das Huhn auf der Heimfahrt nach Jawalkhel, und Donbahadur verbrachte die nächste Stunde damit, eine Girlande aus gelben

Blumen zu flechten, mit der er die Kühlerhaube des Autos schmücken wollte, das unvermeidliche Farbpulver mit Wasser aus dem heiligen Bagmati-Fluß anzurichten und sein Schnitzmesser zu schleifen. Dann marschierten wir drei in einer Mini-Prozession nach draußen zu Sigrids kleinem beigen Volkswagen, dicht gefolgt von Puchare, der etwas weniger religiöse Motive, aber doch ein gesteigertes Interesse an geschlachteten Hühnern hat.

Donbahadur eröffnete das Ritual, indem er heiliges, buntes Wasser über das ganze Auto verspritzte und die vordere Stoßstange mit Blumen und Früchten schmückte. Als nächstes drapierte er die Blumengirlande auf der Kühlerhaube, malte mit dem Finger eigenartige Hieroglyphen auf die staubbedeckten Türen und Räder und rezitierte mit lauter Stimme heilige Gebete. Dann kam der große Moment, wo er aus Sigrids Armen das Huhn in Empfang nahm und ihm über den Blumen und Früchten den Kopf abschlug. Anschließend trug er es gemessenen Schrittes rund um das Auto und ließ dabei das Blut auf die Seiten und die Räder tropfen – bei Druga gilt offensichtlich die Devise: Je blutiger, desto besser.

Doch auch uns war eine kleine Rolle in diesem Zeremoniell zugedacht. Donbahadur hatte auf einer kleinen Opferschale aus Messing ein Häufchen Reis bereitgestellt, das er nun mit dem Hühnerblut tränkte. Er nahm ein wenig davon und drückte es Sigrid, die vor ihm niederknien mußte, auf die Stirn und steckte ihr dann eine rote Blüte ins Haar. Als nächstes kam ich an die Reihe, zum Schluß drückte auch Donbahadur sich ein solches Zeichen an die Stirn. Das Blut gerann sehr schnell, und selbst jetzt (es ist abends halb elf) klebt es immer noch an meinem Kopf, was bedeutet, daß Druga es im nächsten Jahr gut mit mir meint. Dummerweise fiel Sigrids Zeichen jedoch kurz nach der Prozedur ab, und jetzt ist der arme Donbahadur ein wenig besorgt um seine geliebte Memsahib.

Zum Abschluß unseres Opferrituals gab es Curry-Huhn zum Mittag. Es schmeckte köstlich, doch war es auffallend blutleer.

5. Oktober

Meine Rippen sind ziemlich plötzlich wieder genesen. Heute brauchte ich überhaupt keine Schmerztabletten mehr, und für übermorgen habe ich den Flug nach Pokhara gebucht.

Heute nachmittag ging ich nach Patan, und auf dem Weg dorthin sah ich in einer engen Gasse mit dreistöckigen, aus Lehmziegeln gebauten Bauernhäusern eine geistesgestörte Frau vor ihrem Haus singen und mit deutlich obszönen Bewegungen tanzen. Um sie herum hatte sich eine Gruppe von Passanten geschart, die ihr lächelnd zuschauten, ohne in Reaktion auf ihre Bewegungen sie irgendwie sexuell anzumachen, und auch von den geschnitzten Holzbalkonen in der Straße beugten sich viele Schaulustige herab. Fast alle waren festlich gekleidet, hatten leuchtende *Tikas* auf der Stirn, Blumengirlanden um den Hals und bunte Blüten im Haar, und ich merkte sofort, daß der Tanz der geisteskranken Frau einfach akzeptiert wurde und, ohne sie der Lächerlichkeit preiszugeben, mit einer gewissen Selbstverständlichkeit als ein kleine kostenlose Unterhaltungseinlage genommen wurde, die zu so einem Tag der Lust und Lebensfreude einfach dazugehört. In diesem Land, wo es keine Nervenheilanstalten gibt, begegnen einem immer wieder Geistesgestörte, die durch solche verrückten und oft auch ein wenig waghalsigen Gesangs- und Tanzanfälle ihre Krankheit ausleben. In Europa würde eine Irre, die sich derartig in der Öffentlichkeit aufführt, sofort Gefühle von Mitleid, Verlegenheit und Angst hervorrufen, und so irritiert es einen am Anfang, wenn man miterlebt, daß sich die Passanten an einer solchen etwas peinlichen Darbietung ergötzen. Doch obwohl sie darüber lachen und manchmal die Betreffenden durch provozierende Kommentare ein wenig frotzeln, hat man nicht den Eindruck, daß sie sich gezielt über sie lustig machen und sie verhöhnen. Die Zuschauer nehmen in gewisser Weise an ihrem verrückten Vergnügen teil, und man fragt sich, ob diese psychisch kranken Männer und Frauen nicht viel besser dran sind als unsere Geistesgestörten, die man hinter Mauern versteckt, hinter denen sie, getrennt von ihren Angehörigen und Freunden, ein Leben in Isolation fristen müssen.

Der Durbar Square in Patan quoll über von lebensfrohen Menschen in Festtagslaune, und als ich eine kleine, von Götterbildern gesäumte Seitenstraße entlangbummelte, kam mir eine faszinierende, kleine Prozession entgegen, die sich in langsamem Tempo zum Haupttempel auf dem Platz hin bewegte. Es waren vierzehn Männer, die sich als Frauen verkleidet hatten. Jeder trug eine riesige farbenprächtige Maske, von der eine fantastische Mähne hüftlanger, rot, grün, violett, gelb und braun gefärbter Roßhaare herabhing. Diesen Göttinnen gingen zwei Männer voran. Der eine hielt eine riesige, lodernde Fackel in die Höhe, von der aus gefährliche Flammen über die Köpfe der Menschenmenge hinweg schlugen. Der andere trug eine lorbeerumkränzte Bronzetafel, auf der eine Göttin in verschiedensten Verrenkungen wildester Extase abgebildet war. Die Göttinnen marschierten in eigenartigen, rhythmischen Zuckungen in einer Reihe hintereinander, begleitet jeweils von einem normal bekleideten Mann, der »ihre« linke Hand mit seiner rechten gefaßt hatte, in der gleichzeitig ein großes Schwert lag. Den Abschluß der Prozession bildete ein Mann, der eine mit vier Hörnern von Bergziegen geschmückte Trommel schlug. In häufigen Abständen hörte man einen lauten Beckenschlag. Dann blieben die Göttinnen stehen, ihre Begleiter traten ein paar Schritte zur Seite, und die Göttinnen tanzten in langsamen, feierlichen Bewegungen einen kurzen, aber sehr eindrucksvollen Schwertertanz. Nach jeder dieser Aufführungen traten aus der Menge die Gläubigen hervor und fütterten die Göttinnen mit kleinen Oblaten aus Weißbrot, die sie ihnen unter der Maske in den Mund steckten. Dazu reichten sie ihnen Wasser aus irdenen Schalen, die wie Kaffee-Untertassen aussahen und die die Göttinnen, nachdem sie sie geleert hatten, mit wütender Geste zu Boden schleuderten.

Auch ohne diese Zwischenstops wäre die Prozession nur sehr langsam vorwärtsgekommen, denn die enge Gasse war mit aufgeregten, lachenden Gläubigen vollgepfropft, die ständig nach vorne drängten, um die Göttinnen anzufassen und vor allem auch ihre Babies und Kleinkinder mit ihnen in Berührung zu bringen. Ich folgte eine ganze Stunde lang dieser Prozession und wurde von den Einheimischen mit dieser freundlichen Herzlichkeit akzeptiert, die so typisch ist für die Menschen von Katmandu.

Je näher wir zu dem Platz kamen, desto dichter wurde das Gedränge, und da ich langsam um meine Rippen zu fürchten begann, suchte ich mir einen Sitzplatz auf dem Sockel einer Elephantengöttin, von dem aus ich den Einzug der Prozession in den Tempelhof gut beobachten konnte. Hier wurde ich gleich von einer Menge neugieriger, lachender Kinder umringt – viele von ihnen waren alte Bekannte –, die Luftballons fliegen ließen, klebrige Süßigkeiten naschten und die ich nur mühsam bremsen konnte, in altgewohnter Manier auf mir herumzuklettern, indem ich ihnen erklärte, daß ich wegen meiner Verletzung nicht ganz so belastbar war wie sonst. Bald darauf begann die große Bronzeglocke in der Mitte des Platzes mit vollem, feierlichen Klang zu läuten, der komischerweise stark an europäische Kirchenglocken erinnerte, um die Ankunft der Prozession anzukündigen. Die jedoch ließ sich weit und breit nicht blicken, und auch nach einer halben Stunde erschien sie noch nicht auf der Bildfläche. Da es langsam zu dämmern begann und ich keine Lust hatte, mit meinen angeknacksten Rippen durch holperige, unbeleuchtete Gassen zu stolpern, nahm ich schweren Herzens Abschied von den Kindern und machte mich auf den Heimweg. Wenig später traf ich die vierzehn Göttinnen: sie saßen auf der Veranda eines heruntergekommenen Teehauses, hatten ihre Masken und Perücken auf dem Schoß abgelegt und rauchten eine gemütliche Zigarette, während Tee gekocht wurde, damit sie sich für ihre letzte Etappe zum Tempel stärken konnten.

9.

Reinigende Geister

11. Oktober, Pokhara

Als ich hier vor vier Tagen ankam, hatte ich so richtig das Gefühl, »nach Hause« zu kommen – und seitdem fällt es mir doppelt schwer, der Tatsache ins Auge zu blicken, daß ich in Kürze Pokhara für immer verlassen werde. Ich hatte mir schon gedacht, daß mir der Abschied von den Tibetanern sehr schwerfallen würde, aber jetzt erst merke ich, wie sehr ich hier im Tal von Pokhara und besonders im Dorf Pardi gefühlsmäßig verwurzelt bin.

Tashi fiel in einen wahren Begeisterungstaumel, als ich sie begrüßte, und lief mir den ganzen Weg vom Lager bis nach Hause mit stolzgeschwellter Brust voraus. Dabei hatte ich durchaus damit gerechnet, daß sie sich zumindest teilweise in ihrem früheren Zuhause, bei Ngawang Pema und seiner Familie, wo ich sie während meiner langen Abwesenheit untergebracht hatte, wieder eingelebt hätte und deshalb womöglich ein wenig fremdeln würde. Eigentlich hätte ihr meine Rückkehr zu gerade diesem Zeitpunkt jedoch äußerst ungelegen sein müssen, denn die frührreife junge Dame ist, ob man's glaubt oder nicht, zum ersten Male läufig! Ich muß ja zugeben, daß in diesem Klima alles sehr schnell heranreift, doch daß dieser winzige Welpe im zarten Alter von fünf Monaten und zehn Tagen bereits geschlechtsreif wird, ist wirklich unglaublich. Verständlicherweise war ich alles andere als darauf vorbereitet (ebenso wie Tashi vermutlich), und so bin ich jetzt ziemlich besorgt, daß das Schlimmste schon passiert ist. Gestern nachmittag kam sie von einem ihrer üblichen Streifzüge mit den anderen Hunden aus dem Dorf nach Hause und schaute ein wenig verwirrt drein. Normalerweise hätte ich gedacht, sie hätte wieder einmal eine der üblichen Raufereien mit einem ihrer Kollegen gehabt und hätte dem Ganzen keine weitere Bedeutung beigemessen. Doch jetzt muß ich befürchten, daß sie womöglich ihre Unschuld verloren hat und bin innerlich ziemlich in Aufruhr. Heute nachmittag habe ich sie an die Leine genommen, was für uns beide sehr frustrierend war. Die ganze Zeit mußte ich mit einem Stock ihre Tugend verteidigen, die ja womöglich sowieso schon dahin ist. Man möchte ja junges Liebesglück nicht zerstören, aber abgesehen davon, daß dieses kleine Dummchen einfach noch viel zu unreif ist, um Mutter zu werden, graut mir einfach vor den juristischen Konsequenzen. Es ist schon schwer genug, ein »Haustier der Spezies Hund« in jungfräulichem Zustand nach Irland zu importieren, doch was es bedeuten würde, wenn besagtes Haustier auch noch unzählige Nachkommen mitbrächte, wage ich mir gar nicht auszumalen. Und es wären mit Sicherheit unzählige, denn wer so frühreif ist, ist gewiß auch entsprechend fruchtbar, und wenn die lieben Kleinen nach ihrer Mutter schlagen würden, wären sie auch viel zu süß, um sie einfach hierzulassen.

Nachts ist es jetzt bereits empfindlich kalt – dafür ist der klare Himmel über der Annapurna-Kette tagsüber unbeschreiblich schön –, und deshalb besteht Tashi darauf, zu mir in den Schlafsack zu kriechen. Am Anfang ließ ich sie nicht hinein, weil ich befürchtete, sie könnte darin ersticken, aber sie stellte sich stur und drängelte so lange, bis ich meinen Widerstand aufgab. Offensichtlich hatte sie aber diesen Schlafplatz bereits ausprobiert, denn sie arbeitete sich sofort zielbewußt bis nach unten durch und rollte sich an meinen Füßen zusammen. Und auch ich kam dabei auf meine Kosten, denn ich stellte zu meiner Freude fest, daß sie eine Wärmflasche ist, die niemals kalt wird.

19. Oktober

Die ganze letzte Nacht hat es stark geregnet, und bis um drei Uhr nachmittags schüttete es wie aus Kübeln, ganz so, als sei der Monsun zurückgekehrt. Die Einheimischen meinen, daß dies ganz untypisch für Oktober sei, wenn auch ab Mitte November über dem Tal gelegentlich schwere Hagelschauer niedergehen.

Jetzt, nachdem der sogenannte Krieg vorbei ist, kommen auch wieder Touristen nach Nepal, und in der vergangenen Woche kam fast jeden Tag ein Flugzeug aus Katmandu herüber, das auf unserem Flugplatz eine straff organisierte Gruppe von »Weltreisenden« ausspuckte. In diesen Gruppen sind natürlich die unerschrockensten Gemüter versammelt, diese Art von Touristen, die einmal tief Luft holen und dann, ganz gegen den guten Rat ihrer

Freunde daheim, sich ins Getümmel stürzen und es tatsächlich wagen, Pokhara für zwei oder drei Stunden einen Besuch abzustatten. Sie haben dann steril abgepackte Essenspakete dabei und trinken morgens beim Frühstück nur ganz wenig, denn »Liebling, wir sind doch *gewarnt* worden, daß es hier nicht eine *einzige* Toilette gibt!« Es ist sehr unhöflich, sich über solche Reisegruppen lustig zu machen, aber leider unmöglich, es sich zu verkneifen. Den Ausdruck von Langeweile, mit dem sie aus ihrem Flugzeug steigen und nur mühsam von geheucheltem Interesse und »Entdeckerfreude« überspielt wird, kenne ich bereits von den Gesichtern ähnlicher Reisegruppen, die in meiner Heimatstadt, die ebenfalls als touristische Sehenswürdigkeit gilt, aus den entsprechenden Luxusbussen ausgespuckt werden. Und diese »Weltreisenden« schauen in Pokhara eben einfach noch viel grotesker aus als in Irland. Ich fühle mich hier angenehm vertraut, wenn ich mit meinen Nachbarn in einer Reihe am Flughafen stehe und mir die neuesten Modekreationen aus Paris oder New York ansehe, die durch die Brille eines Nepalesen betrachtet noch irrwitziger wirken als sie eh schon sind.

Gewöhnlich wird das Regiment von einer vollbusigen, blonden »Guidette« angeführt (ein Wortungetüm, das ich nur widerwillig in meinen Wortschatz aufgenommen habe), die mit »leichtem« Schuhwerk tapfer voranschreitet und mit einer kitschigen Bronzeglocke bimmelt – typisch alt-nepalesisch! –, um ihre Mannen in Reih und Glied zu halten. Unglücklicherweise folgen immer wieder einige der weiblichen Truppenteile ihrem guten Beispiel und stolzieren ebenfalls auf Stöckelschuhen daher, so daß es auf unseren holprigen Wegen natürlich laufend zu mittleren Katastrophen kommt.

Vor ein paar Tagen hat eine dieser Stöckelschuh-Damen meine Neugier in geradezu ungebührlicher Weise auf die Folter gespannt. Sie kam mit ihrem Regiment an meinem Haus am Ende des Basars vorbei, als sie mich entdeckte, wie ich auf den Treppenstufen vor meiner Haustür saß und dem Nichtstun frönte, einer sehr angenehmen Beschäftigung, die die meisten Europäer verlernt haben. Sie blieb sofort stehen und starrte mich an, als wäre ich eine besonders abstoßende Erscheinung, ungefähr genauso ekelerregend wie der alltägliche Gestank hier. Dann rief sie ihre Freundin herbei und sagte: »*Schau* nur, Betty, glaubst du wirklich, daß die dort *wohnt*?!« Ich hätte alles in der Welt gegeben, um zu erfahren, was Betty ihr geantwortet hat, doch leider war es nicht zu verstehen.

Gestern wurde durch den plötzlichen Wetterumschwung ein ganzes Regiment von »Weltreisenden« von seinem Stützpunkt abgeschnitten und hier in Pokhara über Nacht festgehalten. Ich hatte leider nicht das Vergnügen, die verlassenen Truppen in unserer wanzenverseuchten Absteige zu besuchen, in der sie sich wohl oder übel einquartieren mußten, und ich kann mir auch nicht recht vorstellen, wie sie auf unseren »Service« reagiert haben. Aber heute nachmittag sah ich sie wieder, ungewaschen, hungrig und unausgeschlafen, als sie sich auf dem Flughafen in Reih und Glied aufstellten, um sich für die Evakuierung bereitzuhalten. Und sie sahen weiß Gott evakuierungsbedürftig aus. Man konnte sehen, wie sie vor dem Schreckgespenst der Ruhr zitterten – wenn ihre Einbildung ihnen nicht bereits die ersten Symptome beschert hatte –, und auch der ganze modische Chic war endgültig dahin. An diese Reisegruppe wird sich Pokhara noch erinnern, wenn der Taj schon lange in Vergessenheit versunken ist.

3. November

Vor ein paar Tagen habe ich meinem Vermieter gekündigt, und seitdem wird mein Zimmer einer grundlegenden »Säuberungsaktion« unterzogen. Diese wird mit dem für Asien so typischen Mangel an Respekt der Privatsphäre gegenüber durchgeführt. Zu jeder beliebigen Tageszeit kommt ein bärtiger Sadhu, beladen mit Räucherstäbchen, heiligem Wasser, Blumen, Früchten und Sanskrit-Texten die Leiter hochgeklettert und setzt sich, ohne von mir nur im geringsten Notiz zu nehmen, mitten in meinem Zimmer auf den Fußboden und zelebriert endlose Rituale, um den Raum von der Verunreinigung zu befreien, die durch mich Unberührbare entstanden ist. Obwohl er stets so tut, als sei ich gar nicht da – was vielleicht zum Ritual dazugehört –, habe ich »meinen« Sadhu inzwischen richtig liebgewonnen, denn er schaut weniger grimmig und wild aus als die Brahmanenpriester sonst. Die Zeremonie besteht zum größten Teil aus langen Gesängen, die an bestimmten Stellen unterbrochen werden, um Blumen in die vier Ecken meines Zimmers zu streuen und mir ein Stück Obst und eine kleine

Münze direkt unter meine verdutzte Nase auf den Tisch zu legen. Erst dachte ich, es wären Geschenke für mich, doch das war offensichtlich ein Irrtum, denn nach jeder Sitzung sammelt der Sadhu seine Sachen wieder ein, außer den Blumen, die in den Ecken liegenbleiben und dort vor sich hinwelken. (Dieser verschwenderische Gebrauch von Früchten, Blumen und Gemüse gehört für mich zu den schönsten Aspekten hinduistischer Rituale in Nepal. Er verleiht dem Ganzen eine anmutige Schönheit, die die buddhistischen Zeremonien, die ich im Lager gesehen habe, eher vermissen lassen.)

Ich muß zugeben, daß ich diesen allgemeinen Mangel an Privatsphäre hier manchmal nur schwer ertragen kann. Natürlich könnte ich meine Haustür einfach abschließen, aber das wäre mehr als nur ein körperlicher Ausschluß meiner Nachbarn. Ich hätte dann zwar meine Ruhe, würde mich aber unwiederbringlich der Isolation von meinen Nachbarn aussetzen, und das wäre ein Schaden, der nicht wieder gutzumachen wäre. Leider gibt es auch keinen Kompromiß in solchen Angelegenheiten: entweder man akzeptiert diese einheimischen Sitten oder lehnt sie total ab (mit den genannten Folgen).

Das Wetter war in den vergangenen zwei Wochen fürchterlich, und das hat jetzt, mitten in der Hauptzeit der Reisernte, gravierende Folgen für Pokhara. Der Regen behindert auch die gerade begonnenen Bauarbeiten an den Häusern, die jedes Jahr um diese Zeit anfangen und dem ganzen Tal ein faszinierendes Flair von emsiger Geschäftigkeit verleihen. Es ist ein ständiges Hin und Her. Männer ziehen quietschende Ochsenkarren, auf denen Steine und Baumaterial geladen ist. Überall sieht man Frauen und Kinder, die riesige Ladungen von Gras für die Dächer oder Lehm für die Wände schleppen oder zu dritt oder viert Bambusstangen für die Deckenträger transportieren. Es ist wirklich verblüffend: heute ist da noch ein Fleckchen unbebautes Land, und eine Woche später steht darauf ein stabiles, hübsches neues Häuschen, in das die ganze Familie freudestrahlend einzieht. In der Zwischenzeit haben aber auch alle in der Familie, selbst die Vierjährigen, Tag und Nacht mit angepackt. Es ist rührend mitanzusehen, wie die Kleinen, mit Mini-*Dokars* voller Gras beladen, tapfer ihren Eltern hinterherstapfen. Der N.S.P.C.C. (National Society for the Prevention of Conelty to Children) wäre zwar sicherlich nicht sehr begeistert darüber, doch die Kinder sehen ungemein stolz und glücklich aus, daß sie bei dieser wichtigen familiären Unternehmung so voll dabei sein dürfen. In der Regel sind die Häuser noch nicht ganz fertig, wenn die Besitzer einziehen. Die Frauen verputzen dann die Wände mit rotem Lehm, den sie auch für den Fußboden benutzen, während die Männer die hölzernen Türen und Fensterläden schreinern und anschließend einhängen. Wenn das Erdgeschoß als Stall benutzt wird, bauen sie außen auch noch eine Treppe aus Stein oder Holz in den ersten Stock.

Heute nachmittag gab das ganze Lager eine Abschiedsparty für mich, was mich wirklich sehr rührte und schwermütig machte. Es regnete die ganze Zeit, und der Himmel war grau und trüb, was irgendwie zu meiner Stimmung paßte. Dennoch bestanden die Tibetaner darauf, zu meinen Ehren unter freiem Himmel zu tanzen, und alle aßen riesige Portionen von köstlichem *Moo-Moo*, das in Öl und Sirup gekocht worden war, und tranken dazu unzählige Tassen gesalzenen, mit Yak-Butter versetzten Tee.

5. November, Katmandu

Jetzt habe ich es bewiesen, daß ein Übel wirklich das andere aufhebt: Heute wachte ich mit einem so beispiellosen Kater auf, daß der für den Nachmittag drohende Abschied von Pokhara auf einmal seinen ganzen Schrecken verloren hatte, angesichts jener ganz persönlichen Göttin der Zerstörung, die in meinem Kopf tobte.

In meinem ganzen Leben, das nicht gerade abstinent war, hatte ich bisher nur ein einziges Mal einen richtigen Kater, und zwar mit zwanzig, als ich eine halbe Flasche billigsten spanischen Weinbrand getrunken hatte. Diesmal war es aber offensichtlich das Durcheinander von *Chang* und *Rakshi*, das mich so fertig gemacht hatte. Kessang und die Khambagemeinschaft von Pokhara hatten mir gesagt, daß sie um sechs Uhr abends im »Annapurna« für mich eine tibetanische Abschiedsparty geben würden, und ein anderer Freund, ein Pardi-Gurkha, hatte mich für abends um neun in ein Thakkholi-Speiselokal im Dorf eingeladen. Ich war auf beide Partys gegangen und hatte »multikulturell« gebechert, so daß ich mich jetzt nicht über die Folgen beschweren darf.

Das Wetter war gestern so schlimm wie noch nie. Es hatte schon den ganzen Tag stark geregnet, doch nachmittags um halb fünf ging ein Wolkenbruch über Pokhara nieder, an dem gemessen die wildesten Monsungüsse nur feuchte Wölkchen waren. Das Unwetter tobte eine ganze Stunde, ehe es unvermittelt abbrach, wie wenn man eine Schleuse geschlossen hätte. Nun erst konnten wir zum »Annapurna« aufbrechen. Tashi mußte ich die ganze Zeit tragen, denn auf dem Weg reichte mir das reißende Wasser bis zur Taille, an einer Stelle sogar bis zum Hals, so daß ich Tashi mit einer Hand am Nackenfell packen und schwimmen mußte, bis ich wieder Boden unter den Füßen hatte. Vielleicht war es ganz gut, daß ich den Abend damit zubrachte, mich mit Alkohol zuzuschütten, sonst wäre ich womöglich nicht mit einem Kater, sondern mit einer Lungenentzündung aufgewacht.

Wenn Tibetaner eine Party geben, dann ist das immer ein wahres Gelage. Zu Beginn versuchte ich mich zu bremsen, als die härteren »kleinen Erfrischungen« gereicht wurden, um die Party durchzustehen. Es waren jedoch solche Köstlichkeiten geboten, daß ich mich unmöglich beherrschen konnte. Es wäre ja auch unhöflich gewesen, bei all den Umständen, die man sich meinetwegen gemacht hatte. Und so konnte ich schließlich kaum noch gehen, als ich gegen neun vom Tisch aufstand. Ein paar meiner Zechkumpanen waren bereits mit dem Kopf auf dem Tisch eingeschlafen.

Das Thakkholi-Speisehaus war peinlich sauber, ganz so, wie es die Thakkholi-Häuser fast immer sind. Die ockerfarbenen Wände und der Boden glommen im warmen Licht der züngelnden Flammen, die aus einer Vertiefung im Fußboden in der Ecke des Raumes schlugen – es war, als stünden wir am Kraterrand eines kleinen Vulkans. Zehn Leute waren offiziell zum Festmahl geladen, doch tauchten laufend weitere Gestalten aus dem Halbdunkel des Hintergrundes auf und verschwanden wieder darin. Wir saßen mit gekreuzten Beinen auf kleinen, rechteckigen tibetanischen Teppichen im Kreis. Zum Glück wurde das Hauptgericht nicht vor elf Uhr nachts gereicht, so daß wir unablässig von den verschiedensten Leckerbissen probierten und sie mit einem sehr kräftigen *Rakshi* hinunterspülten, den mein Gastgeber eigens aus seinem Dorf besorgt hatte. Er behauptete, es sei das stärkste alkoholische Getränk in ganz Nepal (wo es ja jeder Schnaps ganz schön in sich hat), und heute muß ich sagen, daß er wirklich recht hatte.

Alle Speisen waren auf glänzend polierten Messingtellern unterschiedlicher Größe angerichtet – von den ganz kleinen für die Vorspeisen bis zu den großen, runden Reisplatten – und aus unseren »kleinen Leckerbissen« wurde langsam ein üppiges Mahl. Wir begannen mit dünnen Streifen wunderbar geschmorten Wildziegenfleisches – eine der größten Delikatessen, die ich je gegessen habe –, gefolgt von frittierten sardinenähnlichen Fischen aus dem See, zwei hartgekochten Eiern pro Person, einem Spiegelei und schließlich einem Omelett, das mit so unerträglich scharfem Pfeffer gefüllt war, daß ich es, ganz gegen die guten Sitten, hastig wieder ausspucken mußte. Und während dieses ganzen Gelages schlürften wir *Rakshi*, noch mehr *Rakshi* und immer wieder *Rakshi*, bis ich mich fühlte, als würde tief in meinen Eingeweiden ein riesiges Feuer brennen. Doch da hatte ich den Punkt schon überschritten, an dem ich noch hätte aufhören können.

Der Hauptgang bestand aus einem großen Berg Reis mit Gemüsecurry und Dal. Als er aufgetragen wurde, kam auch die Dorfdirne herein in der Hoffnung, nach unserem Fest einen Freier abschleppen zu können. Doch sie sah mit einem einzigen Blick, daß nach dieser Party keiner mehr in der Lage sein würde, ihre Dienste in Anspruch zu nehmen, und so beendete sie mit einem Schlag ihre Arbeit und setzte sich gemütlich zu uns. Für mich ist sie wirklich die bestaussehende Frau im ganzen Dorf. Sie hat ein feingeschnittenes Gesicht mit arischen Zügen, helle Haut und volles, schimmerndes Haar. Im Feuerschein sah sie wunderschön aus – erst auf den zweiten Blick nahm man diesen spröden, irgendwie herben und unglücklichen Ausdruck in ihrem Gesicht wahr, der selbst die schönsten ihrer Schwestern in aller Welt entstellt. Von ihrer Nase hing eine riesige verzierte Goldscheibe, so daß sie die ungezählten Zigaretten im Mundwinkel rauchen mußte. Ihre Kleider waren dreckig und zerlumpt, aber dennoch von so guter Qualität, daß man vermuten mußte, sie habe sie als Lohn für ihre Liebesdienste erhalten. Ich konnte beobachten, daß unser neuer Gast der Inhaberin des Thakkholi-Lokals mißfiel, wenn sie dies auch nur indirekt dadurch zum Ausdruck brachte, daß sie ihre hübsche 16jährige Tochter mit scharfem Befehlston ins Bett kommandierte, als diese gerade mit dem ungebetenen Gast ein Gespräch begann.

Ich kann nicht sagen, wann die Party zu Ende war – irgendwann torkelte ich, begleitet von zwei ebenso torkelnden Nachbarn heim. Als sie mich die Leiter hochbugsiert hatten, war ich außerstande, Kopf- und Fußende meines Schlafsacks auseinanderzuhalten, und so ließ ich mich schließlich einfach nur noch drauffallen.

Die nächsten paar Stunden waren nicht sonderlich erholsam. Einmal fuhr ich mitten aus den verworrensten Alpträumen hoch und war einen Moment lang überzeugt, kein Mensch mehr zu sein, sondern einer der Trabanten des Jupiter – keine sehr angenehme Vorstellung, die einem wahrscheinlich auch nur der *Rakshi* bescheren kann. Den ganzen Tag lang fühlte ich mich hundeelend. Ich war nicht verkatert, sondern schlicht todkrank. Keine Krankheit in meinem Leben hat mich bisher so mitgenommen wie der *Rakshi* von gestern abend.

Der Flughafen von Pokhara lieferte heute wieder einmal einen absoluten Rekord an Unzuverlässigkeit. Obwohl ich für den Zehn-Uhr-Flug schon um halb zehn da sein mußte, startete unsere Maschine erst nachmittags um halb fünf. Heute war mir das jedoch völlig gleichgültig. Es gab nichts, was mich weniger berührte, als die Frage, wo ich war, wielange ich noch warten mußte und warum. Ich saß in meinem Elend im »Annapurna« zusammen mit meinen Zechkumpanen, die auch alles andere als fit wirkten. Wir tranken Tasse um Tasse stark gesalzenen schwarzen Kaffee, der als Mittel gegen die schlimmsten Folgen einer *Rakshi*-Vergiftung empfohlen wird, und unser Schweigen wurde nur hin und wieder von abgehackten Bemerkungen darüber unterbrochen, wie fürchterlich dreckig es uns ging.

Heute war Feiertag in Pokhara. Jemand erzählte mir, man feiere im Tal die Hochzeit der beiden Ufer des Seti-Flusses. Das klingt verrückt genug, um eine Einbildung meiner vom *Rakshi*-Rausch gerittenen Phantasie zu sein, doch in Nepal passieren noch viel mehr unwahrscheinliche Geschichten. Was immer auch der Anlaß für die Zeremonie war, jedenfalls wurde sie mit großem Pomp begangen, zweimal mußten sogar Frachtmaschinen, die aus Bhairawa zurückkehrten, zehn oder zwölf Minuten lang Warteschleifen über dem Tal drehen, weil Hunderte von Frauen in langsamer Prozession das Flugfeld überquerten. Jede hatte ihre schönsten Kleider angezogen, und alle sangen, tanzten, bliesen wie wild auf schneckenförmigen Instrumenten und trugen Bilder des Seti-

Flusses auf blumengeschmückten Sänften. Stundenlang wand sich der lärmende, bunte Zug durchs Tal, doch die Leute kamen mir so vor, als wären sie auf lästige und unmotivierte Weise ausgelassen. Das ganze fröhliche Gelächter, das Singen und Musizieren ging mir durch und durch wie Salven dämonischen, schrillen Lärms, und die bunten Farben der Kleider verschwammen vor meinen Augen und bohrten sich wie schmerzhafte Pfeile in mein Hirn.

Als ich mich schließlich ins Flugzeug schleppte, schien es mir, als sei ich von weißen Schals der Tibetaner und Blumengirlanden der Nepalesen behängt, aber vielleicht war es auch nur meine fürchterliche Verfassung, die mir zum Trost einen solchen Abgang vorgaukelte.

Während des Flugs begann ich mich allmählich wieder wie ein Mensch zu fühlen, und nach der Ankunft beschleunigte ich meine Genesung mit einigen harten Courvoisiers-Cognacs. Es heißt, daß das beste Mittel gegen einen Kater ist, mit dem gleichen Getränk weiterzumachen, mit dem man aufgehört hat. Das ging mit Cognac zwar nicht, aber das Grundprinzip stimmte trotzdem.

Und nun gehe ich früh ins Bett.

10.

Zu Fuß nach Langtang

9. November, Katmandu

Die nächsten paar Tage versuchte ich, erstmal nicht mehr an die Tibetaner in Pokhara zu denken und verbrachte die Zeit damit, eine zweiwöchige Erkundungstour in das Gebiet von Langtang nördlich von Katmandu zu organisieren – vielleicht ist »organisieren« aber auch ein zu großes Wort für meine Art von Reisevorbereitungen.

Trekking-Gruppen sagen hier enorm viel über den sozialen Status, den Perfektionismus und die gute (oder auch schlechte) körperliche Verfassung ihrer Mitglieder aus. Am meisten ausgeklügelt bis hin zum Lächerlichen sind die Unternehmungen der »Königlichen Botschafter-Gesellschaft«. Sie wird von einer Unmenge von Trägern begleitet, die von einem eigenen Mannschaftsführer beaufsichtigt werden, einem Koch, einem Küchenjungen, einem Bergführer, einem Dolmetscher und persönlichem Dienstpersonal. Dazu kommen noch Massen von eigens importierter Verpflegung, ganze Kisten alkoholischer Getränke und jeder nur denkbare Ausrüstungsgegenstand vom tragbaren Wasserklo bis zum faltbaren Kleiderschrank. Die nächste und zahlenmäßig größte Gruppe ist die nachgeordneter Botschaftsangehöriger und von Leuten des Entwicklungsdienstes. Sie beschränken sich auf ein Dutzend Träger und sparen auch mit Wasserklos und Kleiderschränken, schleppen dafür aber Zelte, Tische und Betten mit und legen Speisekammern und Vorratslager an. Und dann gibt es da noch die Gruppe der einfachen Leute, die so arm sind – oder so vernünftig –, daß sie nur mit ganz einfacher Ausrüstung reisen.

Ursprünglich wollte ich meine kleine Expedition ganz allein unternehmen, doch Rudi Weissmüller, ein befreundeter Schweizer, der mit den örtlichen Verhältnissen vertraut ist, klärte mich darüber auf, daß dies den Einheimischen gegenüber unfair sei, weil sie im Winter keinen Vorrat an Verpflegung hätten, den sie an Reisende verkaufen könnten. Er warnte mich auch, daß ich mich ohne Führer dauernd verlaufen würde und riet mir, mich in einem bekannten Restaurant, in dem sich die Globetrotter treffen, nach einem Sherpa umzutun, der mir als Träger und Führer zugleich dienen könnte.

Wäre ich mit den hiesigen Gepflogenheiten nicht bereits einigermaßen vertraut gewesen, so hätte ich Probleme gehabt, eine derartige Kombination aufzutreiben. Die Sherpas sind durch die großen, berühmten Expeditionen bereits ein wenig verdorben und haben keine allzugroße Lust mehr, mit gewöhnlichen Sterblichen über die Hügel zu stapfen. Ich nahm also über tibetanische Freunde Kontakt mit Mingmar auf, einem 24jährigen Einheimischen aus dem Namche-Basar, der einwilligte, mich für einen Sold von 4,50 Mark am Tag zu begleiten – für einen Sherpa extrem wenig.

Schon vor einem Monat hatte ich in Singha Durbar eine Expeditionserlaubnis beantragt, doch es war klar, daß ich die nächsten paar Tage größtenteils damit zubringen mußte, diese Genehmigung aus dem zuständigen Ministerium herauszukitzeln. Nicht genug, daß diese Karikaturen von Bürokraten mein Antragsformular verlegt hatten, sie verschlampten dazu auch noch meinen Paß. So hing ich also auf der Behörde herum, wartete und wartete, bis ich den Herren offensichtlich langsam auf die Nerven ging. Schließlich raffte sich einer auf und wühlte in einem Berg von Dokumenten (zweifellos verschwand bei dieser Gelegenheit so mancher Paß), bis irgendwann ein übel zugerichtetes grünes Büchlein mit dem Aufdruck »Irland« auftauchte. Blitzschnell schnappte ich danach – sehr zum Ärger des Beamten, der steif und fest behauptete, daß der Paß einem tschechischen Arbeiter gehörte. Zu guter Letzt wurde mir meine Genehmigung durch einen höheren Beamten erteilt, der dem Faß die Krone aufsetzte, als er mir einen Rüffel erteilte, weil ich den Antrag angeblich erst in letzter Minute gestellt hätte.

Am Morgen traf ich mich wieder mit Mingmar und gab ihm Geld, um Reis, Salz, Tee und einen Kochtopf zu kaufen. Er schien sichtlich aus der Fassung ob der Dürftigkeit dieses Proviants – nicht seinetwegen, sondern aus Sorge um mich –, und er war auch nicht sehr beruhigt, als er hörte, daß ich außerdem noch zwölf Dosen Sardinen, zwölf Päckchen Trockensuppe, eine Dose Kaffee, zwei Becher, zwei Löffel und ein Messer mitbringen würde.

Dies war nun wirklich nicht die Art von Proviant und Ausrüstung, mit der er selbst beim allerbescheidensten Touristen aus dem Westen gerechnet hatte, und trotz meiner Versicherung, ich hätte ein perverses Vergnügen an Entbehrungen, mokierte er sich darüber und war überzeugt, ich würde unterwegs jämmerlich zugrunde gehen.

Gestern erlebte ich einen unvergeßlichen Nachmittag, als ich in Patan herumspazierte – ohne Zweifel mein Lieblingsort im ganzen Tal. Für mich ist diese baufällige, aber dennoch reizvolle Stadt etwas ganz besonderes. Mit der Zeit kenne ich auch die letzten dreckigsten Gassen und habe all die verwitterten, grotesk geformten Tiergötter in mein Herz geschlossen. Anfangs war es nur eine wilde Begeisterung, doch inzwischen ist es ein warmes, tiefes Gefühl von Zuneigung geworden.

In dieser Woche war der Höhepunkt der Reisernte. Als ich durch die engen Straßen bummelte, flirrte die Luft golden vom Staub des Reisdreschens, und der Zauber dieses Orts schlug mich völlig in seinen Bann. Patan hat sich nun plötzlich in ein großes, quirliges Bauerndorf verwandelt, und selbst am Durbar Square, wo eine Gruppe Touristen mit Führer gerade züchtig so taten, als bemerkten sie die Penisse der Tempelgötter nicht, hatte ich Mühe, zwischen den Bergen strahlenden Getreides und den riesigen Strohhaufen hindurchzukommen. Die meisten Menschen hier geben zur Erntezeit jede andere Arbeit auf und kehren zu ihrer Familie zurück, um bei der Ernte mitzuhelfen – eine erfrischende Art, Prioritäten zu setzen, die die Modernisierung Nepals allerdings nicht gerade sonderlich vorantreibt. Während die Männer die Ernte auf den Feldern einbringen, kümmern sich die Frauen ums Dreschen. In den Straßen war vor jedem Haus der Reisvorrat der Familie für das nächste Jahr aufgehäuft. Der Überschuß wird normalerweise an Händler auf dem Basar verkauft, doch dieses Jahr wird fast der ganze Reis für den Eigenbedarf gebraucht, da auch in Katmandu das Wetter in den letzten zwei Wochen ausgesprochen schlecht war.

Vielleicht werde ich nie wieder nach Patan kommen, aber es hätte keinen schöneren letzten Eindruck geben können als das Bild, das sich meinen Augen gestern darbot: Die Straßen waren eine einzige gewaltige, in der Sonne glühende Kornkammer, purpurrote Röcke wirbelten im goldenen Getreide, Garben leuchtenden Strohs wurden auf schwarzhaarigen Köpfen balanciert, dazu die verwirrende Melodie leise klimpernden Schmucks – es war ein kunstvoller Tanz geschmeidiger Körper.

10. November, Trisuli

Ein typischer Tag in Nepal mit stundenlanger Warterei. Mingmar und ich hatten uns um sechs Uhr früh an einer bestimmten Brücke verabredet. Aber jeder von uns wartete an der falschen – dummerweise war es nicht einmal die gleiche –, und bis wir uns gefunden und den Irrtum aufgeklärt hatten, war es neun Uhr geworden.

Trisuli ist ein Tal nordwestlich von Katmandu, in dem die indische Gesellschaft für Wirtschaftshilfe gerade an einem gigantischen Projekt zur Errichtung eines Wasserkraftwerks arbeitet. Man hat über vierzig Meilen rücksichtslos eine Schneise durch die Berge geschlagen, und Tag für Tag karren schwere, zerbeulte Lastwagen unglaubliche Mengen von Maschinen, Rohren und Zement zur Baustelle. Sehr zu meinem Ärger hatte Mingmar beschlossen, die erste Etappe unseres Marsches auf einem Laster bis Trisuli zurückzulegen, was er – äußerst irreführend – als »komfortables Reisen« bezeichnete. Ich vertrat dagegen den Standpunkt, daß nach meiner Vorstellung auf einer Himalaya-Tour das Fahren mit Kraftfahrzeugen ausgeschlossen sei, doch es gehört zu den Prinzipien eines modernen Sherpa, keinen Schritt mehr zu tun als unbedingt nötig ist, so daß ich schließlich nachgab und wir uns nach Balaju aufmachten, einem Vorort von Katmandu, von dem aus der Weg nach Trisuli beginnt.

Hier liegt das Industriegebiet des Tals, in dem die Entwicklungshilfe bereits gewaltige Verwüstungen angerichtet hat. Das Ergebnis sind kleine, häßliche Fabriken, Schulen und triste Wohnblocks für Arbeiter, nicht zu vergessen eine monströse Kühlanlage, an der ein großes Schild Ausländer auffordert, hier ihre verderblichen Waren einzulagern.

Hier also warteten wir über eine Stunde, und langsam wurde ich wirklich nervös. Ich kann ohne Probleme stundenlang warten, wenn ich einsehe, daß ich an einer Situation nichts ändern kann, aber es ist wirklich sehr ärgerlich, unsinnig herumzusitzen, wenn ich inzwischen längst über grüne Hügel wandern könnte. Doch Sherpas sind genauso widerspenstig wie Tibetaner, und so wäre es völlig aussichtlos gewesen, Mingmar davon überzeugen zu wollen, daß manche Leute eben einfach gern zu Fuß gehen.

Endlich tauchte ein Zementlaster auf, und nach umständlichem Feilschen um den Fahrpreis setzten wir uns zu den zwanzig anderen Passagieren. Obwohl es doch offensichtlich nicht um seine eigene Kasse ging, war es für Mingmar Ehrensache, einen möglichst niedrigen Preis auszuhandeln. Als wir auf der gerade frisch angelegten Dorfstraße ein paar hundert Meter gefahren waren, verstellte uns eine altertümliche Dampfwalze den Weg. Sie sah aus, als stammte sie aus einem Museum für Maschinen aus der Frühphase der Industrialisierung. Dieses beeindruckende Gerät hatte genau an der engsten Stelle der gerade im Bau befindlichen Straße seinen Geist aufgegeben, widerstand aber jetzt allen Bemühungen, sie zu schieben, abzuschleppen oder sonstwie aus dem Weg zu räumen. Hin und wieder tauchte ein mißmutiger junger Inder mit verkniffenem Gesicht von irgendwoher auf, kletterte in den Führerstand und kämpfte wild um irgend etwas, was die altehrwürdige Dampfwalze wieder ins Rollen bringen könnte – doch es tat sich einfach überhaupt nichts.

Mittlerweile hatte unser Fahrer Ärger mit der Polizei bekommen, die sich nicht entscheiden konnte, ob wir, sofern es denn die Dampfwalze zuließ, sofort nach Trisuli weiterfahren dürften oder erst um fünf Uhr nachmittags. (Es war mir völlig unklar, warum die Polizei unsere doch offensichtlich so harmlose Fahrt kontrollierte, doch habe ich es längst aufgegeben, mich über die Marotten der nepalesischen Obrigkeit aufzuregen.) Nicht weniger als dreimal mußten wir allesamt mit Gepäck vom Laster hinunter- und dann wieder hinaufklettern, so wie es der Polizei gerade beliebte. Ich hatte das Gefühl, daß Lewis Carroll heimlich Nepal besucht haben mußte: über der ganzen Szene lag eine Atmosphäre wie in »Alice im Wunderland«, und ich verfiel in einen Zustand unkontrollierten Kicherns, als wir bereits zum dritten Mal auf den Lastwagen klettern mußten, was Mingmar sehr beunruhigte.

An dieser Stelle trat ein indischer Chefingenieur auf den Plan und ergriff an der Dampfwalze so drastische Maßnahmen, daß sie einen Schrei des Entsetzens sowie unglaubliche Dampfwolken ausstieß und mit höllischer Geschwindigkeit den steilen Hügel hinunterrollte, nicht ohne an unserem Laster im Vorbeifahren an der Seite entlangzuschrammen. Glücklicherweise fiel dieses Ereignis mit der momentanen Laune der Polizei zusammen, uns doch eher sofort fahren zu lassen, und so rasten wir mit Vollgas (15 Stundenkilometer) über die halbfertige Piste den Hügel hinauf.

Sikh-Fahrer mogeln sich ihre Ladung gerne so zurecht, daß sie durch die Mitnahme von Fahrgästen ein gutes Geschäft machen können, und so war auch unser Planenwagen nur zu einem Viertel mit Zementsäcken beladen. Da es jedoch sehr ungemütlich werden kann, zwischen Zementsäcken zu sitzen, kletterte ich bald von der Ladefläche auf das Dach der Fahrerkabine und hielt mich dort oben fest. Auf diese Weise hatte ich während der siebzig Kilometer langen, sechsstündigen Reise eine herrliche, wenn auch manchmal furchterregende Aussicht.

Als wir auf dieser Route entlangkrochen, dachte ich einmal mehr daran, daß Nepal wahrscheinlich niemals ein funktionierendes Straßennetz haben wird und daß China niemals ein Land annektieren wird, das weder landwirtschaftlich noch industriell nutzbar zu machen, das einfach zu nichts zu gebrauchen ist. Es gibt nur ein einziges Himalaya-Massiv auf der Welt, und ein großer Teil davon liegt nun einmal zufällig hier in Nepal, und daran kann auch der Einfallsreichtum von Technikaposteln des Zwanzigsten Jahrhunderts nichts ändern. Die Chinesen haben gerade 45 Millionen Mark in den Bau von gut hundert Kilometern unbefestigter Piste investiert, die sogenannte »strategische Schnellstraße« von Katmandu nach Kodari (an der Grenze zu Tibet), und sicherlich sind sie überzeugt, daß auch dieses letzte Teilstück der Verbindung von Lhasa nach Indien jeden Pfennig dieser 45 Millionen Mark wert ist. Doch den Bau und noch mehr den Unterhalt von Handelsstraßen in einem Land wie Nepal, das immer wieder von Erdrutschen heimgesucht wird, wird wahrscheinlich keine Regierung jemals für ökonomisch sinnvoll erachten.

Als wir Balaju verließen, grübelte ich über den gestrigen Absturz einer amerikanischen Verkehrsmaschine nach und dachte dabei an meinen eigenen Rückflug. Doch so langsam wir auch vorankamen, so deutlich wurde mir doch, daß meine Chance, jemals wieder an Bord eines Flugzeugs zu gelangen, lächerlich gering war. Denn wenn man auf dem Führerhaus eines Lkws hockt, ragt der Sitz weit über die Räder hinaus, die oft nur wenige

Zentimeter von dem häufig abbröckelnden Fahrbahnrand entfernt sind, und so glaubte ich in den Serpentinen, daß das rumpelnde Gefährt jeden Moment in den Abgrund stürzen würde. Noch vor kurzem war ich sehr stolz auf mich, daß ich inzwischen schwindelfrei bin. Eine 300 Meter tiefe Schlucht beachte ich gar nicht mehr und auch bei 600 Metern bin ich nur wenig beeindruckt – was mich jetzt wirklich erschreckt, ist die Tatsache, daß ich, auch wenn ich in einem Lkw haarscharf an einem über 1000 Meter tiefen Abgrund vorbeirattere, völlig gelassen bin, noch dazu, wenn ich weiß, daß am Steuer ein leicht angetrunkener Sikh sitzt.

Mit der Zeit gewöhnte ich mich jedoch an diese wirklich einzigartige Straße – ich hatte dergleichen wirklich noch nirgendwo gesehen – und empfand es schließlich paradoxerweise sogar als ausgesprochen beruhigend, so Stunde um Stunde um einen Berg nach dem anderen zu schaukeln. Es war jedoch ein höllisches Gerüttel, und heute abend spüre ich alle Knochen, als hätte man mich durch die Mangel gedreht. Diese Art zu reisen ist nicht gerade eine ideale Vorbereitung für eine anstrengende Trekking-Tour.

Der Boden scheint in dieser Gegend viel weniger fruchtbar zu sein als im Tal von Pokhara. Die wichtigsten Feldfrüchte sind Hirse und Mais, doch Dreiviertel des Landes sind eine unkultivierbare, jedoch wunderschöne Mischung aus Felsen und Wald.

Im Lauf des Tages kamen uns mehrere Lastwagen und zwei Jeeps mit indischen Ingenieuren entgegen, die auf dem Weg nach Katmandu waren. Bei einem der schwierigen Manöver, die jedes Mal nötig waren, um die Fahrzeuge auf der schmalen Straße aneinander vorbeizulotsen, rutschte unser Laster bis zur Achse in den weichen Boden neben der Piste. Es war abzusehen, daß es länger dauern würde, bis die kräftigeren Passagiere das Fahrzeug mit Schaufeln, die sie sich von den dort ansässigen Bauern ausgeliehen hatten, wieder freigegraben hatten. Ich schlug deshalb Mingmar vor, die restlichen fünfzehn Kilometer nach Trisuli-Basar zu Fuß zurückzulegen, doch der war von dieser Idee ganz und gar nicht begeistert. Einen Moment lang dachte ich daran, alleine weiterzugehen, doch dann verwarf ich diesen Gedanken. Nepal war schließlich Nepal, und wer sagte mir, daß der Lkw-Fahrer nicht plötzlich Lust bekommen könnte, mit Mingmar und dem größten Teil meiner Ausrüstung wieder nach Katmandu zurückzukehren, oder daß sich irgendeine andere Katastrophe ereignen würde, so daß wir uns nie mehr im Leben wiedersehen würden?

Ich stellte fest, daß die vier Tibetaner unter den Fahrgästen am bereitwilligsten zupackten und auch keinen Ärger über den gebieterischen Befehlston des Sikh-Fahrers erkennen ließen, ganz im Gegensatz zu den einheimischen Bauern, die darüber so in Wut gerieten, daß sie ihre Schaufeln nur ungern herausrückten und am Schluß für diese Leihgabe auch noch Geld haben wollten.

In den letzten zehn Jahren haben sich die indisch-nepalesischen Beziehungen um einiges verschlechtert, und nachdem ich die Gelegenheit hatte, in meiner unmittelbaren Umgebung mehrere indisch-nepalesische Kontakte hautnah mitzuerleben, muß ich sagen, daß die indische Seite daran die größere Schuld trägt. Zugegeben, die Nepalesen haben den für Bergvölker so typischen – wenn auch durchaus reizvollen – überzogenen Stolz. Sie sind schnell eingeschnappt, oft schon wegen der kleinsten Beleidigung, und sei sie nur eingebildet. Doch brauchen die Nepalesen diesbezüglich ihre Einbildungskraft nicht überzustrapazieren, denn die Inder behandeln sie in der Tat gewöhnlich mit einer erschreckenden Taktlosigkeit. Als Bürger eines Landes, dem die Engländer Eisenbahnen, Krankenhäuser, Elektrizität und das Postwesen beschert haben, tragen die Inder heute eine extreme Verachtung für Menschen zur Schau, die in Städten wie Katmandu leben müssen, wobei sie offenbar ganz vergessen, daß Delhi womöglich ähnlich unterentwickelt wäre, hätten sich Ausländer nicht in die Angelegenheiten Indiens miteingemischt. An einem Ort wie Pokhara ist die Überheblichkeit der dort ansässigen Inder selbst für mich unerträglich, und um wieviel mehr erst für die Nepalesen. Hätte es einen nicht so zornig gemacht, hätte man sich amüsieren können über die gekonnte Art, mit der diese Inder das Gehabe des übelsten britischen Sahibs nachahmten. Sogar ihre Stimme ist oft noch voller Haß, so als stünden sie unter dem Zwang, sich an den unschuldigen Nepalesen rächen zu müssen für all die unvergessenen gemeinen Beleidigungen, unter denen ihre Landsleute in der Vergangenheit zu leiden hatten.

Vielleicht wären die Nepalesen zu diesem historischen Zeitpunkt aber in jedem Fall den Indern gegenüber feindselig eingestellt, und zwar aus der allgemein menschlichen Schwäche, Hilfe nicht dankbar annehmen zu können. Von vielen Nepalesen habe ich im letzten halben Jahr die mißgünstige Bemerkung gehört, daß Indien niemals so viele Rupies nach Nepal schicken könnte, wenn sie nicht vorher so viele Dollars von den Amerikanern bekommen hätten. Da kann man sich nur darüber wundern, wie viele heimliche Animositäten die üppige westliche Finanzhilfe in den wirtschaftlich armen Ländern hervorruft.

Die Panne mit unserem Laster ereignete sich, als wir schon fast auf Höhe des Flusses waren. Die tiefstehende Sonne ließ die schroff aufgerissenen Rinnen in den Bergen – Spuren der Erdrutsche, die der Monsun ausgelöst hatte – rötlich erglühen. Sie leuchteten aus dem dunklen Grün des Waldes und dem zarten, golddurchwirkten Grün der reifenden Hirse. Zu dieser Jahreszeit hat man es mit der Feldarbeit nicht allzu eilig, und so hatte sich nach einiger Zeit eine kleine Gruppe von Menschen um unseren Lkw angesammelt, für die unser Mißgeschick eine willkommene Unterhaltung zu sein schien. Unter ihnen war eine Frau mit ihrem etwa fünfjährigen Sohn, der offensichtlich Durst hatte und deshalb einen gewaltigen Zug von der Brust seiner Mutter nahm. Dann stand er auf, wischte sich den Mund ab, zog eine Zigarette aus der Tasche seines zerlumpten Hemdchens, spazierte zu mir herüber und bat mich um Feuer. Man weiß, daß Mütter das Rauchen sein lassen sollen, solange sie ihre Kinder stillen. Nepalesen finden es aber offenbar völlig in Ordnung, daß die Kinder rauchen, solange sie noch die Brust bekommen.

Nach siebzig Minuten harter Arbeit war der Laster schließlich freigeschaufelt, und wir fuhren hinab zur Talsohle auf eine Höhe von 600 Meter, wo es drückend heiß war. Wir überquerten den Fluß auf einer erstaunlich eleganten, nagelneuen Brücke und erreichten Trisuli-Basar, als die Dämmerung hereinbrach. Diese kleine Stadt ist an einem steilen Hang direkt über dem Fluß gebaut, und alle Straßen sind stinkende Treppenfluchten. Die Nacht verbrachten wir in einem baufälligen Gasthof, der sich als »Hotel« ausgab und überraschend gut besucht war, da es hier sehr viele indische Gastarbeiter gibt. Die Männer verbringen in Nepal den größten Teil des Abends damit, ausgiebig Karten zu spielen, und so war es auch hier gar nicht leicht, den »Hotelportier« von seine Karten loszueisen. Doch schließlich führte er uns eine enge, finstere Treppe hoch und stellte uns ein geradezu luxuriös eingerichtes Zimmer zur Verfügung, auf dessen Boden nicht weniger als drei Strohmatratzen lagen. Da diese aber wahrscheinlich das Hauptquartier einer ganzen Armee von Wanzen waren, bat ich Mingmar, doch auf allen dreien zu schlafen, in der Hoffnung, daß sich besagte Armee auf seinen undurchdringlichen Körper konzentrieren würde. Meinen Schlafsack breitete ich dann in der Mitte auf dem Lehmboden aus, möglichst weit weg von den Wänden, da diese wahrscheinlich gleichfalls mit Ungeziefer verseucht waren.

11. November, in einer Berghütte

Nach neun Stunden ungestörten Schlafs wachten wir um sechs Uhr morgens auf und waren schon eine Viertelstunde später unterwegs. Mingmar trug 30 Kilo Gepäck (eine Kleinigkeit für einen Sherpa), ich dagegen nur 15 Kilo (eine gewaltige Last für eine verweichlichte Westlerin). Mingmar hätte viel weniger schleppen müssen, wenn seine Ansprüche bei den Expeditionen, für die er schon tätig war, nicht so absurd gewachsen wären. Außer seinem Schlafsack trug er noch eine Luftmatratze und eine schwere Decke, die zusammen mindestens 12 Kilo wogen.

Das Trisuli-Tal wäre sehr schön, wenn das indische Entwicklungshilfeprojekt es nicht mit seinen dröhnenden Maschinen, Zementbergen und Stapeln von Rohren bereits verschandelt hätte. Gewaltige Bulldozer und riesige Kräne sind jetzt dabei, den Fluß zu bändigen, und man bekommt Angst, wenn man sieht, in welch kurzer Zeit der Mensch Schönheit zerstören kann. Ich war froh, als wir nach zwei Stunden strammen Marsches diese traurige Szenerie hinter uns ließen, erneut den Fluß überquerten und an die Stelle kamen, wo unser Anstieg begann. Ein paar Holzhütten standen hier direkt am Fluß, und obwohl es für eine Frühstückspause eigentlich noch zu früh war, entschied Mingmar, daß wir hier essen sollten, da wir bis zum Abend keine menschliche Ansiedlung mehr antreffen würden.

Nachdem wir gegessen hatten, brachen wir zu unserem ersten Berg auf. Die Sonne brannte vom Himmel, und Mingmar fluchte leise vor sich hin. Als ich ihn fragte, was los sei, antwortete er, daß er unter seinen Jeans knöchellange Wollunterhosen und Skistrumpfhosen aus Nylon trug, außerdem ein wollenes Unterhemd, ein Flanellhemd und einen Pullover unter der wattierten Windjacke. Da mir in einem dünnen Baumwollhemd und Shorts bereits zu heiß war, schwindelte mir bei dem bloßen Gedanken an einen solchen Aufzug, und schließlich schaffte ich es, ihm zwei oder drei seiner Kleidungsstücke auszureden. Doch selbst dann war er immer noch viel zu dick eingemummelt, obwohl sein Gepäck bereits um einiges angewachsen war. Diese Vorliebe der Sherpas, sich viel zu dick anzuziehen, gerät immer mehr zur Manie. Sie haben diese Statussymbole auf verschiedenen Expeditionen gesammelt und wollen nun auf keinen Fall darauf verzichten, sie immer und überall zu tragen.

Heute mußten wir auf unserem Weg in Richtung Norden oberhalb des Kyirung-Flusses größtenteils klettern. Unsere Route führte zwar nie ganz zum Fluß hinab, doch häufig über 1000 Meter hinunter, um unwegsame Schluchten zu umgehen, und dann wieder steil hinauf auf die Durchschnittshöhe von 1500 Metern.

Es würde jedoch den falschen Eindruck von Eintönigkeit vermitteln, wenn ich sagen würde, wir wären den ganzen Tag nur bergauf und bergab marschiert. An jeder Biegung des sich hinschlängelnden Wegs offenbarte sich unseren Augen eine neue Pracht oder es tauchte eine bereits bekannte Naturschönheit aus einem ganz anderen Blickwinkel auf. Steil ragten die Berge hinter der nahen Kyirung-Schlucht empor, und wir wanderten durch dichte Wälder, über karge, felsübersäte Moorlandschaften, über sonnige, grasbewachsene Lichtungen, umschlossen von hohen, grauen Felsen, durch kühle, dunkle Felstunnel, die von riesigen herabhängenden Sträuchern überwuchert waren, begleitet vom Tosen donnernder Wasserfälle. Überall gab es Flecken mit duftenden Kräutern, und die Berghänge waren von einem bunten Teppich wilder Blumen überzogen, die in Orange, Blau, Rot, Gelb, Weiß und Rosa leuchteten.

Diese Region ist praktisch ein Niemandsland zwischen dem Süden, der von Hindus dominiert wird, und dem Gebiet im Norden, das fast ausschließlich buddhistisch ist. Ich fühlte mich eigenartig berührt, als ich am Wegesrand auf meinen ersten *Chorten* traf, ein Hinweis, daß ich nun geographisch wie geistig Tibet so nah war wie ein gewöhnlicher Weltenbummler es in diesen traurigen Zeiten überhaupt nur sein kann. Diese steinernen *Chorten*, die gewöhnlich mitten auf dem Weg stehen, sind Symbole für das Nirvana. Ein Buddhist geht immer links an ihnen vorbei, und es ist ein Zeichen, daß man ein Bön-po ist, wenn man rechts vorbeigeht. Dieser *Chorten* war sehr alt, Gras und Unkraut wucherte zwischen den Steinen, so daß man fast daran vorbeigehen konnte, ohne ihn zu bemerken. Seine Unscheinbarkeit schien mir ein höchst treffendes Bild für den oft so unverständlichen, aber allgegenwärtigen Einfluß des Buddhismus auf das tibetanische Volk.

Ich kam an dieser abgelegenen, armseligen Behausung hier, die auf dem höchsten Punkt des Bergkamms steht, schon vierzig Minuten vor Mingmar an, der heute wegen eines bösen Furunkels auf seiner rechten Wange in einer ziemlich bedauerlichen Verfassung war. Reisende aus dem Westen kommen hier nicht gerade oft vorbei, und dennoch empfingen mich die sieben Mitglieder dieses Haushalts ohne irgendeine Spur von Neugier, Ablehnung oder auch nur die Andeutung eines Grußes – eine Apathie, die mich stark an meine grauenhafte Bahnfahrt durch Bihar erinnerte.

Die Hütte ist aus Steinplatten gebaut mit einem Bretterdach, das durch Felsbrocken beschwert wird. Im Innern war es so schmutzig, daß es eher wie in einer Kerkerzelle des 19. Jahrhunderts als wie in einem Wohnunraum aussah. Ich bin nicht leicht zu erschüttern durch asiatische Lebensverhältnisse, die gemessen am Klima und dem sozialen Umfeld oft gar nicht so ärmlich sind wie Reisende aus dem reichen Westen oft meinen. Diese jämmerliche Armut ging aber über das Maß hinaus. Die Familie ernährt sich von Hirse, die sie auf dem kargen Berghang anbaut, doch ernten sie viel zu wenig, um das ganze Jahr davon leben zu können. Und so gab es denn heute zum Abendessen gedünstete Nesseln (die hier »brennendes Gras« genannt werden), gewürzt mit Chili und heruntergespült mit Rakshi. Als wir sahen, wie erbärmlich es diesen Menschen ging, kamen Mingmar und ich im gleichen Moment auf die Idee, eine doppelte Portion Reis zu kochen, und als wir ihnen davon anboten, langten sie kräftig zu und aßen gierig mit beiden Händen aus unserem Suppentopf.

Es gibt zwei Räume hier, einen äußeren, der zum Vorraum führt und in dem zwei Holzbetten stehen, und einen inneren mit einem Feuer in der Mitte, um das sich nach Einbruch der Dunkelheit alle zusammenfinden. Zum Glück mangelt es nicht an Brennmaterial, und so trägt das munter flackernde Feuer einiges dazu bei, das allgemeine Elend erträglicher zu machen. Wenn man außerhalb des Feuerscheins etwas sucht, dient ein brennender Scheit als Kerze, und für die Wasserpfeife der Familie, die stumm herumgereicht wird, muß als Ersatz für den fehlenden Tabak ebenfalls das Feuer herhalten. Doch beißt der Rauch von brennendem Holz (der auch eine der Ursachen für den Grünen Star ist) stark in den Augen, und ich kann, während ich dies niederschreibe, kaum etwas sehen.

Im anderen Raum liegt eine noch recht junge Frau in der Dunkelheit, nur in eine schmutzige Decke gehüllt, und stöhnt und hustet. Offensichtlich befindet sie sich im Endstadium von Tuberkulose, doch die übrige Familie scheint ihr Schicksal mit dumpfer Gleichgültigkeit hinzunehmen. Vor ein paar Stunden habe ich ihr ein paar Aspirin gegeben, um wenigstens ein wenig Anteilnahme zu zeigen. Sie bedankte sich überschwenglich und meint jetzt, es ginge ihr schon etwas besser, doch das Stöhnen und der rasselnde Husten haben nicht aufgehört.

Ich habe versucht herauszubekommen, zu welchem Stamm diese Menschen gehören, doch sie scheinen es selbst nicht zu wissen. Mingmar sagt, daß ihm ihr Dialekt fast unverständlich sei, doch gehöre er mit Sicherheit eher zur tibetanisch-burmesischen Sprachengruppe als zu der des Sanskrit. Die Gesichter schauen mehr mongolisch als arisch aus, und da in der Hütte keines der sonst allgegenwärtigen hinduistischen Symbole zu sehen ist, nehme ich an, daß sie wenigstens nach Außen hin Buddhisten sind, obwohl ich kaum glaube, daß bei dieser menschenunwürdigen Armut die Religion noch eine große Rolle in ihrem Leben spielt.

Während ich schreibe, werden die Fensterläden, die hier als Türen dienen, an ihren Platz gehievt und mit langen Holzstangen sorgfältig befestigt. So muß ich nun meinen Schlafsack auf dem anderen Bett ausrollen, bevor der Feuerschein endgültig erlischt.

12. November, Thangjet

Wir waren seit sechs Uhr früh unterwegs, nachdem wir neun Stunden geschlafen hatten – wenn man das »schlafen« nennen kann, was sich da abspielte zwischen dem Beißen der Wanzen und dem Stöhnen der unglücklichen Frau, das jedesmal wie ein letzter Seufzer klang. Bevor wir den Berg hinabmarschierten, warfen wir vor der Hütte noch einen letzten Blick auf das weite Trisuli-Tal, das dort drüben hinter den Bergen lag, die wir gestern überquert hatten. Doch jetzt war das Tal so in Wolken gehüllt, daß es aussah wie ein See von Milch, dessen unbewegte Wellen sich an die umgebenden Berge schmiegten.

Nach fünf Stunden machten wir Rast in einem Dorf mit schmutzigen, steinernen Bauernhäusern. Hier herrschte der gleiche Nahrungsmangel. Es wäre absolut untertrieben, von »Lebensmittelknappheit« zu sprechen – es gab einfach *nichts* mehr. Mindestens jeder zweite, die Kinder eingeschlossen, hatte einen Kropf. Hautkrankheiten waren weniger verbreitet als man hätte annehmen können, doch wurde überall gehustet, und man sah viele Augeninfektionen. Die erschütternde Armut dieser Region steht in krassem Gegensatz zu der landschaftlichen Pracht der Umgebung. Doch es wäre falsch, diese Lebensverhältnisse auf ganz Nepal zu übertragen, denn Langtang war schon immer die zurückgebliebenste Ecke im ganzen Land. Die Bevölkerung gehört zum Stamm der Tamang, die einen tibetanischen Dialekt sprechen und von denen Dr. David Snellgrove annimmt, daß sie bereits im sechsten Jahrhundert v. Chr. über den Hauptkamm des Himalaya-Gebirges zugewandert sind.

Wie alle Bergvölker Nepals haben sie unter der ständigen Vernachlässigung durch die Regierung gelitten, und selbst jetzt, da in anderen Gegenden von den zuständigen Behörden wenigstens einige halbherzige Maßnahmen eingeleitet werden, wird ihnen, den verachteten »Bhotias«, nicht die Aufmerksamkeit gewidmet, die ihnen gerechterweise zustünde. Man hat aus diesem Bezirk zwar einige Gurkha-Soldaten rekrutiert, doch deren schmaler Sold hilft der maroden Wirtschaft hier auch nicht auf die Beine.

Auf meiner Schweizer geografischen Karte von Nepal ist Thangjet westlich des Kyirung-Flusses eingetragen. Mit allem gebotenen Respekt vor den Herren Kümmerly und Frey muß ich sie doch belehren, daß dieses Dorf östlich des Flusses liegt, es sei denn, ich wäre zu blöd, zu merken, wo die Sonne untergeht. (Doch selbst einem so renommierten geografischen Verlag muß man es nachsehen, wenn er bei der Herstellung einer Nepal-Karte etwas den Überblick verliert). Zuerst dachte ich, daß es jenseits des Kyirung noch einen anderen Ort namens Thangjet gäbe und dies hier nur »Klein-Thangjet« wäre, doch die Einheimischen versichern mir glaubhaft, daß der nächste Ort mit ähnlichem Namen erst Tange in Thakkholi wäre.

Thangjet ist das erste Dorf im tibetanischen Stil, und als ich die verfallene *Mani*-Mauer und den baufälligen Torbogen sah, spürte ich wieder den bittersüßen Reiz der Nähe des Unerreichbaren. Heute kamen wir an weiteren *Chortens* und ein paar langen Stangen für Gebetsfahnen vorbei, die einem mitten in der Einsamkeit der Berge plötzlich die Existenz von Göttern und Menschen in Erinnerung ruft. Und jetzt, wenn ich von meinem Schreibblock aufschaue, sehe ich mitten auf der »Dorfstraße« einen großen, wackligen *Chorten* mit weißen Gebetsfahnen, die im kalten Abendwind flattern. Bisher sah ich diese Fahnen immer nur am Eingang von Flüchtlingslagern, und so ist es für mich jetzt ein ganz besonderes Vergnügen, diese Fahnen vor ihrem natürlichen Hintergrund wehen zu sehen. Doch hat man das traurige Gefühl, daß aufgrund der langen Trennung von der Hauptströmung des tibetanischen Buddhismus die Religiosität hier eher zu einem oberflächlichen und abergläubischen Brauchtum verkommen ist.

Wir kamen noch vor drei Uhr nachmittags nach Thangjet, nach einem wesentlich härteren Marsch als gestern. Als Mingmar entschied, hier Station zu machen, obwohl der nächste Ort nur drei Stunden weiter lag, war ich zunächst strikt dagegen. Statt einer Antwort deutete Mingmar auf den Berg jenseits des Flusses und sagte nur: »Schauen Sie doch einmal unsere Route an!« Ich tat, wie mir geheißen und mußte ihm sofort recht geben. Thangjet liegt auf knapp 3000 Meter Höhe, und vor Erreichen des nächsten Dorfes mußten wir erst einmal wieder 1500 Meter bis zum Fluß hinunter marschieren, ehe der Weg wieder auf 3000 Meter ansteigt. Dort windet sich der Pfad dann um die Flanke des gegenüberliegenden Bergs, und soweit ich weiß, geht es dabei beständig bergauf.

Thangjet besteht aus etwa 150 schiefergedeckten Häusern. Da es eine der Hauptstationen auf der Strecke Langtang-Katmandu ist, verfügt es über eine überraschend saubere Herberge, die von einer gutgelaunten Thakkolifrau geführt wird. Die Unterkunft ist eher ein Unterstand als ein richtiges Haus. Die Mauern bestehen – wie bei uns zu Hause in Connemara – aus lose aufgeschichteten Steinen, die außen durch Bambusmatten geschützt sind, und auch das Dach ist mit Bambus gedeckt. Die Giebel sind offen, so daß in dieser Höhenlage in der momentanen Jahreszeit die Nächte empfindlich kalt sind. Zum Glück hat Rudi Weissmüller darauf bestanden, mir eine Windjacke zu leihen, die ich zusammen mit meiner Hose als Pyjama anziehen werde.

Zum Abendessen gab es eine Überraschung: heiße Büffelmilch mit Reis statt der üblichen Suppe. Die Herberge ist gleichzeitig das Teehaus des Dorfes – *das* Kennzeichen verfeinerter Lebensart in Thangjet! Nach Einbruch der Dunkelheit kam entsprechend auch etwa ein halbes Dutzend Männer, um sich in zerschlissenen Decken gehüllt um das Feuer zu setzen und Tee zu schlürfen. Da sie tibetanisch sprachen, konnte ich dem Gespräch ein wenig folgen, das sich ausschließlich um Yetis drehte. Unsere Wirtin und Mingmar bestritten, daß es irgend so etwas gäbe, doch die Einheimischen und ein weiterer Gast, ein tibetanischer Händler, glaubten felsenfest daran. Streitpunkt war lediglich die Frage, was ein Yeti genau sei. Die einen vertraten die Ansicht, es sei ein Tier, die anderen meinten, es sei mit Sicherheit die Inkarnation eines bösen Geistes. Zwei Dorfbewohner behaupteten, bereits kleine Yetis, etwa so groß wie fünfjährige Kinder, gesehen zu haben. An dieser Stelle gab auch ich – mit Mingmars Hilfe – meine Meinung zum besten, daß nämlich der Yeti sehr wohl ein Tier sei, von dem die Zoologen nur noch nichts wüßten, das aber auf den höchsten Bergen lebte und aus guten Gründen etwas dagegen hätte, sich fangen zu lassen.

Im Moment sitze ich beispiellos komfortabel auf dem eineinhalb mal ein Meter großen Wollsack des tibetanischen Händlers. Die Bedeutung dieser peniblen Maßangabe kann man nicht würdigen, wenn man die Wege in Nepal nicht aus erster Hand kennt. John Morris hat dazu geschrieben: ».., doch muß ich betonen, daß die Wege in den Bergen von Nepal selbst mit den halsbrecherischsten Routen in den abgelegensten Gebieten Europas nicht im mindesten zu vergleichen sind. Es sind lediglich Spuren, die die Menschen über Generationen hinweg beim Benutzen der gleichen Strecke hinterlassen haben.« Mehr sind sie wirklich nicht, und »Pfad« wäre eine blühende Übertreibung für einen Großteil der Tour, die wir heute gemacht haben. Inzwischen sehe ich auch ein, daß Mingmar, ganz abgesehen davon, daß er den Proviant trägt, auch als Führer absolut unverzichtbar ist. Zweifellos würde auch ich den Weg irgendwann schließlich finden, doch als wir heute nachmittag über fantastische Geröllfelder mit gewaltigen, zerklüfteten Felsen kletterten, war ich außerstande, auch nur die Spur eines Wegs zu erkennen. Am irritierndsten an dieser Gegend ist, daß, wenn man ein Ziel im Norden ansteuert, der richtige Weg häufig erst nach Süden führt, während der Weg in nördliche Richtung der falsche ist.

Heute abend bin ich besonders fasziniert von den Menschen, die die steilen, steinigen Straßen mit langen, brennenden Ästen auf- und abgehen: so funktioniert also in Thangjet die Straßenbeleuchtung!

13. November, Shablung

Die Götter waren uns heute übel gesonnen, denn ein Individuum, das sich selbst als »die Polizei« ausgab, untersagte uns kurzerhand, von hier aus nach Nordosten in das Tal von Langtang aufzubrechen. Ist das schon wieder ein Fall von nepalesischer Schlamperei? Den Ausführungen dieses Kerls zufolge, dessen Uniform aus einer langen Baumwollunterhose und einem zerschlissenen Hemd westlichen Zuschnitts besteht und der der einzige Brahmane im Dorf ist, gilt meine Genehmigung nur bis Gosainkund Lekh und keinen Meter weiter nach Norden. Das Dokument ist in nepalesischer Sprache abgefaßt, so daß weder Mingmar noch ich es verstehen und deshalb auch nicht mit dem »Polizisten« darüber debattieren können. Zugegeben, es ist durchaus möglich, daß wenn man im Bezirk Singha Durbar einen Antrag auf Genehmigung einer Reise nach Langtang stellt, einem die dortigen Behörden nur eine Reiseerlaubnis bis Gosainkund Lekh ausstellen, sei es aus Dummheit oder aus politischen Gründen, so daß der »Polizist« sich jetzt ganz zu Recht in dem seltenen Glück sonnt, einer Westlerin gegenüber seine Autorität rauszukehren. Ebensogut ist es aber auch möglich, daß er hier eine willkommene Chance wittert, ein sattes Bestechungsgeld zu kassieren. Zu seinem Pech habe ich jedoch gar nichts dagegen, heute morgen statt nach Nordosten nach Südosten aufzubrechen: Die eigentliche Enttäuschung ist, daß wir nicht direkt nach Norden marschieren können, wo weniger als fünf Stunden entfernt Tibet liegt.

Eine der faszinierendsten Kontraste auf unserer Tour sind die häufig unvermittelten Übergänge von einer Jahreszeit zur anderen. Als wir bei Sonnenaufgang Thangjet verließen, hatten wir Winter: Scharf schnitt die Kälte ins Gesicht, und die Landschaft lag ruhig und fahl im metallischen Morgenlicht. Ungefähr um drei Uhr nachmittags saßen wir in Shablung bei hochsommerlichen Temperaturen und strahlendem, tiefblauem Himmel unter blütenüberladenen Mandelbäumen, die wie rosa Wolken aussahen, und stritten mit dem »Polizisten«. Hohes Gras wucherte unter blühenden Büschen, unten glitzerte das Wasser des Flusses grünlich, und die Luft war samtweich und warm. Auch den Herbst haben wir während des langen Abstiegs erlebt, sahen glänzende rote, schwarze und braune Beeren und Nüsse und stapften durch raschelnde purpurfarbene, orange und rotbraune Blätter.

Nach einem sehr beschwerlichen Aufstieg auf der Strecke hinter Thangjet waren wir glücklich, als wir uns in Tamang, einem Weiler aus vier Hütten auf halber Höhe eines Berghangs, zum Frühstück niederlassen konnten. Die Armut hier war schlimm genug, doch wirkten die Menschen aufgeweckt, fast sogar fröhlich, und sie waren trotz einer gewissen freundlichen Schüchternheit einfach normal neugierig.

In den holz- und grasgedeckten Steinhäusern lebten sechsunddreißig Menschen, davon eine beachtliche Menge reizender Kinder, die abgesehen von den unvermeidlichen Augenkrankheiten überraschend gesund wirkten. Ich erkundigte mich, ob die Leute hier unter Husten leiden, doch war das offensichtlich nicht der Fall. Gesundheit ist in solchen Siedlungen meist reine Glückssache: Ein einziger tuberkulosekranker Händler, der hier eine Nacht verbringt, reicht, um das ganze Dorf anzustecken.

Während Mingmar kochte, schaute ich zu, wie die Hirse gedroschen wurde. Auf einer ebenen Fläche aus hartem Lehm vor einer der Hütten stampfte ein älterer Mann das Getreide mit einem zwei Meter langen, dicken Stab. Neben ihm flatterten große Gebetsfahnen, hinter ihm lag ein schroffer, tausend Meter tiefer Abgrund, und im Hintergrund glänzten die schneebedeckten Gipfel Tibets. Als die Hirse genug gestampft war, lasen die Frauen die Körner in große, ovale Weidenkörbe, brachten sie zu einer anderen Terrasse und schütteten sie dort auf runde, ebenfalls aus Weide geflochtenen Tabletts. Dann warfen sie das Getreide so geschickt hoch, daß die ganze Spreu schnell wegflog. Das sah so einfach aus, doch als ich es auch versuchte, fiel die Hirse auf den Boden, und die Spreu blieb auf dem Tablett liegen, sehr zur Belustigung meiner Zuschauer.

Während des Essens zerstörte Mingmar die letzten Reste meines Vertrauens in die Angaben meiner Landkarte, als er behauptete, der Fluß, den wir gerade überquert hatten und der von Osten nach Westen fließt, sei der Kyirung. Eigentlich müßte der Kyirung der Fluß sein, der in Nord-Süd-Richtung fließt und unterhalb Thangjet einmündet, dessen Lauf wir von Trisuli aus gefolgt waren und der etwa 50 Kilometer nördlich der tibetanischen Grenzstadt Kyirung entspringt. Ich stelle fest, daß die Herren Kümmerly und Frey es geflissentlich unterlassen haben, dem Fluß oberhalb dieser Einmündung (wo wir am ersten Tag Rast gemacht hatten) einen Namen zu geben. Deshalb hatte ich womöglich irrtümlich angenommen, daß dies der Oberlauf des Trisuli sei, welcher einige Kilometer nordwestlich von Helmu entspringt. Die ganze Angelegenheit ist ziemlich undurchsichtig – wobei ich persönlich ja ungenaue Karten recht gern mag, da sie einem die Gelegenheit geben, der eigenen Phantasie freien Lauf zu lassen.

Auf seine Art nicht weniger faszinierend sind die Unmengen von Reis, die Mingmar täglich zu sich nimmt. Obwohl er schlank und kaum einen Meter fünfzig groß ist, mampft er sich bei jeder Mahlzeit durch einen Berg von einem dreiviertel Pfund hindurch. 50 Gramm reichen für einen durchschnittlich großen Reispudding, und so kann man sich vorstellen, wie mehr als 350 Gramm Reis aussehen, wenn sie gekocht als großer Haufen vor einem auf einer Messingplatte liegen. Ich wäre nach einer solchen Mahlzeit für eine Woche bewegungsunfähig. Mingmar kann sich wiederum nicht erklären, wie ich mit nur einer Schöpfkelle Reis und einer kleinen Dose Sardinen im Magen so weit und so schnell marschieren kann. Ebenso unbegreiflich ist ihm meine Leidenschaft, bei jeder Gelegenheit in den eiskalten, reißenden Fluß zu hechten. Zugegeben, das Wasser ist wirklich eiskalt, aber es ist mir ein Hochgenuß, mit verschwitztem, müdem Körper in die weiß schäumende, eisige Strömung zu gleiten und dann aufzutauchen und meine prickelnde Haut in der Sonne wieder aufzuwärmen.

Shablung liegt zwar nur 1000 Meter hoch, doch hat es mehr tibetanisches Flair als Thangjet. In meiner Karte ist es ebensowenig eingezeichnet wie der ziemlich reißende Fluß, der aus dem Nordosten kommt und hier in den Kyirung mündet – oder in den Trisuli, wie immer es sein mag. Das Dorf liegt auf einem kleinen Plateau gleich nördlich dieses Nebenflusses, über den eine aus Holz und Seilen gefertigte Hängebrücke führt, und schmiegt sich an den nächsten hohen Gebirgszug. Die Brücke über den Kyirung besteht aus einem Seil mit einer Rolle, an dem sich die Menschen, hoch über dem Wasser schwebend, mit den eigenen Armen hinüberhangeln. Am anderen Ufer zieht sich fruchtbares Land über die flacheren Ausläufer der nahen Bergkette. Die Bewohner sind relativ wohlhabend, doch starrt auch dieser Ort, wie alle tibetanischen Ansiedlungen, nur so vor Dreck. Hauptsächlich werden Hirse und Mais angebaut, und auf den höher gelegenen Weiden grasen Rinder-, Ziegen- und Schafherden. Shablung hat auch eine Schule, worauf die Dorfbewohner besonders stolz sind. Was fehlt sind allerdings die Lehrer, und wahrscheinlich wird das in absehbarer Zukunft auch so bleiben.

Als Fremder hat man hier das Gefühl, daß die Menschen in diesen isolierten Siedlungen, mitten in den Bergen, wie in einem Belagerungszustand leben. Sie sind so weit entfernt wie man nur sein kann von den Industrieregionen Europas, wo selbst die letzten Fleckchen der sorgfältig eingezäunten, mit Strommasten verschandelten Natur von denen, für die der Profit an erster Stelle steht, nur widerstrebend geduldet werden. Hier im Himalaya ist es der Mensch, der nur widerstrebend geduldet wird, und auch das nur in kleinen, verstreuten Gemeinschaften. Er muß enorme Arbeit leisten, wenn er hier überleben will, und er muß vor allem intelligenter vorgehen als die theorielastigen Landwirtschaftsexperten, die, überfüttert mit Universitätsweisheiten, hier im Osten scharenweise einfallen, doch mit Sicherheit in einem Monat tot wären, wenn sie sich auf einem Hang des Himalaya, selbst auf einem fruchtbaren, allein durchbringen müßten.

Wir übernachteten heute bei einer netten Familie, deren Haus, wie alle hier in Shablung, aus rotem Stein gebaut ist und ein Holzdach hat. Das Parterre dient als Stall für das Vieh, und so muß man über eine wackelige Leiter zu dem eineinhalb Meter hohen Eingang klettern, der in den einzigen, circa sechs mal acht Meter großen Raum führt. An einem Ende dieses Raumes ist eine große Feuerstelle aus Stein in den unebenen Boden eingelassen. Ungefähr eineinhalb Meter über ihr ragt aus der Wand ein rußgeschwärzter Rauchfang aus Holzlatten, gedeckt mit Bambusmatten, was ich so noch nie gesehen habe, der zugleich als Räucher- und Speisekammer zu dienen scheint. Die Fassaden der Häuser hier sind alle mit unterschiedlich kunstvollen Schnitzereien verziert, doch selbst die schönsten sind primitiver gearbeitet als die berühmten Schnitzereien der Newari.

Im Moment sitze ich an der winzigen Fensteröffnung, wo noch am meisten Tageslicht einfällt, und bin den Attacken der Wanzenvorhut ausgesetzt, die zu gierig ist, den Einbruch der Dunkelheit abzuwarten. An den Dachsparren der Decke hängen drei Bogen und ein mit Pfeilen gefüllter Köcher – für mich unverbesserliche Romantikerin eine herrliche Vorstellung, bei Menschen zu wohnen, die noch mit Pfeil und Bogen auf die Jagd nach Wildziegen gehen. Der Haushalt hier besteht aus den Eltern, Dawa und Tashi, beide Anfang vierzig, und ihren neun Kindern. Das älteste ist achtzehn, das jüngste sechs Monate alt, was auf eine wohlüberlegte Familienplanung schließen läßt. Alle Kinder haben überlebt, was für hiesige Verhältnisse eher selten ist. Zur Zeit sind die drei ältesten mit den Herden auf den Hochweiden unterwegs, sie werden jedoch in Kürze zurückerwartet, weil der Winter kommt.

Inzwischen hat Mingmar eine von unseren Kerzen angezündet, und ich habe mich zu ihm auf den Boden gesetzt. Neben dem Feuer liegt Tashi mit nacktem Oberkörper auf ein paar gescheckten Gayal-Fellen und stillt ihr Baby. Ihr muskulöser Körper schimmert kupferfarben im Feuerschein, und das schulterlange, verlauste schwarze Haar umrahmt ihr strahlendes Gesicht, während das Kleine glücklich nuckelt. Die anderen Kinder tollen im Hintergrund wie ein Haufen junger Hunde herum, Dawa zerteilt mit seinem Kukri ein Stück frisches Hammelfleisch, und mir läuft bei der Aussicht auf ein Abendessen mit Fleisch das Wasser im Mund zusammen.

Der vielseitige Gebrauch des Kukri fasziniert mich. Man kann damit alles mögliche anfangen, man kann einen Ochsen enthaupten, einen Baum fällen, einen Bleistift spitzen oder Kartoffeln schälen, ganz zu schweigen von den Einsatzmöglichkeiten auf den Schlachtfeldern der Welt. Ziemlich erschreckend ist die Selbstverständlichkeit, mit der auch kleine Kinder mit dieser schweren, rasiermesserscharfen Waffe umgehen, denn schon bei der kleinsten Unaufmerksamkeit besteht die Gefahr, sich zu verstümmeln.

Heute abend kam das Kukri als chirurgisches Instrument zum Einsatz. Das Furunkel auf Mingmars rechter Wange war gewaltig angeschwollen und hatte ihn schon den ganzen Tag lang schwer geplagt. Ich sterilisierte also die Spitze von Dawas Kukri, schnitt damit die Beule auf und drückte eine Unmenge Eiter heraus. Es muß ihm höllisch weh getan haben, aber wie es sich für einen richtigen Sherpa gehört, gab er keinen Mucks von sich. Nach der Operation bekam jeder von uns eine Schale dickflüssigen, braunen *Chang*, der diesmal aus Hirse und nicht wie üblich aus Mais oder Gerste gebraut war. Er schmeckte säuerlich und war voll von schwarzen Fremdkörpern, die mir nicht ganz geheuer waren, doch dafür hatte er einen beträchtlichen Alkoholgehalt, so daß ich auch bei der zweiten und dritten Runde nicht »nein« sagte.

Vorher hatte der Lama aus dem Dorf der Nyingmapa vorbeigeschaut, um mich zu begrüßen. Er ist ein großer, gutaussehender Mann etwa Mitte dreißig, dem sein wallendes, rotbraunes Gewand gut steht. Er schien jedoch mehr Interesse an guten Geschäften als an Fragen der Theologie zu haben und ich bezweifle, daß er die Mitglieder seiner Gemeinde in ihrer spirituellen Entwicklung sehr viel weiter bringt.

14. November, ein Gompa auf einem Berg

Als wir heute abend unser Ziel erreichten, waren wir zum ersten Mal nicht nur angenehm müde, sondern richtig erschöpft. Wir verließen Shablung um sechs Uhr morgens, und als wir hier um fünf Uhr nachmittags ankamen, hatten wir mehr als 3000 Meter Höhenunterschied bewältigt.

Als wir die Hängebrücke vor Shablung wieder überquert hatten, führte unser Weg wieder zurück in Richtung Thangjet, was mich ein wenig irritierte, denn ich konnte mich nicht erinnern, daß von dieser Route ein Weg nach Osten abgezweigt wäre. Als ich meinen Blick über die flachen, schmalen Maisfelder zu unserer

Linken wandern ließ, entdeckte ich darin eine kleine Horde von Silberlanguren, die gerade Frühstückspause hielten. Diese entzückenden Affen richten leider großen Schaden an und werden deshalb von den Bauern, die keine Hindus sind, sofort mit Steinen verjagt. Wohl aus diesem Grund ergriffen sie auch gleich die Flucht, als sie uns sahen, und sprangen in langen, schwungvollen Sätzen graziös davon.

Wir ließen die Maisfelder hinter uns und folgten unserem Weg, der sich rund um einen fast senkrecht aufragenden Berg wand, bis Shablung unseren Augen entschwunden war. Ich stapfte voraus, doch plötzlich rief mich ein Pfiff von Mingmar zurück. Ohne ersichtlichen Grund deutete er auf eine bestimmte Stelle am Berg und meinte: »Hier gehen wir rauf!« Und das taten wir dann auch für die nächsten zehn Stunden.

Ich hatte schon seit einiger Zeit mitbekommen, daß der holperige Pfad von Trisuli aus eigentlich eine nepalesische Hauptstraße war. Diesen kaum erkennbaren Weg war selbst Mingmar noch nie gegangen. Er war so steil, daß wir die erste Stunde lang nicht marschierten, sondern uns mit Händen und Füßen an langen, dichten Grasbüscheln hochzogen – Bäume und Büsche gab es nur selten. Bald lag Mingmar weit zurück, und ich fühlte mich wie eine Eidechse auf einer Pyramide. Ich war auch sehr stolz auf mich, daß ich in so kurzer Zeit gelernt hatte, dem willkürlichen Verlauf einer kaum vorhandenen Fährte zu folgen. Ich hielt öfter an und genoß die Aussicht, machte auch einige Fotos, wobei ich jedoch wußte, daß das ganze ein ziemlich hoffnungsloses Unterfangen und somit nur rausgeschmissenes Geld sein würde, da ich mit Kameras nun einmal einfach nicht umgehen kann. Dazu kommt bei mir noch eine generelle Aversion gegen Fotos von Berglandschaften. Wer die Berge jemals wirklich erlebt hat, dem werden selbst die Aufnahmen eines absoluten Profis immer nur wie nutzlose Bruchstücke einer Realität erscheinen, die mit der Kamera einfach nicht einzufangen ist. Es widerstrebt mir auch, diesen Gesamteindruck des Himalaya in eine Serie von »guten Fotos« zu zerstückeln. Deshalb entschloß ich mich, die Kamera einfach zu vergessen und gab mich ganz dem Eindruck des klaren Lichts hin, der schäumenden Gewalt des fernen Flusses, den wuchtigen Bergmassiven um mich herum und dieser verlockenden Schlucht, die hinüber nach Tibet führt und das Auge auf die ganze Pracht der schneebedeckten Gipfel lenkt, die am nahen Horizont glänzen.

Ich wunderte mich, daß es hier überhaupt noch irgendeinen Pfad gab, denn es schien mir unwahrscheinlich, daß selbst Nepalesen in dieser Höhe noch siedeln. Doch dann kletterte ich über eine Felskante und befand mich plötzlich auf einem flachen Plateau, auf dem inmitten noch unreifer Gerste zwei solide, steinerne Bauernhäuser standen.

Als ich das Plateau überquerte – glücklich, nicht mehr klettern zu müssen –, kamen mir diese kargen, grauen Behausungen irgendwie unwirklich, wie aus einem Märchen vor. Ich dachte, daß darin vielleicht Hexen wohnten, die auf ihren Besenstielen wie Hubschrauber nach Shablung sausen können. Doch statt dessen empfingen mich hier zwölf zauberhafte Tamang und ein junger Mönch aus dem Gosainkund Lekh-Kloster, der hier gerade zu Besuch war und seine Heimat nun zum ersten Mal wiedersah, seit er sie im zarten Alter von neun Jahren verlassen hatte. Dieser junge Mann war der einzige, der je zuvor einen Menschen aus dem Westen gesehen hatte, doch als Mingmar eintraf und meine Anwesenheit einleuchtend erklären konnte, hatten mich alle bereits äußerst herzlich, wenn auch sichtlich verblüfft, begrüßt.

Solche Siedlungen faszinieren mich: es interessiert mich brennend, wo diese Leute herkommen, warum sie ein Leben in solcher Abgeschiedenheit wählen, wie ihre Söhne und Töchter einen Ehepartner finden und wie weit ihre Handelswege führen. Mit Mingmars Hilfe stellte ich alle diese Fragen, erhielt aber auf die ersten beiden keine zufriedenstellende Antwort. Die Frage, warum sie sich gerade hier niedergelassen haben, betrachten sie schlicht als abwegig: Es gab Ackerland, Wasser und Brennholz, und deshalb war es offensichtlich ein für Menschen geeigneter Platz zum Leben. Er war auch gar nicht so abgeschieden, wie es für einen Durchreisenden auf den ersten Blick erscheinen mochte. Im Sommer kommen hier oft Leute aus Langtang auf ihrem Weg zu den höheren Yak-Weiden vorbei, und sowohl Thangjet als auch Shablung liegen eigentlich recht nah.

Auf meine anderen Fragen antworteten sie mir, daß bei ihnen die jungen Leute nicht verkuppelt würden, sondern sich ihren Ehepartner in den Nachbardörfern oder in den Sommerlagern der Hirten selbst aussuchen würden. Gerste ist die einzige Ware, die sie verkaufen können. Der größte Teil geht nach Langtang, wo die Menschen froh darüber sind, eine Ergänzung zu den eigenen Produkten zu haben, die sich auf selbst angebaute Kartoffeln und Rettiche und die Erträge der Yak-Weidewirtschaft beschränken. Zum Tausch für die Gerste bekommen sie Yak-Butter, Tee und Salz, alles andere erzeugt die kleine Gemeinde selbst. Sie machen ihr eigenes *Tsampa* und *Chang*, bauen ihre eigenen Kartoffeln, Rettiche und Chili an, machen Ziegenkäse und weben ihre Decken und Kleider aus Ziegenwolle.

Verständlicherweise empfanden diese Menschen nicht die geringste Loyalität zu irgendeiner Regierung, sei es im Norden oder Süden. Ihre Nation waren die umliegenden Berge, und offensichtlich interessierte es sie herzlich wenig, was da draußen in der großen weiten Welt geschieht. Lediglich die Flucht des Dalai Lama nach Indien und die anschließende religiöse Verfolgung durch die Kommunisten in Tibet bewegte auch ihre Gemüter ein wenig. Ich versuchte herauszubekommen – ohne sie mit meinen eigenen Vorstellungen zu verwirren –, ob sie Angst hätten, daß die Chinesen auch Nepal besetzen könnten, doch schien sie dieser Gedanke ziemlich kalt zu lassen. Entweder hatten sie an diese Möglichkeit noch nie gedacht oder sie spürten, wahrscheinlich ganz zu recht, daß eine solche Entwicklung für sie hier in diesem abgelegenen Winkel nicht die geringste Veränderung bedeuten würde.

Während Mingmar kochte, saß ich in der Sonne und rauchte. Als ich die Kippe wegwarf, stürzten sich sofort vier Kinder darauf, die die ganze Zeit schon darauf gelauert hatten. Ein kleines Mädchen errang die Trophäe und schaffte es irgendwie, ihr noch zwei Züge zu entlocken. Dann scharten sich auch die Erwachsenen mit sehnsüchtigen Blicken um mein Päckchen »Panama«, eine recht gute indische Zigarettenmarke, zwanzig Stück zu 40 Pfennig. Keiner bat mich ausdrücklich um eine Zigarette, doch als ich die Schachtel herumgehen ließ, strahlten alle vor Begeisterung.

Nach dem Essen unterhielt sich Mingmar lange mit dem Mönch über unseren weiteren Marsch. Als wir aufbrachen, sagte mir Mingmar, daß von hier aus nur noch ein Yak-Pfad die Berge hoch führte. Ich antwortete, daß das doch recht vielversprechend klänge, da Yaks doch sicherlich eine deutlichere Spur hinterließen als Menschen, doch Mingmar entgegnete, daß solche selten benutzten Pfade sich schnell wieder verflüchtigten, ganz besonders im welken Laub.

Nachdem wir zwanzig Minuten lang gut vorangekommen waren, erreichten wir den Waldrand, wo der Pfad auf einmal aufhörte. Mingmar zögerte einen Moment und gab dann zu, daß er keine Ahnung hätte, ob wir jetzt weiter nach oben oder um den Berg herum gehen sollten. Er war sich nur sicher, daß unser Ziel auf der anderen Seite des Höhenzugs lag, doch da sich der sowohl weit nach Süden als auch nach Norden ausdehnte, war diese »Sicherheit« auch nicht sehr hilfreich. Schließlich meinte er, wir sollten versuchen, die südliche Bergflanke zu umrunden. Also marschierten wir die nächste halbe Stunde auf gleicher Höhe am Hang entlang, wobei wir manchmal glaubten, den Yak-Pfad wiedergefunden zu haben. Doch bald mußten wir feststellen, daß es sich bei diesen schwachen Fährten nur um die Spuren der Holzsammler aus der Siedlung handelte. Plötzlich standen wir am Rande eines steilen Abgrundes, der 1500 Meter in die Tiefe abfiel, woraufhin mein schlauer Mingmar bemerkte, daß wir wohl auf dem falschen Weg seien – und so kehrten wir wieder um.

Ich persönlich hatte eigentlich überhaupt nichts gegen diese planlose Art zu wandern. Es gab hier wenig Bäume, da man viele gefällt hatte, und so bot sich mir ein wunderschöner, weiter Blick auf die herbstlich bunten Büsche und Farne im Unterholz, die die stille Bergwelt in der strahlenden Mittagssonne in allen Farben erglühen ließen. Wir kamen an mehrere Lichtungen, wo ich aus dem goldbraunen Grasdickicht wilde Himbeeren, Erdbeeren, Preißelbeeren und Blaubeeren blinken sah. Ich hielt an und aß ganze Hände voll davon, um meine Vitamin-C-Reserven wieder ein wenig aufzubessern.

Ich fühlte mich dort oben in 3000 Meter Höhe in dieser Himalaya-Landschaft auf eine seltsame Art heimisch. Wenn ich zu dem dunklen, heimeligen Wald hinüberschaute, glaubte ich, an einem sonnigen Oktobertag irgendwo in einem irischen Wald zu sein. Doch dort hätte ich trotz des Sonnenscheins in meinem T-Shirt und den Shorts, die hier Mitte November gerade richtig waren, arg gefroren.

Als wir wieder an die Stelle kamen, wo sich der Pfad verloren hatte, legte Mingmar den Rucksack ab und sagte, er wolle schnell in alle Richtungen laufen und schauen, wo der Pfad weiterging. Bald schon kam er triumphierend zurück und erklärte, daß er fündig geworden sei. Die Fährte stieg sehr steil an und führte nördlich um den Kamm. Eigentlich war sie nur mit Mingmars Augen zu finden, wäre ich allein gewesen, hätte ich weit und breit keinen Weg gesehen.

Der Wald sah hier wie eine gewaltige, schummerige Höhle aus. Die riesigen, uralten Bäume ließen kaum Tageslicht durch und verbreiteten eine kühle, düstere Atmosphäre. Viele Baumriesen hatte der Blitz gespalten, andere hatte der Sturm entwurzelt. Oft lagen sie quer über unserem Weg, so daß wir unter ihnen durchkriechen oder über sie steigen mußten. Mit der Zeit schwand mein Vertrauen in diesen Pfad, denn ich wunderte mich, wie Yaks solche Hindernisse nehmen könnten. Mingmar meinte auf meine Frage nur, daß sie eben drüberspringen würden, und da ich Yaks noch nie in Bewegung gesehen hatte, konnte ich ihm schlecht widersprechen. Doch ich hatte den Eindruck, daß für solche sportliche Leistungen eher die Champions der Internationalen Springreiter-Turniere in Frage kämen als Yaks.

Der Boden war hier mit glitschigweißem Humus aus faulendem Laub bedeckt, und bald knirschte Eis unter unseren Füßen, da es immer höher hinauf ging. Es wurde auch immer kälter, und so legte ich einen umgekehrten Striptease hin und mußte dauernd anhalten, um erst Socken, dann eine Hose, ein Unterhemd, einen Pulli und schließlich die Windjacke mit Kapuze und Handschuhe anzuziehen.

In etwa 4000 Meter Höhe gab es immer weniger Bäume und der Weg wurde flacher und deutlich erkennbar. Wir folgten ihm, vorbei an einer hölzernen Hirten-Schutzhütte, auf eine vom Wind zerzauste sonnige Yak-Weide. Nun konnte man direkt vor uns, in kaum 2 Kilometer Entfernung, Neuschnee auf den Gipfeln erkennen. Ich jauchzte auf, als wir in diese blau, golden und weiß glänzende Welt eintraten.

Ich spürte bereits den Sauerstoffmangel (ich rauche eben einfach zu viel) und hatte Mühe, beim Aufstieg mit Mingmar Schritt zu halten. Nach zehn Minuten Weg über die Ebene kamen wir an eine Weggabelung. Die eine Abzweigung lief weiter um den Berg herum, die andere führte steil zum Gipfel empor. Mein Instinkt (oder aber nur mein heftig pochendes Herz) sagte mir, daß der Weg zum *Gompa* um den Berg herum und nicht hinaufführte. Mingmar deutete aber nur auf drei *Chorten* auf dem Gipfel und sagte: »Hinauf!« Wir stiegen also zum Gipfel in fast 4500 Meter Höhe, fanden jedoch keine Spur vom *Gompa*, nur der eisige Wind fetzte uns fast die Haut vom Gesicht. Ich stieg wieder ein Stückchen runter, setzte mich erschöpft in den geschützten Winkel eines Yak-Stalls und meinte ziemlich außer Atem zu Mingmar: »Auf jeden Fall haben wir jetzt schon einmal einen Gipfel erklommen, oder?« Doch der antwortete nur, daß das hier gerade mal ein etwas höher gelegener Hügel sei. Offensichtlich werden in dieser Gegend wirklich nur die von ewigem Eis bedeckten Gipfel als Berge bezeichnet.

Mittlerweile war es so spät geworden, daß die Sonne kurz davor war, hinter dem Kamm am Kyirung zu verschwinden, und wir hatten immer noch keine Ahnung, wo der *Gompa* war. Mir war das jedoch ziemlich gleichgültig, denn ich war einfach berauscht von der wunderbaren Aussicht hier oben. Abgesehen von den schneebedeckten Gipfeln war unsere Bergkuppe der höchste Punkt in der ganzen Umgebung und ich fühlte einen kleinen Triumph, auch wenn unser »Gipfel« vielleicht nicht so bedeutend war. Stolz schaute ich auf die unzähligen Bergkämme, die rund um uns herum wie die erstarrten Wogen eines fantastischen Ozeans zu unseren Füßen lagen.

Als ich zum östlichen Rand des Plateaus hinüberging, entdeckte ich etwa 300 Meter unter uns das glänzende Dach des kleinen *Gompa* an dem Weg, der an der Abzweigung vorhin rund um den Berg geführt hatte. Ich war ja angesichts dieser herrlichen Aussicht heilfroh darüber, daß wir offensichtlich den falschen Weg eingeschlagen hatten, doch Mingmar kamen fast die Tränen, als er sah, daß unser letzter Aufstieg völlig umsonst gewesen war. Es gab keinen Pfad, der dort hinunterführte, und wenn wir umgekehrt und auf dem gleichen Weg zurückgegangen wären, wären wir in die Dunkelheit gekommen, bevor wir eine Unterkunft gefunden hätten. Wir beschlossen also, den Abstieg auf möglichst direktem Wege dort hinunter zu wagen.

Von oben hatte es so ausgesehen, als ob der *Gompa* recht nahe wäre, doch der Abstieg dauerte über eine Stunde und war fast so mühsam wie der Aufstieg. Am Anfang war der Abhang mit einem dichten, etwa eineinhalb Meter hohen Gestrüpp bewachsen, das uns mit seinen sperrigen Zweigen am Vorwärtskommen hinderte. Ohne dieses Gestrüpp wäre der Abstieg aber noch schwieriger gewesen, denn es stellte wenigstens einen gewissen Schutz dar, um sich an den steilsten Stellen beim Abrutschen an den Zweigen festklammern zu können.

Als wir den Abhang hinter uns hatten, kamen wir durch einen unheimlichen Wald aus abgestorbenen Bäumen, von denen manche recht hoch waren, von anderen wiederum standen nur noch geborstene Stümpfe. Sie hatten alle keine Äste mehr, und so dachte ich zuerst, daß hier vor kurzem ein kleinerer Waldbrand geschwelt hätte. Bei näherem Hinsehen fand ich jedoch keine Feuerspuren, und deshalb kann ich nur vermuten, daß den Wald schon vor längerer Zeit eine seltsame Krankheit befallen hat. Wie dem auch sei, das Ergebnis war auf jeden Fall ziemlich unheimlich, vor allem in diesem schummerigen Dämmerlicht, und es hätte mich nicht gewundert, wenn wir plötzlich auf Dante und Vergil gestoßen wären, die am Rande eines Abgrundes stehen und zusehen, wie unten Seelen geschunden werden.

Der junge Mönch hatte uns gesagt, daß die fünf Nyingmapa-Lamas, die den ganzen Sommer über in dem *Gompa* lebten, erst vor kurzem den Tempel wegen des kommenden Winters verlassen hatten. So nahmen wir an, den Ort unbewohnt vorzufinden und waren entsprechend entsetzt, als wir in einer Steinhütte neben dem Tempel drei kleine Kinder entdeckten. Sie waren etwa acht, sechs und drei Jahre alt, haben ihre Mutter schon seit mehr als zwei Wochen nicht mehr gesehen und rechnen auch nicht mit ihrer Rückkehr vor der nächsten Woche. Doch das einsame Leben hier oben in einer Gegend, in der Reisende zwischen Oktober und April nur äußerst selten vorbeikommen, scheint ihnen nichts auszumachen. Sie haben keine Ahnung von der Welt hinter den Bergen und hätten wahrscheinlich viel mehr Angst vor irgendeiner Straßenszene in Katmandu als vor den eiskalten, langen, stockdunklen Nächten hier, die sie eng aneinandergekuschelt in einem Haufen getrockneter Adlerfarne verbringen. Sie heißen Tsiring Droma, Dorje und Tashi Droma und sind typische kleine Tibetaner, schwarz vor Dreck, doch voller Lebensfreude, wenn auch verständlicherweise am Anfang etwas scheu angesichts des unerwarteten Besuchs aus dem Westen.

Obwohl die Kleinen einen ausgesprochen zufriedenen Eindruck machen, kann ich trotzdem die Mutter nicht verstehen, die sie hier einfach so allein läßt. Sie haben nichts zu essen außer rohen weißen Steckrüben, die auf dem kleinen Fleckchen Ackerland neben dem *Gompa* wachsen. Außerdem sollen in dieser Gegend im Winter hungrige Schneeleoparden schon kleine Kinder angefallen haben. (Während ich diese Zeilen schreibe, verschlingen unsere »Bergbabys« gerade gierig eine anständige Portion von unserem Reis und »Knorr's Tomatensuppe«.)

Die Hütte hier mißt etwa drei mal sieben Meter, und die Deckenbalken liegen so niedrig, daß ich nicht aufrecht darin stehen kann. Die Balken und die dicken Steinwände sind durch den Rauch des Holzfeuers über die Jahre so rußig geworden, daß sie glänzen, als seien sich frisch mit schwarzem Lack gestrichen. Seit ich mich hier neben den gewaltigen Lehmofen niedergelassen habe auf dem die Lamas kochten, rätsele ich, woher dieses leise, aber regelmäßige Klopfgeräusch kommt, und gerade sehe ich, daß es die Tropfen sind, die aus einem mächtigen, irdenen Gefäß fallen, in dem *Arak* (in Tibet »Poteen« genannt), destilliert wird, um die ehrwürdigen Herren Mönche im nächsten Sommer zu erbauen. Normalerweise schlafen die Kinder, wenn die Mutter nicht da ist, in einem abgelegenen kleinen, leeren Yak-Stall auf dem Boden, wo die Ratten weniger lästig sind als in der Hütte. Wenn sie allein sind, können sie kein Feuer machen, da sie weder Streichhölzer noch Feuerzeug besitzen. Diese Vorsichtsmaßnahme beweist, daß die Mutter offensichtlich doch noch einen letzten Funken von Menschenverstand hat. Doch jetzt sind die Kinder glücklich, ihre stinkenden Gayal-Felle auf dem Boden vor dem flackernden Ofen ausbreiten zu können. Die Nacht ist bitterkalt, und am Himmel funkeln die Sterne.

15. November, der Gompa

Gestern abend hatte ich das Gefühl, daß ich womöglich Durchfall bekommen würde, und heute morgen bestätigte sich meine Befürchtung. Ich hätte es für Höhenkrankheit gehalten, wenn nicht Mingmar ebenfalls erkrankt wäre. Das wies nun allerdings auf eine Ruhrinfektion hin, die wir uns unterwegs aufgeschnappt haben müssen, wahrscheinlich bei unserem Trinkgelage in Shablung. Ich mußte in der Nacht viermal hinaus, was bei diesem Wetter schon reicht, um sich an seinem Allerwertesten Frostbeulen zu holen. Im Morgengrauen war ich so geschwächt, daß ich kaum noch den Kopf heben konnte. Dem armen Mingmar ging es nicht besser, und so gab es zum Frühstück und dann in Abständen von drei Stunden jeweils eine kräftige Dosis Sulfaguanidin-Tabletten. Zum Glück haben wir uns daraufhin ziemlich schnell erholt, doch auch heute abend wird uns bei dem bloßen Gedanken an etwas zu Essen immer noch schlecht. Den ganzen Tag lang lagen wir in der Sonne, windgeschützt hinter drei *Chortens* gleich neben dem Yak-Stall, und schauten über ein ewigtiefes Tal hinüber zu den strahlend weißen Schneegipfeln. Hin und wieder halfen wir uns gegenseitig auf die Beine, wenn einer mal wieder aufs stille Örtchen mußte, und alle paar Stunden wankte Mingmar zur Hütte und kochte Tee, um den Flüssigkeitsverlust unserer Körper auszugleichen.

Letzte Nacht hat es so stark gefroren, daß unser Wasser am Morgen pures Eis war. Das Wasser für den *Gompa* wird durch ein raffiniertes System von hohlen Baumstämmen aus einem mehrere Kilometer entfernten Bach hierher geleitet, wo es in ein großes Messinggefäß tröpfelt.

Die »Bergbabys« sind wirklich unheimlich süß – am liebsten würde ich sie einfach mitnehmen. Tsiring Droma, das ältere Mädchen, saß heute stundenlang bei uns und schnitt weiße Steckrüben in Scheiben, die sie dann auf einer Bambusmatte ausbreitete, um sie in der Sonne zu trocknen, damit sie auch im Winter etwas zu essen haben. Die restliche Zeit verbrachte sie mit Dorje, dem Jungen, und übte mit ihm die tibetanische Schrift. Diesen merkwürdig gelehrsamen Zeitvertreib kann ich mir nur damit erklären, daß die Kinder Sprößlinge der Lamas sind, die sich gemeinsam eine Ehefrau oder Geliebte teilen und denen offenbar, wenn schon nicht das materielle, so doch wenigstens das geistige Wohlergehen ihrer Familie sehr am Herzen liegt. Die Kinder behandeln ihre zerfledderten »Schulbücher« – Seiten aus alten buddhistischen Schriften, die im *Gompa* gestapelt liegen – mit äußerster Ehrfurcht. Alle Tibetaner, mögen sie noch so einfach und ungebildet sein, haben eine tiefe Hochachtung vor allen religiösen Gegenständen, auch denen anderer Religionen – ein

Zeichen von Respekt und Toleranz, an dem sich Andersgläubige ein Beispiel nehmen sollten.

Auf dem letzten Stück unseres gestrigen Marsches zum Gipfel sahen wir zu meiner Überraschung unzählige Fasane, doch hier sind die einzigen Vögel zwei Raben, die den ganzen Tag auf den Gebetsfahnenmasten sitzen und vor sich hin krächzen.

Heute abend gab es einen höchst dramatischen Sonnenuntergang: Ein scharlachroter Hintergrund, vor dem sich tiefblaue Berge erhoben, umwölkt von klaren blaßgrünen Schleiern, darüber hauchzarter orangefarbener Dunst, der sich in Windeseile über den halben Himmel ausbreitete. Mingmar teilte meine Begeisterung für diese Kulisse ganz und gar nicht. Er bemerkte nur trocken, daß dieser Himmel darauf hindeute, daß es morgen einen Schneesturm gäbe.

16. November, der Gompa

Wie recht doch Mingmar mit seiner Wettervorhersage hatte! Wir sind beide heilfroh, daß wir heute abend hierher wieder zurückgekommen sind.

Wir waren beide gut in Form und frühstückten ausgiebig, da wir ja gestern den ganzen Tag nichts gegessen hatten. Als wir gegen halb acht aufbrachen, war der Himmel wolkenlos, und die frische Luft roch herrlich nach Schnee. Mingmar wirkte jedoch äußerst beunruhigt, denn er merkte, daß ein unheilvoller Wind aufkam.

Ungefähr eineinhalb Kilometer vom *Gompa* entfernt entdeckte ich zum ersten Mal eine Leopardenfalle. Es war eine ziemlich primitive Vorrichtung aus Holzstöcken, die um eine tiefe Grube angeordnet waren, und ich dachte mir, daß in so eine Falle wirklich nur ein absolut schwachsinniger Leopard tappen könnte, doch Mingmar versicherte mir, daß dieses Modell eine äußerst hohe Trefferquote erzielte.

Wir hatten nun die Hauptverbindungsroute zwischen Thangjet und Gosainkund Lekh erreicht. Etwa eine Stunde lang marschierten wir knapp unterhalb der Baumgrenze um den Berg herum, vorbei an vielen Hirtenhütten und Yak-Ställen, bis zu einer sumpfigen Wiese, die steil zu einem kleinen Gletscher anstieg. Von hier aus ging es eine Stunde lang aufwärts zum Paß, der auf 5300 Meter Höhe liegt. Heute machte mir die Höhenlage überhaupt nichts aus, und ich verblüffte Mingmar immer wieder dadurch, daß ich meinen Rucksack zwischendurch abstellte und schnell mal auf den niedrigen Kamm zu unserer Linken hochrannte, um die herrliche Aussicht über die Langtang-Kette zu genießen, die zum Greifen nah schien. Aufgrund dieser kleinen Abstecher war es bereits kurz vor elf, als wir zur steilen Schlußetappe unseres Anstiegs gelangten, wo der Weg im Neuschnee kaum noch zu erkennen war. Und da bekamen wir unsere erste Warnung: graue Wolkenschleier legten sich plötzlich um die schneebedeckten Gipfel im Südosten. Mingmar zögerte und schaute besorgt hinüber – doch dann entschied er sich, ganz zu meiner Überraschung, zumindest den Paß noch zu überqueren und zu schauen, ob drüben das Wetter vielleicht besser wäre. Doch leider war er zu optimistisch gewesen: Als wir den Paß erreicht hatten, brach der Schneesturm los, und die eisigen Böen hätten uns beinahe zu Boden geschleudert. Noch fünf Minuten vorher hatte die Sonne geschienen, doch jetzt waren wir tief in dieses seltsam gedämpfte Dämmerlicht getaucht, das weder Tag noch Nacht gleicht, und konnten in dem dichten Schneegestöber kaum einen Meter weit sehen. Wir kehrten sofort um, doch unsere Fußspuren waren schon verweht, und in nur fünfzehn Minuten hatten wir uns völlig verirrt. Es bestand zwar kein Grund zur Panik, denn wir waren ja dicht an der Baumgrenze und es verblieben uns noch volle fünf Stunden Tageslicht, doch wenn man in so einem Gelände aufs Geratewohl herumirrt, beschleicht einen doch ein verdammt mulmiges Gefühl, so daß ich äußerst erleichtert war, als wir schließlich aus dem Schneesturm auftauchten und plötzlich in strahlendem Sonnenschein auf einem unbekannten Felsplateau standen.

Hier im Himalaya ist ein Berg nicht einfach nur ein Berg, sondern immer Teil einer ganzen Kette, die alle gleich aussehen. Deshalb kann es einem leicht passieren, daß man den Berg an der falschen Stelle schon zur Hälfte hinuntergestiegen ist, bevor man seinen Fehler bemerkt, was uns auf der Suche nach der Hauptroute zweimal passierte. Als wir ihn schließlich gefunden hatten, merkten wir, daß wir von unserer gestrigen Darminfektion noch ganz schön geschwächt waren. So holte ich meine Extraration Rosinen heraus, und wir stapften genüßlich kauend bergab und wärmten uns in der Sonne wieder auf.

Die Kinder waren begeistert, als wir wieder auftauchten, und ihre Freude entschädigte uns für die Enttäuschung, daß wir nicht weiter in Richtung Gosainkund Lekh gekommen waren. Kaum daß wir eine halbe Stunde lang wieder ein Dach über dem Kopf hatten, zogen Wolken auf, und während ich diese Zeilen schreibe, schneit es draußen heftig. Ganz anders als heute mittag sieht das jetzt richtig romantisch aus, denn wir haben kräftig Holz aufgelegt und sitzen alle fünf gemütlich am prasselnden Feuer und warten ungeduldig darauf, daß der Reis, die Suppe und die gekochten Rettiche gar sind. Wie bitter wäre es für die »Bergbabys« gewesen, wenn sie heute abend ganz allein gewesen wären!

Mingmar hat entschieden, daß wir morgen am besten den Weg zurück nach Thangjet einschlagen, der uns wieder zu unserer Ausgangsroute führt. Der folgen wir dann bis zur Hälfte des Wegs nach Trisuli und biegen dann nach Osten ab und besuchen die Sherpasiedlungen im Hochland von Helmu. Anschließend können wir durch das Tal des Indramati-Flusses wieder nach Katmandu zurückkehren.

17. November, zurück in der Berghütte

Die Frau, die hier vor einer Woche so schwer krank war, ist vor einigen Tagen gestorben und hat vier kleine Kinder hinterlassen, die jetzt keine Mutter mehr haben. Doch sie schauen so elend aus und husten dermaßen, als hätten sie sich alle angesteckt, so daß sie ihr sicher bald folgen werden.

Heute sind wir neun Stunden lang marschiert und konnten dabei wunderbare landschaftliche Kontraste erleben. Als wir nach einer letzten Mahlzeit für die Kinder den *Gompa* morgens um halb acht verließen, lagen 30 Zentimeter Schnee auf dem Weg – und nur drei Stunden später führte uns der Weg durch Bambushaine und Bananenfelder. Leider bin ich nicht in der Lage, die Pracht und die faszinierende Vielfalt der Naturschönheiten auf unserem 3000 Meter langen Abstieg, auf dem uns zwar viele Tiere wie beispielsweise Fasane, doch kein einziger Mensch begegneten, auch nur annähernd zu schildern. Eine solche Landschaft kann man nicht beschreiben – man muß sie erleben.

So ein ewiger Abstieg auf einem derart schlechten Weg ist viel anstrengender als der steilste Anstieg. Der flinke Mingmar war mir die ganze Zeit weit voraus, und er sagte mir, daß den meisten Westlern solche Abstiege sehr schwer fallen, weil sie einfach nicht die Trittsicherheit haben, mit der die Einheimischen hier wie Wiesel über das lockere Geröll hinweghuschen.

Vom Flußtal aus stiegen wir wieder 1300 Meter hoch nach Thangjet, wo wir zu Mittag aßen. Im Teehaus war man ganz stolz auf die neueste Errungenschaft, einen Sack Zucker, den es bei unserem letzten Besuch noch nicht gegeben hatte. Ein einziger Teelöffel voll kostete jedoch 30 Pfennig, und so nahmen wir dankend Abstand.

Heute nachmittag konnten wir eine Gruppe von zwanzig Männern und Jungen beobachten, die frisch geschlagene Bambusstangen aus dem Wald mehrere Kilometer weit in ihr Dorf transportierten. Jede Ladung bestand aus dreißig, ungefähr zweieinhalb Meter langen Stangen, die in zwei Bündel geteilt und mit Gurten aus festem Dschungelgras um die Schultern geschnallt wurden. Ich traute meinen Augen kaum, als ich die ersten vier Männer mit ihrer sperrigen Last in irrem Tempo den steilen Hang an uns vorbeipreschen sah, begleitet von einem seltsam melodischen Klappern, das durch das Aufschlagen der langen Enden auf dem holperigen Weg entstand. An der Einmündung in den Hauptweg mußten sie eine scharfe Kurve nehmen, doch selbst dort verlangsamten sie ihr Tempo nicht. Wenn sie an eine der wackligen, schmalen Holzbrücken kamen, die über die gefährlich wilden Bäche hier führen, beschleunigten sie sogar noch ihren Laufschritt, damit ihrer Ladung gar nicht die Zeit blieb, über den Brückenrand zu rutschen und sie mit ins Wasser zu reißen. Selten habe ich eine solche Darbietung von Nervenstärke, Geschicklichkeit und Kraft gesehen. Diese Männer riefen in mir jene Bewunderung hervor, die man empfindet, wenn man einen erfahrenen Torero gegen einen bulligen Stier kämpfen sieht. Unter den letzten vor der Brücke war ein ungefähr sechzehnjähriger Junge, der aber gerade wie zwölf aussah. Vielleicht war dies sein erster Bambustransport, auf jeden Fall hatte er einige Schwierigkeiten, als ihm eine Seite seiner Ladung auf den Brückenplanken ausrutschte. Einen grauenhaften Augenblick lang schien es, als würde er mitsamt seiner Last in die Fluten gerissen, doch wie durch ein Wunder hielt er sein Gleichgewicht und stemmte sich nun mit aller Kraft gegen das Gewicht der Bambusstangen, während sein Hintermann sich schnell aus seinen Gurten befreite und sich beeilte, dem Jungen die überhängende Last wieder gleichmäßig auf die Schultern zu verteilen. Dann half er ihm sicher über die Brücke, indem er hinter ihm herging und die Stangen auf beiden Seiten von den Planken fernhielt.

Wir folgten der Bambustruppe eine Stunde lang. Beim Aufstieg war ihre Ausdauer noch mehr zu bewundern, auch wenn es nicht so spektakulär aussah, wie wenn sie abwärts stürmten. Man kann sich immer wieder nur wundern, wie diese offensichtlich unterernährten Menschen körperliche Höchstleistungen vollbringen, die weit über die Kräfte der meisten wohlgenährten Westler gehen.

18. November, Serang Tholi

Was für ein Tag! Wenn wir auch kein bestimmtes Ziel erreicht haben, so haben wir doch auf jeden Fall erreicht, daß wir von unserer Route abgekommen sind und beinah von jeder Art Weg überhaupt. Mingmar hat es inzwischen aufgegeben, so zu tun, als wisse er genau, wo wir sind und wo wir morgen abend sein werden. Er nennt das ganze Unternehmen eine »schlechte Tour«. Mir jedoch gefällt diese ziellose Art umherzustreifen, und ich fühle mich von Tag zu Tag glücklicher.

Wir waren heute früh um sechs Uhr aufgestanden und die ersten zwei Stunden dem Hauptpfad Richtung Trisuli gefolgt. Dann bogen wir nach Osten ab und stießen schließlich, nachdem wir zweimal die schwache Wegspur verloren hatten, auf ein kleines Tamang-Dorf, wo wir die bitter nötige Frühstückspause einlegten. Der Aufstieg am Morgen war sehr anstrengend gewesen, und inzwischen beginne ich etwas unter Eiweißmangel zu leiden.

Dieses Dorf von ungefähr fünfzig Häusern wirkte wie ausgestorben, da die Hirseernte gerade begonnen hatte. Nach dem Frühstück versuchte Mingmar herauszubekommen, wo wir waren und in welche Richtung wir jetzt am besten gehen sollten. Die einzige Auskunftsperson, die er jedoch auftreiben konnte, war ein tauber, neunzigjähriger Greis, der uns partout wieder zurück nach Trisuli schicken wollte. So blieb uns also nichts anderes übrig, als uns auf die schwachen Eingebungen unseres Orientierungssinnes zu verlassen.

Gegen drei Uhr nachmittags waren wir unten am Fluß, wo wir auf eine dieser alptraumartigen »Brücken« stießen, die in Wirklichkeit nur aneinandergereihte Baumstämme sind und das Geschick eines Hochseilartisten erfordern. Zugegeben, dieses Exemplar war nur sechs Meter lang, doch machte es einen sehr unsicheren Eindruck: Die Brücke war auf beiden Seiten mit Hilfe locker aufgehäufter Felsbrocken nur unzureichend verankert und war kaum einen Fuß breit. Ein Blick genügte, und ich wußte, daß ich das niemals schaffen würde. Dreißig Meter flußabwärts toste das Wasser wild über gefährliche Felsbrocken, und selbst mein Trick, solche Brücken rittlings sitzend zu überqueren, schien mir hier nicht ratsam. Mir wurde schon schwindlig, als ich Mingmar nur zuschaute, wie er mühelos hinübertrippelte. Deshalb gab ich ihm, als er zurückkam, um meinen Rucksack zu holen, auch Hemd, Shorts und Schuhe mit, und sagte ihm, daß ich flußabwärts nach einer Stelle suchen würde, um watend oder schwimmend überzusetzen. Jetzt war es Mingmar, der es mit der Angst zu tun bekam. Er wurde ganz blaß und stammelte: »Sie werden ertrinken!« »Gut möglich«, pflichtete ich ihm bei, »aber lieber will ich ertrinken als von diesem unbeschreiblichen Ding da stürzen, das du Brücke nennst«.

Leichter als erwartet hatte ich eine Furt gefunden. Etwa 400 Meter weiter oben, wo der Fluß etwa 100 Meter breit und 3 Meter tief war, hatte man einen kleinen Damm gebaut. Zwar war die Strömung auch hier stark, doch sah es so aus, als könnte ich es ganz gut ans andere Ufer schaffen, wenn ich oberhalb des Damms schräg losschwimmen würde. Glücklicherweise habe ich *im* Wasser genau das Selbstvertrauen, das mir *über* dem Wasser fehlt; ich freue mich in diesem Element über jede Herausforderung. Der arme Mingmar war mir am anderen Ufer ängstlich stromaufwärts gefolgt und war fürchterlich nervös, als ich mich in das eiskalte, grüne Naß stürzte. Nach etwa der halben Strecke konnte ich die Stärke der Strömung abschätzen und wußte, daß nicht die geringste Gefahr bestand. Doch schaffte ich es nicht, lange genug aufzutauchen, um Mingmar beruhigende Worte zuzurufen. Bis zu dem Moment, wo ich wieder neben ihm auf dem Felsen stand, war er felsenfest davon überzeugt, daß ich ertrinken würde. Nach diesem erfrischenden Bad war ich in bester Form für die nächste Etappe, einen ewig langen Anstieg, der uns an lauter bewirtschafteten Hängen entlangführte, wie wir sie in dieser Höhe noch nie erlebt hatten. Es gab keinen richtigen Weg, und so hangelten wir uns einfach von einer schmalen, mit reifender Hirse bewachsenen Terrasse zur nächsten.

Heute abend übernachten wir in 2300 Meter Höhe in einem kleinen Tamang-Weiler mit schiefergedeckten Häusern, die aus ockerfarbenem Lehm und Stein gebaut sind, genau wie die Hindudörfer in der Gegend um Pokhara. Im Moment stoßen sich die Leute fast gegenseitig den Abhang hinunter, nur um einen Blick auf mich erhaschen zu können. Mingmar ist keine geringere Sensation, denn wir sind hier ziemlich abseits der Hauptroute, und nur wenige dieser Leute haben in ihrem Leben schon einmal eine Westlerin oder einen Sherpa-Träger in all ihrer Pracht erlebt.

Unser Haus ist furchtbar dreckig, und so habe ich den Stall zu meinem Schlafgemach erwählt, da es hier weniger schlimm aussieht. Im Moment sitze ich gerade an die warme Flanke eines am Boden ruhenden Büffels gelehnt und hoffe, daß es hier weniger Wanzen gibt als drüben im Haus und daß das Ungeziefer, das hier die Büffel heimsucht, an mir weniger Interesse hat.

19. November, Senthong

Bei Sonnenaufgang verließen wir Serang Tholi und stiegen in aller Ruhe auf den Gipfel eines Dreitausenders. Normalerweise steigt die Sonne über die Berge und kommt auf *uns* zu, heute jedoch stiegen *wir* über die Berge und kamen auf die Sonne zu. Es war herrlich, mit wenigen Schritten aus dem kalten Schatten direkt in die warme Sonne einzutauchen und die phantastische Aussicht auf die wild zerklüftete Berglandschaft zu genießen, die im zarten Licht des frühen Morgens vor unseren Augen lag.

Schon gegen zehn Uhr hatten wir auf einem nur undeutlich erkennbaren Pfad, der immer wieder verschwand, die ersten zwei Berge »geschafft«. Wir gelangten zu einer kleinen Siedlung am Rand eines bebauten Hangs und hatten hier zum ersten Mal auf unserer gesamten Tour Schwierigkeiten mit dem Kastenwesen. Als sich Mingmar erkundigte, wo er unser Mittagessen kochen könnte, bemerkten wir, daß wir uns in einem strenggläubigen Chetri-Dorf befanden. Hier würde man uns Nicht-Hindus, uns Unberührbare, auf keinen Fall ein Haus betreten lassen. Schließlich fanden wir doch noch eine Frau, die für uns kochen wollte, vorausgesetzt, wir blieben ihrem Anwesen fern.

Mein gewissenhafter Mingmar war schrecklich beunruhigt bei der Vorstellung, daß irgendein anderer als er selbst für mich kochen würde. Er beteuerte, ich würde nach diesem Essen alle nur erdenklichen Krankheiten bekommen. Ich versicherte ihm zu seiner Beruhigung, daß ich für westliche Verhältnisse ein abnorm gut funktionierendes Immun-System hätte und die Chetris zwar intoleranter als die Tamang, doch dafür entschieden reinlicher seien. Doch muß ich zugeben, daß es in diesem Dorf bestialisch stank und daß unser Reis aussah (und auch schmeckte), als sei er in einem besonders dreckigen Topf gekocht worden. Kein einziger unserer bisherigen Gastgeber (außer der Thakkoli-Frau in Thangjet) beherrschte bisher die Kunst des Geschirrspülens, es sei denn, man zählt dazu auch die Unart, die Teller nach dem Essen abzulecken – zugegebenermaßen eine äußerst arbeitssparende Methode, die auch ich daheim mitunter anwende, wenn ich allein bin.

Von halb zwölf an marschierten wir sechs Stunden lang fast ohne Pause. Zunächst ging es hinab zum Fluß, dann auf einen Dreitausender und schließlich diesen »Hügel« wieder zu zwei Dritteln hinunter. Hier stießen wir auf Senthong, einen Ort, in dem außer den Chetris auch einige Tamang-Familien leben. Es ist ein seltsames Gefühl, auf der Suche nach einer Unterkunft von Tür zu Tür zu gehen, nach der Religionszugehörigkeit zu fragen und dabei dem kalten Blick der Hindus zu begegnen. Die Tamangs sind hier viel ärmer als die Chetris und unübersehbar die Außenseiter im Dorf. Aber ebenso unübersehbar sind sie auch viel sympathischer als ihre hinduistischen Nachbarn. Ich nehme den gläubigen Hindus ihre ablehnende Haltung nicht übel, ich weiß, daß sie sich nicht mit jemandem wie mir einlassen dürfen, doch es ist traurig, daß der Hinduismus, trotz der Toleranz, die seiner Idee zugrunde liegt, in der Praxis dazu führt, daß viele wertvolle menschliche Kontakte gar nicht erst entstehen können oder in die Brüche gehen. Der tibetanische Buddhismus hingegen, so wenig er vielleicht von den einfachen Leuten verstanden wird, bewirkt genau das Gegenteil.

Heute schlafe ich wieder im Kuhstall, weil in der kleinen Hütte, in der eine ganze Sippe von achtzehn Kindern und sechs Erwachsenen lebt, einfach kein Platz für mich ist. Letzte Nacht schon war mir aufgefallen, daß Rinder, wenn man mit ihnen das Lager teilt, sich als ziemlich geräuschvolle Geschöpfe erweisen, denn sie haben eine äußerst turbulente Verdauung, die die ganze Nacht lang wie ein Gewitter tobt.

20. November, Likarka

Heute früh weckte mich ein altbekanntes, vertrautes Geräusch, das von einer handbetriebenen Hirsemühle herrührte. Draußen war es noch dunkel und sehr kalt, und so blieb ich noch eine Stunde lang wohlig warm in meinem Schlafsack liegen, schaute hinauf zu den golden funkelnden Sternen und lauschte den schwachen Geräuschen aus dem Dorf. Die Reisernte trieb hier alle früh aus den Federn. Als Mingmar und ich kurz nach Sonnenaufgang hinunter zum Fluß gingen, waren schon viele Familien auf den breiten Terrassen ihrer Reisfelder beim Dreschen. Hier werden Ochsen zum Dreschen eingespannt, doch in Serang Tholi, wo die Leute ebenfalls Vieh besitzen, macht man immer noch alles per Hand. Dabei wird jede einzelne Garbe so lange auf den Boden geschlagen, bis das letzte Korn herausgefallen ist.

Wenn ich nur eine einzige Eigenschaft nennen dürfte, um Nepal zu beschreiben, würde ich das Wort »vielseitig« wählen. Es gibt keine zwei Dörfer, die sich in Sprache, Kleidung, Sitten und Gebräuchen, in der Architektur oder der Gestaltung ihrer Umgebung gleich sind, und es wäre unmöglich, ein für dieses Land »typisches« Dorf zu zeigen. Zweifellos liegt die reizvolle Einzigartigkeit jedes einzelnen Ortes darin, daß hier die meisten Ansiedlungen in der unwegsamen Landschaft ziemlich abgeschieden liegen. Hier merkt man erst richtig, wie arm unser Leben im Westen durch diese überall sichtbare Uniformität geworden ist. Die gleiche Vielfalt findet man auch in der Natur Nepals. Nach jeder Biegung eröffnet sich ein neuer, aufregend schöner Ausblick, so als hätte die Natur bei der Entstehung dieser Berge ihren ganzen Einfallsreichtum in die Waagschale geworfen, wie ein genialer Komponist, der aus einem einfachen musikalischen Thema eine gewaltige Sinfonie erschafft.

Der heutige Tag war der härteste unserer ganzen Tour. Der Fluß, den wir heute überqueren mußten, war ein breiter, schäumender Strom, über den sich in dreißig Meter Höhe eine schwankende, altersschwache Hängebrücke spannte. Zum Glück waren die Geländer noch soweit intakt, daß ich mich hinübertraute. Um viertel nach sieben begannen wir mit unserem Aufstieg. Den ganzen Weg lang, vom Ufer des Flusses bis hinauf auf den fast 4000 Meter hohen Paß gab es keine einzige flache Stelle, wo man einmal verschnaufen hätte können, und als wir schließlich den Gipfel erreicht hatten, gab selbst Mingmar zu, daß er »sehr müde« sei – ein sensationelles Eingeständnis.

Kurz nach neun hatten wir eine einstündige Frühstückspause in einem aus drei Hütten bestehenden Weiler gemacht. Dies waren die letzten Behausungen, die wir sahen, bis wir am Mittag den Paß überquert und wieder 1500 Meter hinunter in das besagte Siedlungsgebiet der Sherpas abgestiegen waren.

Nach dem gefährlich steilen Anstieg war es ein herrliches Gefühl der Erleichterung, auf dem Gipfel zu stehen und auf die sanften, grünen Hänge hinabzublicken. Die Wiesen waren mit großen, grauen Felsblöcken übersät, in schattigen Winkeln blinkten Schneereste, und Herden langhaariger, stämmiger Ziegen grasten, bewacht von einem kleinen Jungen, der auf einem Felsen lag und hingebungsvoll auf seiner Flöte spielte. Von hier oben aus sah das kreisrunde Tal ganz eben aus, das vielleicht einen Umfang von 25 Kilometer hatte. Später jedoch sahen wir die Schlucht der Mitte, durch die sich ein Fluß Richtung Süden schlängelte. Direkt über uns im Norden ragte ein zerklüfteter Berg empor, der nur spärlich mit Pinien bewachsen war. Jenseits der sonnenüberfluteten Weide in ungefähr eineinhalb Kilometer Entfernung jedoch waren die Hänge des Tals von einem dichten, dunklen Wald überzogen. Hier auf dem Gipfel spürte ich wieder einmal stärker denn je dieses eigenartige Gefühl der Ruhe, das einen in solchen Höhen überkommt – einen tiefen Frieden, den man nicht beschreiben oder erklären kann, der einen aber bis in die letzte Faser seines Körpers durchdringt.

Unser Ziel war die kleine Siedlung, die auf der gegenüberliegenden Seite des Tales schon zu sehen war. Sie wirkte so täuschend nah, daß wir keine Eile hatten und gemütlich den leicht abschüssigen Weg hinunterbummelten. Nach einer halben Stunde kamen wir an eine geschützte Talsenke, in der zwei Sherpa-Hütten standen, zwischen denen frisch bemalte Gebetsfahnen flatterten. Als wir am Wegesrand auf einen Brunnen stießen und ein wenig

Wasser trinken wollten, fiel mein Blick auf etwas, was mich erstarren ließ: Am Boden lag das Packpapier von einem Stück »Lifeboy«-Seife. Ich winkte Mingmar heran, und wir standen da und starrten auf dieses wunderliche Zeichen aus der »zivilisierten« Welt, als ob wir die ersten Menschen wären, die gerade auf dem Mond gelandet wären und eine leere Streichholzschachtel gefunden hätten. Als wir weiter auf die Häuser zugingen, erblickten wir zwei herrliche Saris aus Seide, die zum Trocknen auf dem Gras ausgebreitet lagen. Dann sahen wir ein wunderschönes Wesen in einem rosa Sari und goldenen Pantoffeln, das im glänzenden Haar und um Hals und Arme funkelnden Schmuck trug. Diese Erscheinung lehnte an einer niedrigen Steinmauer und unterhielt sich gerade mit einer älteren Frau mit wettergegerbtem Gesicht, deren kräftiger Körper in völlig verdreckten Lumpen steckte und die sich offensichtlich noch nie in ihrem ganzen Leben gewaschen hatte.

Mingmar und ich versuchten gar nicht erst, unsere Neugier im Zaum zu halten. Wir grüßten höflich und setzten uns dann zu den Frauen auf die Mauer. Auf unsere Fragen erfuhren wir, daß das Mädchen vor drei Jahren nach Bombay auf eine Schwesternschule gegangen sei und nun hier zuhause einen Monat Urlaub verbrachte. Eine Berufsausbildung für Mädchen ist in dieser Gegend wirklich etwas völlig Unbegreifliches, und es war mir unerklärlich, woher dieses junge Ding überhaupt die Vorbildung gehabt hatte, um eine Schwesternschule besuchen zu können. Das Ganze schien wirklich eine hochinteressante Geschichte zu sein, doch weder Mutter noch Tochter waren sehr mitteilsam, und so konnten wir nichts Näheres herausfinden.

Ich hätte zu gern gewußt, wie die Familie dieses Mädchens auf dessen elegante und kultivierte Art reagierten. Würden sie stolz auf sie sein oder verunsichert, oder würden sie ihr etwas affektiertes Getue eher verachten? Das Mädchen jedenfalls hielt sein »Bombay-Niveau« in all diesem Dreck tapfer durch und bestätigte damit sich und ihrer Umwelt die Überlegenheit dieses neuen Lebensstils. Sie war sehr liebevoll zu ihrer Mutter, doch wirkte sie dabei etwas gekünstelt, und es schien mir, als stünde sie seit ihrer Rückkehr unter einem leichten Kulturschock und wünschte sich heimlich nichts sehnlicher, als möglichst bald wieder abzureisen.

Nach diesem Erlebnis kann ich jetzt besser verstehen, warum in Asien Dorfbewohner nach einer medizinischen Ausbildung so ungern wieder in ihre Heimat zurückkehren, wo doch auf dem Land ärztliche Hilfe am nötigsten gebraucht wird. Die neuen materiellen und geistigen Möglichkeiten, die ihnen das Stadtleben bietet, sind für sie so überwältigend, daß sie in dieser völlig neuen Umgebung völlig neue Menschen werden und ständig ganz unerwartete neue Fähigkeiten und Möglichkeiten an sich entdecken. Manch einer hält ihnen dann vor, daß ihnen ihre verbesserten Lebensbedingungen zu Kopf gestiegen sind, doch ich finde es unfair, einem Menschen, dessen Horizont sich erweitert, die verständliche Verunsicherung zum Vorwurf zu machen. Es geht dabei gar nicht um den abstrakten Vergleich zwischen Vor- und Nachteilen der Landflucht, sondern eher um eine psychologische Frage. Diese jungen Leute sind gewöhnlich nur aufs Geldverdienen und auf Konsum aus, und auf diesem Stand der Persönlichkeitsentwicklung sind sie so egozentrisch wie kleine Kinder, greifen mit beiden Händen nach all den Früchten des Erfolgs, die ihnen eine gute Ausbildung bietet und sind blind dafür, daß dieses Privileg ihnen auch eine Verantwortung für ihre weniger privilegierten Mitmenschen auferlegt. Es wäre meines Erachtens unrealistisch, von dieser Generation frisch ausgebildeter junger Asiaten so viel Verantwortungsbewußtsein zu erwarten, daß sie freiwillig ihre »schöne neue Welt« wieder verlassen. Um eine solche Opferbereitschaft zu erreichen, müßte die Erziehung eine Wirkung haben, die man nicht erwarten kann. Und das wird in den nächsten Jahren auch eines der Haupthindernisse für jegliche Gesundheitsprogramme in Asien sein, auch wenn sie noch so großzügig aus dem Westen finanziert werden.

Bevor wir Mutter und Tochter verließen, hatten wir noch nach dem Weg durch den Wald gefragt. Doch kaum waren wir eine Stunde lang in dieses Dämmerlicht eingetaucht, hatten wir uns bereits hoffnungslos verirrt. Ich hatte erwartet, daß zwischen den beiden Siedlungen ein deutlich sichtbarer Weg existieren würde, doch selbst wenn dem so war, so haben wir ihn auf jeden Fall nicht gefunden. Über zwei Stunden lang kletterten wir an steilen Abhängen hinauf und hinunter, schlugen uns durch dichtes, dorniges Unterholz und standen immer wieder plötzlich vor irgendeiner unüberwindbaren Schlucht. Um halb fünf wußten wir, daß in knapp anderthalb Stunden die Sonne untergehen würde, so daß es Mingmar langsam mit der Angst zu tun bekam. Er hatte zu beten begonnen, wobei er dieses seltsame Summen der Buddhisten anstimmte, das ziemlich komisch klingt, wenn man es nicht kennt. Wir hatten auch beide keine Ahnung, wie wir hätten zurückgehen können, so daß wir beschlossen, uns einfach weiter durchzukämpfen. Plötzlich stießen wir auf etwas, was früher einmal vielleicht ein Weg, jetzt aber ein holperiger Pfad voller gefährlicher Schlaglöcher war. Wir folgten ihm ängstlich durch zwei tiefe, düstere Schluchten – selbst Mingmar war zu meiner Genugtuung ganz schön nervös –, bis es wieder nach oben ging und sich vor unseren Augen eine weite Wiese auftat, und nach weiteren zwanzig Minuten Marsch, der uns durch Felder mit Buchweizen, Gerste und Kartoffeln führte, kehrten wir bei einer netten Sherpa-Familie ein.

Ihr Haus schaut so ähnlich aus wie das, in dem wir in Shablung untergekommen waren, nur ist der Wohnraum doppelt so groß und bedeutend sauberer. Von den Deckenbalken hängen getrocknete Maiskolben, und an der Wand gegenüber der niedrigen Tür und den zwei kleinen Fenstern stehen hübsch geschnitzte Schränke. Der beachtlichen Reihe silberner Votivschalen und mit Silberrand verzierter Holztassen nach zu urteilen, muß diese Familie für hiesige Verhältnisse ziemlich wohlhabend sein. In einer Ecke steht ein circa ein Meter zwanzig hohes, mit Kupferbändern zusammengehaltenes Bambusfaß, in dem Buttertee zubereitet wird. Von diesem Raum führt eine Tür in einen anderen kleineren, in die Hauskapelle, in der elf winzige Butterlampen anheimelnd vor einer zwar ziemlich verrußten, doch ausgesprochen reizvollen *Thanka* flackern, einer Darstellung des leidenden göttlichen Buddha.

Zur Familie gehören die Großmutter, ihr Sohn und dessen Frau sowie fünf allerliebste Kinder, die innerhalb kürzester Zeit ihre Scheu vor mir abgelegt haben. Während ich vor dem Feuer sitze und diese Zeilen schreibe, lehnen die beiden jüngsten an meiner Schulter und verfolgen gebannt diese eigenartige Prozedur, bei der man leeres Papier mit so seltsamen Schnörkeln vollkrakelt.

Gleich nach der Ankunft hier erlebte ich vom Fenster aus den herrlichsten Sonnenuntergang, den ich jemals gesehen habe. Das Haus steht auf 3500 Meter Höhe mit der Fensterfront nach Westen, und so hatte ich einen weiten Blick auf die dunkelblauen

Bergketten, hinter denen sich geisterhaft die Schneegipfel des Dhauligiri-Massivs vor dem purpurnen Horizont abzeichneten. Über dem flammenden Sonnenuntergang lag ein endloses blaugraues Meer, in dem ein einziger Stern schwamm, die goldene Venus, während über mir im Zenit der Himmel wieder in rötlichem Braun versank. Es war ein atemberaubendes Schauspiel mitzuerleben, wie der Tag zu Ende ging, so ruhig und friedlich und doch voll lebendiger, unendlicher Schönheit.

Auf einer anderen, weit profaneren Ebene war dieser Abend nicht weniger bemerkenswert, denn es gab Kartoffeln und Milch zum Abendbrot. Vielleicht muß man ein Ire sein, um die kulinarische Verzückung zu verstehen, in die ich geriet, als nach zwei Wochen Reis endlich wieder Kartoffeln auf den Tisch kamen. Doch auch Mingmar war hellauf begeistert. Er kann zwar Berge von Reis vertilgen, doch zuhause sind Kartoffeln das Hauptnahrungsmittel der Sherpas. Er verdrückte sage und schreibe dreiunddreißig riesige Exemplare und war schwer erschüttert, als ich nach zwölf nicht minder großen Kartoffeln einen dritten Nachschlag schweren Herzens ablehnen mußte, da einfach nichts mehr hineinging. Dieser Weiler mit seinen vier Häusern ist in der Tat ein wahres Schlaraffenland: wir konnten sogar fünf Eier erstehen, die wir hart kochen und morgen als Proviant mitnehmen werden, da sich unsere Reis- und Sardinen-Vorräte langsam dem Ende nähern.

21. November, ein Bauernhof auf einem Hügel

Ich gebe gerne zu, daß dies nur eine Hügelkuppe ist, doch immerhin befinden wir uns in 2000 Meter Höhe. Dieser Hügel ist ein Ausläufer des gewaltigen Berges, in dessen Schatten das ganze Tal liegt, und nachdem es auf seinen Höhen heute so herrlich still war, empfinde ich jetzt das Rauschen des nahen Flusses als richtig störend.

Heute war es seltsamerweise Mingmar, der nach dem gestrigen Marathon etwas schlapp war. Die ersten 15 Kilometer am Morgen ging es hauptsächlich bergab, und wir machten viele Pausen, doch selbst bei den wenigen unvermeidlichen Steigungen machte er gleich ein äußerst gequältes Gesicht, und als wir schließlich um halb drei hier ankamen, meinte er, daß es *mir* sicher guttun würde, wenn wir heute schon hier Schluß machten! Wahrscheinlich hat er die schlimmen Folgen unseres Trinkgelages in Shablung vergessen und sich gestern abend wohl doch etwas zuviel *Chang* zugemutet.

Kurz nach unserem Aufbruch heute früh um halb sieben überquerten wir den steilen, bewaldeten Berg, der gleich hinter Likarka schroff ansteigt, und verloren so das wunderschöne Tal bald aus den Augen. Nach etwa einer Stunde sah ich zum ersten Mal eine Gayal-Herde und war etwas enttäuscht, weil sie wie ganz normale Rinder aussahen, nur mit sehr buschigen Schwänzen. Sie wurden von zwei riesigen, bösartig dreinschauenden tibetanischen Doggen bewacht, die zum Glück angebunden waren, aber fast Schaum vor dem Mund bekamen, als ich ahnungslos durch die Herde spazierte, um Fotos zu schießen. Mingmar erzählte mir daraufhin, daß diese Hunde scharf gemacht werden, auch Menschen zu töten, wenn sie in die Herden einbrechen. Tagsüber werden sie gewöhnlich mit kurzen, schweren Ketten an Holzpfähle gebunden und tragen große, scheppernde Eisenschellen um den Hals. Nachts aber streunen sie frei herum und sind dann gefährlicher als wilde Tiere. Mingmar sagte, er kenne mehrere Tibetaner mit schrecklich zugerichteten Gesichtern, die von diesen Hunden angefallen wurden. Ich hatte deshalb eine Heidenangst, als wir im Laufe des Tages an einer anderen Herde mit einer nicht angebundenen Dogge vorbeikamen. Die Bestie tobte, wurde jedoch von zwei Kindern zurückgehalten, die ihre Arme um den Hals des Hundes schlangen und ihm beruhigend zuredeten. Ich hätte nicht gedacht, daß er folgen würde, doch plötzlich setzte er sich, fing an, mit dem Schwanz zu wedeln und beachtete uns gar nicht mehr, als wir uns an der Seite vorbeidrückten.

Kurz darauf begegneten wir einem Jungen, der auf dem Weg nach Likarka war und gerade von seiner ersten »Geschäftsreise« aus Katmandu zurückkam. Er hatte für seine Wolle eine 100-Rupie-Note (40 Mark) erhalten, doch da er nicht lesen konnte und noch nie mit so großen Scheinen zu tun gehabt hatte, war er sich nicht ganz sicher, was die Banknote wert war. Als er uns anhielt und uns danach fragte, klärte ihn Mingmar auf, daß er in dieser Gegend mit so einem großen Schein nicht viel anfangen könnte. Daraufhin wechselte ich ihm den Schein in zwanzig Fünf-Rupie-Scheine, was ihn hellauf begeisterte, denn er war offenbar der

Meinung, daß sein Vater sich über zwanzig Scheine wesentlich mehr freuen würde als über einen einzigen. Dann zeigte er uns voller Stolz, was einmal eine sehr gute Schweizer Uhr gewesen sein muß. Er hatte sie in Katmandu für – wie er wohl meinte! – zwanzig Mark gekauft. Die Uhr tickte zwar noch, doch war am Vortag der Minutenzeiger abgebrochen, wahrscheinlich, weil der Junge zu wild an der Aufzugskrone herumgespielt hatte. (Überflüssig zu erwähnen, daß er gar nicht in der Lage war, von einer Uhr die Zeit abzulesen). Ich riet ihm, bis er das nächste Mal wieder nach Katmandu käme, erst einmal die Finger von der Uhr zu lassen. Doch dann entspann sich plötzlich eine längere Diskussion zwischen dem Jungen und Mingmar darüber, ob man die Uhren tauschen solle. Selbst wenn die Uhr des Jungen in Ordnung gewesen wäre, wäre Mingmars immer noch wesentlich wertvoller gewesen. Doch haben die Sherpas einen so verhängnisvollen Hang zum Handeln, daß sie lieber ein schlechtes Geschäft als gar keines machen. Und so nahm denn Mingmar schließlich die kaputte Uhr, gab ihm dafür seine Omega und legte noch 10 Mark drauf.

Nach einer halben Stunde machten wir erneut Halt, diesmal an einer dieser »Molkereien«, die man hier in der Gegend immer wieder antrifft. Hier hüten vergnügte »Sennerinnen« kleine Gayal-Herden und machen aus der Milch der Tiere tibetanischen Käse und Butter. Ich habe vor, ein Stück von diesem Käse mit nach Hause zu nehmen, weil man ihn sehen muß, um mir zu glauben: Er ist buchstäblich steinhart, sogar härter als jeder Stein, außer Granit vielleicht, und man behauptet, daß er auch noch 300 Jahre nach seiner Herstellung genießbar sei – vorausgesetzt, man kennt den Trick, wie man steinharten Käse herunterbekommt.

Diese »Molkerei« war eine kleine Hütte aus Bambusmatten auf einer grasbewachsenen Anhöhe, umgeben von Bäumen. Wir ließen uns jeder ein großes Glas Buttermilch schmecken und aßen einen Teller in Butter gebratener Molke, die vom Rauch des Holzfeuers ein angenehmes Aroma hatte. Ganz in der Nähe standen ein paar bezaubernde kleine Gayalkälber. Sie haben bereits das gleiche wuschelige Fell wie ihre Väter und sehen deshalb aus wie Plüschtiere, die man einfach umarmen muß, wenn sie einen mit ihren treuherzigen Augen anschauen und sofort alles liebevoll abschlecken, was ihnen vor die Schnauze kommt.

Auf unserem Marsch kam es noch zu weiteren kleinen Verzögerungen, da Mingmar an jedem Bauernhof anhielt, um Butter zu kaufen. Seine Mutter ist vor einem Jahr gestorben, und nun hat er vor, *Tormas* zu machen und an ihrem Todestag Lampen anzuzünden. Sein Vater war ein Händler gewesen und hatte zwei Frauen, von denen die eine in Namche-Basar, die andere in Lhasa lebte. Als er starb, war Mingmar gerade vier Jahre alt und wurde von Mutter und Stiefmutter gemeinsam aufgezogen, die ebenfalls regen Handel zwischen Tibet und Indien betrieben. Inzwischen kümmert sich Lhamo, Mingmars zweiundzwanzigjährige Schwester um die Familiengeschäfte. Pemba, sein älterer Halbbruder, leitet mit Unterstützung von seiner Mutter eines der tibetanischen Hotels in Katmandu. Heute früh kaufte Mingmar zwei Pfund tibetanischen Käse als Geschenk für die Stiefmutter, weil ihr der besonders gut schmeckt und weil er ihn ihr immer mitbringt, wenn er auf einer Tour unterwegs war. Auf diese Weise wurde unser Marsch durch Butter für die verstorbene Mutter und Käse für die Stiefmutter ganz schön aufgehalten.

Offensichtlich mag Mingmar seine Schwester Lhamo ganz besonders gern. Häufig erwähnt er sie liebevoll und erzählt voller Stolz, was für eine gewiefte Geschäftsfrau sie ist und wie sehr er sich nach einjähriger Trennung auf ein Wiedersehen freut, wenn sie im nächsten Monat auf dem Weg zwischen Lhasa und Kalkutta nach Katmandu kommt. Diese Sherpas kommen wirklich herum, und sie scheinen auf ihren Reisen zwischen Tibet, Nepal und Indien keinen Paß zu brauchen. Von Katmandu nach Kalkutta fliegt die Schwester natürlich, aber in Tibet fährt sie im Lkw mit. Übrigens hat auch sie zwei Ehemänner, einen der sich um den Bauernhof der Familie in der Nähe von Namche-Basars kümmert, und einen in Katmandu, der aber ebenfalls noch eine zweite Frau bei sich zuhause hat, die ihn tröstet, wenn die große Handelskönigin Lhamo ihren internationalen Geschäften nachgehen muß. Kein Wunder, daß die Verwandschaftsverhältnisse der Sherpas ein wenig kompliziert sind!

Am längsten wurden wir zum Schluß aufgehalten, als wir kurz nach Mittag einer religiösen Feier beiwohnten, die auf einem Felsen vor einer Steinhütte zelebriert wurde. Schon lange vorher hatten wir den wunderschönen Klang der Trommeln, Glocken, Becken und Muschelhörner gehört, der mich schwermütig stimmte, weil er mich an mein geliebtes Pokhara erinnerte und mich hier vor der Kulisse dieser wunderbaren Natur noch mehr anrührte. Ich versuchte herauszubekommen, worum es bei dieser Zeremonie ging, doch selbst wenn es Mingmar wußte, wollte er darüber mit einer Fremden ganz offensichtlich nicht reden. So stellte ich meine Nachforschungen ein und tröstete mich unvernünftigerweise mit vier hölzernen Schalen voll des besten *Chang*, den ich je getrunken habe.

Der Lama, der schon etwas älter war und die Zeremonie leitete, war schwarz gekleidet statt wie üblich in Rotbraun, und der junge Mönch, der ihm assistierte, trug Laienkleidung. Beide saßen mit gekreuzten Beinen am Boden, mit dem Rücken zur Hütte. Vor ihnen auf einem niedrigen Holztisch lagen die heiligen Schriften. Hochwürden hielt eine Glocke in der Rechten und einen *Dorje* in der Linken. Den *Dorje* legte er häufig aus der Hand, um einen kräftigen Schluck *Chang* zu nehmen, den er offensichtlich dem Buttertee vorzog, der von strenggläubigeren Lamas während dieser Rituale in Unmengen getrunken wird. Im rechten Winkel zur Mauer stand ein Buddha-Bild mit den üblichen *Tormas* und Butterlämpchen. Dem Bild gegenüber hing eine Trommel mit einem Meter Umfang, die ein großer, dünner Junge, gekleidet in festlicher Tracht, genau im Rhythmus des Sprechgesangs schlug. An die dreißig Leute saßen im Halbkreis herum, lachten, schwatzten, tranken *Chang* und aßen kalte Kartoffelscheiben. Es herrschte eine freundliche und ausgelassene Stimmung, und wir waren offensichtlich gern gesehene Gäste, so daß wir über eine halbe Stunde bei der Gruppe blieben und dann erst weiterzogen, nicht ohne vorher dem Lama eine kleine Spende gegeben zu haben.

Die junge Mutter der Sherpafamilie, bei der wir heute übernachten, hat drei Jahre lang als Kuli in den Straßen von Assam gearbeitet und ist erst vor kurzem zurückgekehrt. Mingmar erzählte mir, daß die Menschen in dieser Gegend häufig für einige Zeit nach Indien gehen, um dort zusammen mit tibetanischen Flüchtlingen in Straßenbautrupps zu arbeiten. Wenn sie dann genügend Geld gespart haben – mehr, als sie in Nepal jemals verdienen könnten – und sie diese Ersparnisse auf dem Heimweg in Kalimpong durch geschicktes Handeln noch aufgestockt haben, kehren sie zurück, um sich hier niederzulassen. Ich versuchte herauszubekommen, ob sie beim Straßenbau offiziell als nepalesische Gastarbeiter unterkämen oder sich als tibetanische Flüchtlinge ausgäben. Doch diese Frage wurde aus einem unerfindlichen Grund offensichtlich als taktlos empfunden, so daß ich weitere Nachforschungen unterließ.

Heute abend sagte Mingmar, daß er jetzt wieder wüßte, wo wir uns befänden, und daß wir am 24. November ungefähr zur Mittagszeit wieder am Ausgangspunkt unserer Tour sein würden. Den Weg von hier nach Katmandu kennt er gut, was mich traurig stimmt. Es war doch so schön, ohne Ziel einfach nur so über die Berge zu laufen!

22. November, eine ärmliche Hütte auf einem Berg

Die heutige Unterkunft ist wirklich mit Abstand die dreckigste auf unserer ganzen Route. Sie ist sogar noch schmutziger als die Hütte am *Gompa*, in der die Kinder hausten. In dem fensterlosen Raum drängen sich nun, nach Einbruch der Dunkelheit, ein Ochse, vier Ziegen, sieben Hühner mit Hahn, die sechsköpfige Familie sowie Mingmar und ich. Die Hütte liegt 3000 Meter hoch, und deshalb ist es in der Nacht so empfindlich kalt, daß man die Tür fest verrammelt hat, was zur Folge hat, daß die beißenden Rauchschwaden des Holzfeuers nicht abziehen können und ich deshalb dauernd husten muß und mir die Augen tränen. Doch dafür sind diese Tamang wirklich unbeschreiblich nett zu mir. Ihre Sorge, es mir so bequem wie möglich zu machen, ist angesichts der hoffnungslosen Ärmlichkeit ihrer Behausung geradezu rührend.

Heute haben wir wieder eine Marathonstrecke hinter uns gebracht, und zur Mittagszeit verstand ich auch, warum Mingmar gestern nachmittag nicht sehr erpicht darauf war, noch weiter zu marschieren. Der ereignisreiche Tag begann um sieben Uhr, als wir durch einen gefährlich reißenden Fluß waten mußten, dessen eiskaltes Wasser uns bis an die Hüfte reichte. Jetzt war es zur Abwechslung einmal Mingmar, der so voller Angst war, daß er sich panisch an mich klammerte und uns fast beide aus dem Gleichgewicht gebracht hätte. Wir mußten unsere ganze gemeinsame Kraft aufbieten, um uns gegen die reißende Strömung zu stemmen. Zudem war es äußerst schwierig, auf den großen, wackeligen Steinen nicht auszurutschen. So bezweifelte ich es, daß wir hinüberkommen würden, ohne ein unfreiwilliges Bad zu nehmen.

Zeitweise standen wir schultertief im Wasser, und als wir wieder an Land waren, froren wir fürchterlich. Doch bald wurde uns wieder mehr als warm, als wir eineinhalb Stunden lang einen gefährlich steilen Pfad hochklettern mußten, der durch dichtes Gestrüpp führte. Hier war ich es nun wieder, die Angst bekam, denn ich sah in dem wuchernden Dickicht zwar weit und breit keinen Pfad, dafür um so deutlicher den gähnenden Abgrund zu meiner Rechten, wenn ich auch aus verständlichen Gründen nicht lang genug hinschaute, um die Tiefe genau abschätzen zu können.

Gegen halb zehn hatten wir diese unerquickliche Etappe hinter uns gebracht und waren wieder unten am Fluß. Wir machten Frühstückspause in einer stinkenden, fliegenverseuchten Hütte, die nahe an der Einmündung in die Hauptstraße von Katmandu nach Gosainkund Lekh stand. Eine weitere Stunde später bereits marschierten wir zusammen mit Gruppen schwer beladener Tibetaner, Tamang und Chetri auf dieser Straße und fühlten uns schon fast wieder zurück im hektischen Getriebe der Großstadt.

Die nächsten vier Stunden ging es unmerklich, aber beständig bergab, immer am Fluß entlang. Manchmal führte die Straße durch gewaltige Felsen, dann wieder durch weite, strahlendweiße Sandlandschaft, und einmal mußten wir über eine baufällige Hängebrücke, die in 50 Meter Höhe über dem Wasser schwankte. Man kann wirklich ärgerlich werden, wenn man diese gefährlich heruntergekommenen Holzbrücken sieht. Rundherum gibt es so viel Wald, daß es an Rohmaterial für Reparaturen ja wohl wirklich nicht fehlt.

Um drei Uhr nachmittags kamen wir in ein Dorf, in dem wir zum ersten Mal seit unserem Aufbruch in Trisuli wieder einen richtigen Laden sahen. Wir fragten nach Tee, da uns der schon seit einigen Tagen ausgegangen war, doch gab es hier nichts außer steinalten, fliegenübersäten indischen Süßigkeiten, ungenießbaren Zigaretten und schimmeligen Keksen, von denen wir gleich zwei Päckchen kauften und an Ort und Stelle verzehrten.

In den nächsten drei Stunden stieg die Straße wieder an, und die strahlenden, schneebedeckten Gipfel im Norden wurden immer schöner. Die niedriger gelegenen, fruchtbaren Hänge in dieser Gegend werden von Chetri und Newari bewirtschaftet, die höher gelegenen, weniger ergiebigen dagegen von Tamang. Die ganze Region ist sehr dicht besiedelt, verglichen mit den einsamen Bergen, die hinter uns liegen. Entsprechend stinkt es hier auch wieder. Eine der Freuden, die einem die Berge bescheren, ist, daß es dort nicht so grauenhaft nach menschlichen Exkrementen stinkt wie überall in den dichter besiedelten Gebieten von Nepal.

Die insektenverseuchten Unterkünfte gehen mir langsam wirklich auf die Nerven. Es ist abzusehen, daß auch die heutige Nacht wieder ein zermürbender, wenn auch aussichtsloser Kampf gegen die Wanzen sein wird. Seit unserem Aufbruch in Trisuli habe ich nicht eine einzige Nacht durchschlafen können. Obwohl die Einheimischen nicht im gleichen Maß unter dieser Plage zu leiden scheinen, höre ich doch ebenfalls, wie auch sie sich nachts kratzen und leise vor sich hin fluchen. Diese Viecher sind schon allein deshalb eine Gefahr für die Gesundheit, weil man ihretwegen nie wirklich zum Schlafen kommt.

23. November, Katmandu

Nach einem weiteren Marathonmarsch haben wir es heute, wie geplant, bis hierher geschafft. Und Tashi – war das eine Begrüßung! Wie die meisten Tibetaner hat auch sie eher eine stille Art, so daß sie weder bellte noch jaulte. Das einzig hörbare Zeichen ihrer Wiedersehensfreude war dieses seltsame Schniefen, mit dem sie mich immer begrüßt, wenn ich heimkomme. Aber sie hat sich fast überschlagen vor Freude, und ich dachte, daß ihr der Schwanz gleich abfallen müßte, so wild wedelte er hin und her. Es ist wirklich schön, wenn man jemandem so viel bedeutet!

Heute morgen erlebte ich zum ersten Mal eine totale Sonnenfinsternis. Sie dauerte von Viertel nach acht bis halb zehn – und zu Ehren dieses Ereignisses war heute prompt in ganz Nepal Feiertag!

Wir waren schon vor Sonnenaufgang losmarschiert, denn auch Mingmar hatte heute nacht vor lauter Wanzen nicht schlafen können. Gegen acht Uhr standen wir schon nach einem leichten Aufstieg auf dem Gipfel eines 3000 Meter hohen Gebirgsausläufers. Von hier aus hatten wir einen herrlichen Blick über ein langes, schmales, tiefes Tal, und wir wanderten etwa 3 Kilometer lang auf ziemlich ebener Strecke, bis der Weg plötzlich steil zu einem Dorf unten am Fluß abfiel.

Als wir uns gerade an den Abstieg machten, fiel mir plötzlich dieses eigenartige Licht auf und ich spürte, wie es auf einmal wesentlich kälter wurde. Ich lief zu Mingmar vor und fragte ihn: »Was um alles in der Welt ist denn bloß los?! Das Licht ist so komisch, und es ist plötzlich so kalt!« Auf diese Frage hätte ein Europäer womöglich geantwortet, daß *auf der Welt* in der Tat nichts los sei. Mingmar jedoch antwortete nur seelenruhig: »Der Mond macht gerade Frühstückspause«. Einen Moment lang schaute ich ihn an, als ob er nicht ganz bei Trost wäre, doch dann erkannte ich, daß *ich* es war, bei der etwas nicht stimmte, denn als er auf die Sonne zeigte, sah ich, daß der »hungrige« Mond tatsächlich die Sonne schon zu einem Viertel »aufgegessen« hatte.

Was war das doch für ein passender Ort, ein derart unheimliches Naturschauspiel mitzuerleben! Während wir hoch droben den Weg entlangliefen, hörten wir unten im Tal wildes Hörnerblasen, aufgeregtes Becken- und Trommelschlagen. Gleichzeitig schrien, heulten und brüllten sämtliche Lamas und Priester in den Dörfern dort unten, um die bösen Teufelsgeister zu vertreiben, die mit ihrem Angriff auf die Sonne die Existenz der gesamten Menschheit bedrohten. Dieses panische, lärmende Chaos, begleitet vom verfrühten »Abendgezwitscher« der verwirrten Vögel, und das eigentümlich grünliche Licht – dies alles weckte auch in mir längst verschüttete Urinstinkte, und in dem Moment, als die Sonne, dieser Urquell allen Lebens, gänzlich verschwand, erfaßte auch mich diese kreatürliche Angst, die in diesem Augenblick ganz Nepal beherrschte.

Epilog

Die letzten Tage sind immer traurig. Man weiß nicht, ob man jemals wiederkommen wird, doch man weiß mit Sicherheit, daß Städte wie Katmandu und Pokhara, sollte man jemals zurückkehren, sich total verändert haben werden.

Mancher Wandel wäre ja wirklich zu wünschen, besonders was die Situation der Flüchtlinge betrifft. Ihre Zahl ist in Nepal vergleichsweise gering, und vielleicht kann man gerade deshalb die grundsätzlichen Probleme, mit denen ein Flüchtling in einem fremden Land konfrontiert ist, viel besser studieren als anderswo auf der Welt. Ich habe während meiner Zeit in Pokhara viel darüber nachgedacht und bin dabei zu Erkenntnissen gekommen, die ohne Zweifel unbeliebt sind, in denen ich jedoch nach meiner Rückkehr nach Europa durch Gespräche mit Leuten, die von Entwicklungshilfeeinsätzen aus Afrika und Asien zurückkamen, noch bestärkt wurde. Auf viele Zeitgenossen, die im Westen karitative Organisationen mit großzügigen Spenden unterstützen, mag unsere Sicht der Dinge gefühllos und schockierend wirken. Wir haben unseren Standpunkt jedoch gewonnen, indem wir den Alltag der Flüchtlinge geteilt haben. Ich hoffe, daß uns diese Erfahrungen nicht allzusehr desensibilisiert haben, auch wenn ich zugeben muß, daß sie uns einige der romantischen Illusionen geraubt haben, die so oft das Denken derer vernebeln, die Flüchtlingshilfsprojekte aus der Ferne leiten.

Die Möglichkeiten der Massenmedien, eine Flut von Mitgefühl und großzügigen Spenden auszulösen, wurde an der Reaktion der Öffentlichkeit auf die Katastrophe von Aberfan deutlich. Auf das gleiche Phänomen trifft man, wenn auch in abgeschwächter Form, überall dort, wo es Flüchtlinge gibt. Die Hilfsbereitschaft, die man heute im Westen erlebt, resultiert sicherlich zum Teil aus dem ehrlichen Bedürfnis, den Ärmsten der Armen zu helfen, zum anderen aber auch aus einem tiefsitzenden Schuldgefühl, in einer Gesellschaft zu leben, die im Luxus schwelgt. Spenden für karitative Organisationen sind sicherlich der einfachste Weg, sein soziales Gewissen zu beruhigen. Einige dieser Organisationen sind inzwischen so einflußreich und so ehrgeizig, daß sie sich genötigt sehen, im Ausland prestigeträchtige Projekte durchzuziehen. Dies kann leicht dazu führen, daß der Einsatz von Mitteln, die eigentlich dazu gespendet wurden, die dortigen Probleme zu lösen, sie eher noch verschärfen. In einigen Gegenden dieser Welt sühnen wir unsere kollektive Schuld auf Kosten der Betroffenen, indem wir sie viel zu lange in der Rolle von Flüchtlingen halten. In materieller Hinsicht mag das, zumindest auf kurze Sicht, für sie von Vorteil sein. Langfristig hat das jedoch verheerende Folgen, da die Flüchtlinge durch diese Hätschelpolitik zwangsläufig zu passiven Schmarotzern werden.

Unsere Hauptaufgabe sollte Hilfe zur Selbsthilfe sein. Das ist viel wichtiger, als die Flüchtlinge nur mit Nahrung, Kleidung und Medikamenten zu versorgen. Natürlich brauchen sie unmittelbar nach ihrer Ankunft im Zufluchtsland erst einmal beträchtliche materielle Unterstützung sowie jemanden, der ihnen auf einfühlsame Weise hilft, sich in der neuen Umgebung zurechtzufinden. Das Schlimmste am Elend der Flüchtlinge sind nämlich nicht Krankheit, Hunger und Kälte, sondern es ist der Verlust der emotionalen Geborgenheit, die aus der Zugehörigkeit zu einer festen Gemeinschaft in einem ganz bestimmten Land resultiert. Deshalb ist das höchste Gut eines Flüchtlings seine Selbstachtung, die er auf keinen Fall verlieren darf. Daran sollten wir immer denken, wenn wir ihm helfen, seine durch die Flucht verunsicherte Identität als selbstverantwortliches Individuum wieder aufzubauen. Bei einigen Gruppen von Flüchtlingen ist es nämlich mit dieser Selbstachtung nicht weit her, und man kann sie durch gut gemeinte, aber unüberlegte Hilfe leicht verletzen. Vielleicht sollte man überhaupt die materielle Hilfe durch karitative Organisationen einschränken. Zwar wäre das zunächst für die meisten Flüchtlinge mit einigen Härten verbunden, doch könnte dies – vorausgesetzt die Helfer vor Ort stünden weiterhin mit praktischem Rat und emotionaler Zuwendung zur Verfügung – für die Betroffenen auch eine nicht zu unterschätzende Herausforderung sein, die viel eher dazu geeignet wäre, das Selbstvertrauen und die verlorene Geborgenheit wiederherzustellen. Dadurch, daß man die Menschen zwingt, sich schnell als nützliche Mitglieder in die neue Gesellschaft einzugliedern, würde man ihnen einen viel besseren Dienst erweisen als dadurch, daß man sie auf unbestimmte Zeit in noch so vorbildlichen Lagern isoliert und somit ihnen wie ihren Nachbarn erst richtig demonstriert, daß sie »Fremdlinge« sind.

Es ist richtig, daß der Beschäftigung von Flüchtlingen eine Unzahl politischer und wirtschaftlicher Probleme im Weg stehen. Diese Probleme löst man jedoch nicht dadurch, daß karitative Organisationen Hunderte von Menschen auf einem einzigen Gelände zusammenpferchen. Die Flüchtlinge können doch viel leichter für ihren Lebensunterhalt aufkommen, wenn man sie, vielleicht mit einem kleinen Kapitalzuschuß für jede Familie als Starthilfe, in kleinen Gruppen über das ganze Gastland verteilt. Das wollen aber zur Zeit weder sie selbst noch ihre westlichen Wohltäter wahrhaben. In einer Welt, in der man es achselzuckend zur Kenntnis nimmt, daß Millionen von Menschen in ihrer Heimat verhungern, wirkt die finanzielle Unterstützung von Flüchtlingen in diesen Dimensionen völlig unverhältnismäßig. Wer könnte es auch Millionen Indern verdenken, wenn sie einfach nach Burma oder Malaysia fliehen würden, um sich dadurch ein Anrecht auf Vitaminpillen vom Roten Kreuz, Decken vom W.V.S. und Lebensmittelpakete aus den USA zu erwerben?

Während meiner letzten Woche in Katmandu hatte ich wegen Tashi bereits verzweifelt nach Neu-Delhi und Dublin telegrafiert. Ihre Einfuhrerlaubnis hätte spätestens am 23. November bei der britischen Botschaft vorliegen müssen, doch es war nichts dergleichen da, und ich hatte unseren Rückflug bereits vor Wochen für den 3. Dezember gebucht. Im Lauf dieses ganzen Papierkriegs konnte ich bezeichnenderweise eine gewisse Seelenverwandtschaft zwischen den Beamten in Dublin und ihren Kollegen in Singha Durbar feststellen.

Morgen für Morgen begleitete mich Tashi in das neue, mit indischer Hilfe eingerichtete Telegrafenamt. Während ich immer unhöflichere Telegramme nach Dublin losließ, musterten die Beamten Tashi mit kritischen Blicken und fragten sich, wie geistig umnachtet ich eigentlich sein müßte, so ein Vieh nach Irland mitnehmen zu wollen. Nach viertägigem, nervtötendem Hin und Her machte ich dem Ganzen in einer Anwandlung von Trotz ein Ende. Ich schickte ein allerletztes Telegramm mit der lapidaren Ankündigung, daß am 3. Dezember um 15 Uhr 20 eine schwarzbraune Hündin aus Nepal auf dem Flughafen von Dublin landen würde, mit oder ohne die bereits im September beantragte Einfuhrgenehmigung.

Am 29. November in aller Frühe brachte uns Sigrid zum Gaucher Airport, und bald schon flogen wir direkt über dem Himalaya dahin. Diese Berge an einem klaren Wintertag aus der Luft zu sehen, gehört zu den herrlichsten Naturerlebnissen, die es auf der Welt gibt. Sie zogen sich nach Osten und nach Westen hin, soweit das Auge reichte, eine wilde Sinfonie von Einsamkeit und Schnee, unvorstellbar schön und furchterregend zugleich. Doch seltsamerweise haftete diesem Erlebnis auch etwas künstliches an, wie wenn man im Zoo einen Tiger bestaunt. Es ist berauschender, nur einen einzigen Blick auf einen schneebedeckten Gipfel von einem Paß aus zu werfen, auf den man sich im Schweiße seines Angesichts hochgekämpft hat, als sich, lässig zurückgelehnt, am Fenster eines Flugzeugs diese billige, oberflächliche Gesamtschau vorführen zu lassen.

In Delhi ließ ich Tashi impfen und verbrachte ein paar Tage bei Freunden, bis sie sich wieder erholt hatte, und dieser Zwischenaufenthalt vor der Rückkehr nach Europa war ausgesprochen gut für mich. Denn wenn man Nepal verläßt, erleidet man unvermeidlich einen Kulturschock, wohin man auch reist. Delhi kam mir vor wie ein Zentrum verfeinerter Lebensart, voller Luxus und mit allen Annehmlichkeiten und Sicherheiten versehen, die ein »moderner Mensch« so braucht. Was ist das doch für eine langweilige Welt, in der der Unterschied zwischen Dublin und Delhi geringer ist als der zwischen Delhi und Katmandu!

Kaum war ich in Delhi gelandet, da spürte ich bereits, wie sehr Nepal seine Besucher vom zwanzigsten Jahrhundert abschirmt. Wenn man nicht zum Jet Set von Katmandu gehört (der es schafft, völlig abgehoben über dem nepalesischen Alltag zu schweben), werden einem, schon wenige Stunden nachdem man die Grenze nach Nepal überschritten hat, die Weltprobleme immer gleichgültiger. Am Anfang ist es nur so ein leichter Fatalismus, der von einem Besitz ergreift und die Bedeutung von Problemen insgesamt ein wenig abschwächt. Später, wenn man richtig eingetaucht ist in die Einsamkeit dieses Königreichs, diese mehr mentale als körperliche Isolation, kommen einem diese Probleme so unwirklich vor, als hätten sie mit einer anderen Welt zu tun. Die Kriege in Vietnam und Kaschmir, der Hunger in Indien, die Kapriolen des englischen Pfundes, all das läßt einen kalt und wird nur achselzuckend kommentiert: »Was soll's, man kann ja ohnehin nichts machen.« Vielleicht sollte man viel mehr gegen diese Gleichgültigkeit ankämpfen. Wenn man jedoch gleichzeitig erlebt, daß tagtäglich auf der ganzen Welt Millionen »Experten« emsig daran arbeiten, die Weltkrisen zunächst einmal zu katalogisieren, um sich anschließend auf irgendwelche abwegigen Details zu stürzen, dann werden auch dadurch keine Probleme gelöst, sondern lediglich diese »Experten« noch verrückter. Und so fühlte ich mich jetzt, außerhalb von Nepal, wo keine Berge der Gleichgültigkeit mehr Täler der Gelassenheit umschließen, entsprechend fremd.

In Delhi fand sich Tashi – anpassungsfähig wie Tibetaner nun einmal sind – in der neuen Umgebung gleich zurecht und war auch gegenüber ihren neuen Freunden äußerst kontaktfreudig, wie auch auf all ihren weiteren Reisen. Hier in Europa wird sie, wohl wegen ihres gefleckten Fells, vielfach mit einer »zu oft gestopften Sokke« verglichen, manche nennen sie auch »ein obskures Objekt aus dem Naturkundemuseum, vielleicht ein Dinosaurier-Baby«. Aber dennoch erobert sie alle Herzen im Sturm, und obwohl sie kein Männchen macht, liebt sie jeder und sie liebt jeden, und das ist es, was zählt.

Vor dem Abflug hatte ich mir in Delhi den vorgeschriebenen »beiß- und kratzfesten« Korb besorgt – doch dann kam ich auf die glorreiche Idee, mit ihr ins Flugbüro der Air India zu gehen und sie dort den Verantwortlichen vorzustellen. Der Erfolg war durchschlagend: Alle waren sich sofort darüber einig, daß es völlig unnötig wäre, so ein niedliches Ding auf dem langen Flug zwischen Delhi und London in einen Korb zu sperren. Da die Maschine nicht ausgebucht war, richteten sie es so ein, daß neben mir ein Platz frei blieb, damit es das Hündchen auch recht bequem hätte. Und so hatte also Tashi, geboren in einem tibetanischen Nomadenzelt im Herzen Nepals, eine Boeing 707 zu ihrer freien Verfügung.

In Beirut verspürte sie ein »Bedürfnis« und machte sich auf die Suche nach einem Fleckchen Gras – und schon war sie in der Dunkelheit verschwunden. Wir hatten bereits wegen eines Triebwerkschadens in Bombay drei Stunden Verspätung, so daß wir sowieso nicht pünktlich in London landen würden. Und so bat denn der Flugkapitän die verehrten Passagiere, sie mögen doch so nett sein und eine weitere kleine Verzögerung entschuldigen, da

Miss Murphy auf der Suche nach ihrem Hündchen sei. Zum Glück dauerte die Suche nicht sehr lange, und ich konnte bald mit der zitternden Tashi unterm Arm wieder ins Flugzeug klettern, die offensichtlich von dem, was sie im Libanon gesehen hatte, nicht sonderlich begeistert war.

In Prag nahm ich sie an die Leine, für den Fall, daß sie etwas gegen Kommunisten hätte. Nach der Landung in London kam ich mir wie eine Verräterin vor, als ich sie in ihren Korb packte und in den Bus vom Tierschutzverein hineinreichte, der sie zu unserer Maschine der Air Lingus hinüberbrachte. Dort wurde sie trotz meiner Bitte, sie doch im Korb neben mir im Flugzeug reisen zu lassen, gnadenlos in die Schreckenswelt des Frachtraums gesteckt.

Auf dem Flughafen von Dublin behandelte man mich wie eine Löwenbändigerin, die ein Rudel menschenfressender Bestien einführen will. Uniformierte in undurchschaubaren Funktionen stolperten fast übereinander, als sie voller Panik Sicherheitsvorkehrungen dagegen trafen, daß sich die winzige Tashi losreißen und über Nacht die gesamte Nation mit Tollwut anstecken könnte. Ein lächerlich großer Lieferwagen wartete, um das Körbchen mit Tashi in den staatlichen Quarantänezwinger 15 Kilometer nördlich von Dublin zu bringen. Mir wurde es strikt untersagt, sie auf ihrer Reise in die ungemütlich naßkalte irische Winternacht zu begleiten. Jedenfalls werden die Zwinger hervorragend versorgt, so daß Tashi in ihrer langen Gefangenschaft in bester Verfassung blieb. Sie wurde noch ein bißchen größer und holte sich auch keine Infektion, wie das in Quarantäne leicht passieren kann. Am Tag ihrer Entlassung folgte sie noch immer aufs Wort und nahm das Leben leicht wie eh und je. Vielleicht lag das daran, daß ich sie regelmäßig in ihrem Zwinger besuchte und mich dann stundenlang mit einem Buch in der Hand zu ihr aufs Stroh setzte. Und zum Abschied zog sie mir natürlich immer die Schuhbänder auf. Sie hat sich immer über meine Besuche gefreut, doch es auch stets mit Fassung getragen, wenn ich wieder fortging. Und dann kam endlich der Tag, an dem auch sie mit fortgehen durfte – hinaus auf die luftigen grünen Wiesen, über denen die Junisonne lachte. Die Freude, die sie empfand, als sie endlich wieder losstürmen durfte, konnte nicht größer sein als meine, dem kleinen schwarzen Kerlchen zuzuschauen, wie es seinen witzigen Schwanz wieder stolz in den Wind hielt.

Sieben Monate sind eine zu kurze Zeit, um ein so fremdartiges und kompliziertes Land wie Nepal begreifen zu lernen. Doch es ist durchaus lang genug, um die Stärken und Schwächen dieses kleinen Königreichs lieben zu lernen. Ich werde häufig gefragt, ob es mir in Nepal »gefallen« hat – worauf ich es regelmäßig bei einem lapidaren »ja« belasse. Doch niemandem »gefällt« Nepal bloß. Dieses Land wirft ein Netz aus mit Maschen aus wirklicher Pracht und billigem Flitter, aus Besinnlichkeit und Ausgelassenheit, Zufriedenheit und Aufmüpfigkeit, Trägheit und Energie, Großmut und Kleinlichkeit, Freiheit und Sklaverei, und mit dieser wilden Mischung gewinnt Nepal das Herz jeden Besuchers, oft gegen dessen Willen.

Es gibt in Nepal vieles zu kritisieren, vieles ist dringend reformbedürftig. Doch Reformen nach den Vorstellungen und Wünschen des Westens kämen einem schleichenden Völkermord gleich. Es gibt viel zu viel, was unbedingt bewahrt werden muß und auf keinem Fall dem Moloch Fortschritt geopfert werden darf. Doch es hat keinen Sinn, darüber nachzudenken und zu schreiben. Der Westen erledigt bereits sein Zerstörungswerk in Nepal, kommt mit Leuten, die voller guter Absichten, doch regelmäßig völlig ahnungslos sind. Sie haben kein Gespür für die Schönheit des Einfachen, den Stolz des Handwerkers und für all die feinen Fäden, aus denen die Traditionen dieser alten Kultur geknüpft sind. Statt dessen sorgen sie dafür, daß sich die häßlichen Produkte des materiellen Fortschritts auf Kosten traditioneller Werte wie eine Seuche über das Land ausbreiten. Schon sind unsere »Experten« dabei, Nepal zu »helfen«, seine »Rückständigkeit« aufzuholen, indem sie das gültige, gesunde Wertesystem aushebeln, das halb versteckt im »heidnischen Aberglauben« der Nepalesen seine Kraft noch nicht verloren hat. Diese gesunden Werte wären eine weit bessere Basis, um darauf das neue Nepal aufzubauen, als unser Kodex, demzufolge es eine Tugend ist, möglichst viel zu produzieren, um möglichst viel Geld zu scheffeln, um es hinterher für möglichst viel unnötiges Zeug wieder hinauszuwerfen.

Vielleicht ist der Bruch zwischen einer Vergangenheit, die in Würde untergeht, und einer Gegenwart, die kopflos außer Rand und Band gerät, nirgends in Asien so kraß wie in Nepal. Man kann sich ausrechnen, daß auch hier die Gegenwart ihren schäbigen Sieg davontragen wird. Doch wenn sich längst kein Mensch mehr daran erinnert, wie früher das Leben in Nepal war, so werden doch die Gipfel des Himalaya bestehen bleiben, auch wenn immer wieder ausländische Expeditionen über sie herfallen und ihre unzerstörbare Schönheit bis ans Ende aller Zeiten bewahren.

Biographie

Dervla Murphy kam 1931 in County Waterford zur Welt. Schon von klein auf hatte sie den Wunsch zu schreiben und zu reisen. Mit vierzehn mußte sie von der Schule abgehen und sich um ihre kranke Mutter kümmern, aber sie bildete sich stets weiter, indem sie viel las und mit dem Rad in Europa herumreiste. Nach dem Tod ihrer Mutter im Jahre 1962 fuhr sie mit dem Fahrrad nach Indien und arbeitete dort mit tibetanischen Flüchtlingen. Ihre ersten beiden Bücher entstanden nach der Rückkehr dieser Reise. Ihre nächsten Reiseziele waren Nepal und Äthiopien. Die Geburt ihrer Tochter, im Jahre 1968, machte diesem abenteuerlichen Leben vorläufig ein Ende.

Im November 1973 trat sie jedoch mit Rachel und einem ehemaligen Polo-Pony ihre erste lange Reise durch das Karakorumgebirge an und 1968 legte sie mit einem Maultier 1300 Meilen durch die peruanischen Anden zurück.

Register

FrauenReiseBerichte

Faszinierende und spannende Reiseberichte – geschrieben von Frauen, deren Abenteuer- und Reiselust sie immer wieder in fremde Welten und Kulturen zieht ...

19/2001

Außerdem lieferbar:

Trudy Culross
Hinter Kairo wird es besser
19/2002

Zenga Longmore
Und morgen dann auf Trinidad
19/2005

Ella Maillart
Verbotene Reise
19/2007

Ella Maillart
Turkestan Solo
19/2010

Christina Dodwell
Unter dem Himmel Afrikas
19/2013

Wilhelm Heyne Verlag
München